suhrkamp taschenbuch
wissenschaft 1120

Eduard Heimann, Alfred von Martin und Hans Freyer zählen zu den späten Vertretern deutscher historischer Soziologie, die auf die einschlägigen Arbeiten Werner Sombarts umd Max Webers zu Beginn dieses Jahrhunderts zurückgeht. Dieser Soziologie ging es um wissenschaftliche Zeitdiagnostik. Zu ihren Themen nach 1945 gehörten Faschismus/Nationalsozialismus, Nachkriegsprosperität, die Funktionsweise der fortgeschrittenen industriellen Gesellschaft, Sozialcharakter und Freiheitsraum des einzelnen Menschen in den modernen gesellschaftlichen Lebensformen, aber auch bereits die Grenzen des Wachstums und die heraufziehende ökologische Gefährdung.

In den 50er Jahren wurde die historische Soziologie als unwissenschaftliche »Geschichts- und Sozialphilosophie« und »Kulturkritik« abgetan und verschwand von der wissenschaftlichen Bildfläche. Doch war, wie die vorliegende Arbeit zeigt, das theoretische Niveau ihrer Zeitdiagnosen beachtlich. Immerhin gelang die Kombination von historischer und theoretischer Erklärung, die Verknüpfung von Handlungs- und Strukturdimension und die Verbindung von makrosoziologischer Strukturanalyse mit der verstehenden Deutung des Menschen. Ungeachtet vermeidbarer Schwächen ist der historisch-soziologische Ansatz auch heute aktuell, da, wie u. a. die zeitdiagnostischen Defizite heutiger Soziologie lehren, sein Objektbereich von neueren Ansätzen nicht abgedeckt werden konnte.

Volker Kruse, geb. 1954; 1972-1979 Studium der Geschichte, Sozialwissenschaft, Philosophie und Pädagogik in Marburg, Freiburg und Bielefeld, 1988 Promotion im Fach Soziologie an der Universität Bielefeld. 1989-1992 wissenschaftlicher Mitarbeiter im DFG-Projekt »Historisch-soziologische Diagnosen in Westdeutschland nach 1945«. Derzeit Habilitationsstipendiat der DFG. Veröffentlichungen u. a.: *Soziologie und »Gegenwartskrise«. Die Zeitdiagnosen Franz Oppenheimers und Alfred Webers. Ein Beitrag zur historischen Soziologie der Weimarer Republik*, Wiesbaden 1990; »Von der historischen Nationalökonomie zur historischen Sozialökologie. Ein Paradigmenwechsel in den deutschen Sozialwissenschaften um 1900«, in: *Zeitschrift für Soziologie* 19 (1990).

Volker Kruse

Historisch-soziologische Zeitdiagnosen in Westdeutschland nach 1945

Eduard Heimann, Alfred von Martin, Hans Freyer

Suhrkamp

Die Deutsche Bibliothek – CIP-Einheitsaufnahme
Kruse, Volker:
Historisch-soziologische Zeitdiagnosen
in Westdeutschland nach 1945 :
Eduard Heimann, Alfred von Martin, Hans Freyer /
Volker Kruse. –
1. Aufl. – Frankfurt am Main :
Suhrkamp, 1994
(Suhrkamp-Taschenbuch Wissenschaft ; 1120)
ISBN 3-518-28720-6
NE: GT

suhrkamp taschenbuch wissenschaft 1120
Erste Auflage 1994

Satz und Druck: Wagner GmbH, Nördlingen
Printed in Germany
Umschlag nach Entwürfen von
Willy Fleckhaus und Rolf Staudt

2 3 4 5 6 – 98 97 96 95 94

Inhalt

Einleitung

Was in diesem Band als »*Historisch-soziologische Zeitdiagnosen* in Westdeutschland nach 1945«[1] vorgestellt wird, firmiert in der wissenschaftlichen Literatur meist unter Bezeichnungen wie »Geschichts- und Sozialphilosophie«, »feuilletonistische Kulturkritik« oder »spekulative geschichtsphilosophische Soziologie«. Die Geringschätzung, welche diese Begrifflichkeit signalisiert, verlangt nach Erläuterung, warum ein solches Thema zum Gegenstand einer Buchveröffentlichung gemacht wird. Und diese wiederum führt uns zurück in die Anfänge bundesdeutscher Nachkriegssoziologie.

Bevor 1961 der Positivismusstreit ausbrach, der das Fach über Jahre in Atem hielt, stand eine andere, für die weitere Entwicklung der deutschen Soziologie nicht minder bedeutungsvolle

1 Unter »*historisch-soziologischer Zeitdiagnostik*« verstehen wir die Makroanalyse der Gegenwart: der Gegenwart als Ganzes, in ihrer Eigenart, in ihrem »So-und-nicht-anders-Gewordensein« (Max Weber) und ihrem »Möglichkeitshorizont« (Karl Mannheim). »*Gegenwart*« meint die zur Zukunft hin offene Geschichte. Paradigmatische Grundlage historisch-soziologischer Zeitdiagnostik ist »*(Weimarer) historische Soziologie*«, eine spezifisch deutsche Theorieströmung, die um 1900 einsetzte (v. a. Werner Sombart, Max Weber), während der Weimarer Republik neben der »formalen« bzw. »systematischen Soziologie« (Leopold v. Wiese, Alfred Vierkandt) zur Hauptrichtung deutscher Soziologie avancierte und in der Nachkriegszeit versiegte (vgl. Kap. 1.). »*Historische Soziologie nach 1945*« bezeichnet die Ausläufer der Weimarer historischen Soziologie in der Nachkriegszeit. Wenn wir »(Weimarer) historische Soziologie« als »*Paradigma*« bezeichnen, dann verstehen wir darunter (nicht im strengen Kuhnschen Sinne) in Anlehnung an den Sprachgebrauch, wie er sich in den Sozialwissenschaften herausgebildet hat, analog zu Systemtheorie, Phänomenologie, »Kritischer Theorie« etc. ein Theoriemodell eigener Art mit einheitlichen objektadäquaten, logisch in sich konsistenten Kategorien. Der »harte Kern« des historisch-soziologischen Paradigmas liegt in einer vom Historismus geprägten Geschichtsauffassung, die sich mit ihren zentralen Kategorien »historisches Individuum« und »historische Konstellation« grundlegend vom in der neueren Soziologie vorherrschenden evolutionistischen Geschichtsdenken unterscheidet.

Frage auf dem Programm: Sollte sie, als sie sich nach 1945 neu formierte, an ihre eigene Fachtradition aus der Weimarer Zeit anknüpfen? Das war zu einem wesentlichen Teil die historische Soziologie von Werner Sombart und Max Weber bis zu Karl Mannheim und Norbert Elias. Oder sollte sie sich der US-amerikanischen Soziologie zuwenden, welche den aktuellen Forschungsstand repräsentierte? Diese hatte in der empirischen Sozialforschung seit den 40er Jahren einen gewaltigen Aufschwung genommen und eröffnete (seit ca. 1950) mit dem Strukturfunktionalismus neuartige theoretische Perspektiven. Die Entscheidung fiel eindeutig aus: »Die in der Bundesrepublik seit den fünfziger Jahren vorherrschende Soziologie war in den Paradigmen, den Termini und den Vorgehensweisen eine deutschsprachige Variante der amerikanischen Soziologie« (Scheuch 1990, S. 30; vgl. auch Sahner 1982, bes. S. 133-148).[2] Der deutschen soziologischen Tradition der Weimarer Zeit wurde pauschal und grundsätzlich jegliche wissenschaftliche Existenzberechtigung abgesprochen. Sie sei maßgeblich weltanschaulich, sozialethisch und politisch motiviert und durchsetzt gewesen und habe zeitdiagnostisch versagt. Sie entspreche demnach nicht der Norm einer empirisch-analytischen Einzelwissenschaft, die »nichts als Soziologie« sein solle. Historische Soziologie wurde lediglich von den Vertretern der älteren, der Weimarer Zeit entstammenden Generation fortgeführt (v. a. Alfred Weber, Alfred v. Martin, Alexander Rüstow, Hans Freyer, Eduard Heimann, Alfred Müller-Armack) und lief als eigener wahrnehmbarer Ansatz mit deren Ableben aus.
Doch schon bald wurden auch Grenzen der neuen Ansätze sichtbar. Der Vorsatz, von der empirischen Sozialforschung ausgehend zu einer komplexen Theorie vorzustoßen, war nicht zu realisieren. Der Strukturfunktionalismus Parsons' erwies sich als empirisch kaum vermittelbar und zeigte sich dem für moderne Gesellschaften grundlegenden Phänomen des sozialen Wandels kategorial nicht gewachsen. Die Modernisierungstheorie, die seit Ende der 50er Jahre in die Bresche sprang, versagte vor den Kategorien »Handlung«, »sozialer Konflikt« und »kulturelle Individualität«. Die Hoffnung, mit einer Akkumulation empirischen Wissens eine

2 Diese am US-Vorbild orientierte deutsche Soziologie, die durch Helmut Schelsky und besonders René König gefördert wurde, werden wir im folgenden als »main stream« bezeichnen.

sozialtechnische, rationale, krisenfreie Steuerung gesellschaftlicher Prozesse bewirken zu können, erfüllte sich nicht.
Wenn die Gewinner nicht einlösen können, was sie versprachen, werden die Verlierer wieder interessant. Während es die »main stream«-Soziologie nicht vermochte, ihre Datenmengen zu einer umfassenden Gegenwartsanalyse zusammenzuführen, zeichnete sich, wie schon Buchtitel wie *Theorie des gegenwärtigen Zeitalters* (Freyer), *Ortsbestimmung der Gegenwart* (Rüstow) oder *Diagnose unserer Gegenwart* (Müller-Armack) andeuten, die historische Soziologie der Nachkriegszeit durch zeitdiagnostische Produktivität aus. Da der Zeitdeutungskraft wesentliche Bedeutung für Reputation und Resonanz der soziologischen Wissenschaft zukommt, ist zu fragen: Hat die deutsche Nachkriegssoziologie in ihrem Bestreben, international Anschluß zu finden und sich überflüssigen Ballastes zu entledigen, voreilig Potentiale aufgegeben, welche der Anknüpfung und Weiterentwicklung wert gewesen wären und es vielleicht noch heute sind?
In der neueren soziologiegeschichtlichen Forschung wurde diese Frage nicht gestellt. Allzu selbstverständlich nahm man an, die Ausläufer deutscher soziologischer Tradition in der Nachkriegszeit seien wissenschaftlich unzulänglich, sachlich bedeutungslos und paradigmatisch ohne Perspektive gewesen. Folglich erschien intensive wissenschaftliche Bemühung auf diesem Gebiet nicht lohnend.
Entsprechend bewegt sich diese Arbeit auf einem weitgehend unbeachteten und unerforschten Terrain. Basierend auf Schriften aller Art zu aktuellen wirtschaftlichen, sozialen, politischen und kulturellen Fragen, rekonstruiert sie systematisch die Zeitdiagnosen Eduard Heimanns, Alfred v. Martins und Hans Freyers aus der Nachkriegszeit bis Mitte der 60er Jahre.[3] Die beiden themati-

3 Eduard Heimann, Alfred v. Martin und Hans Freyer können neben Alfred Weber, Alexander Rüstow und Alfred Müller-Armack als die wichtigsten und typischen Vertreter historischer Soziologie in der Nachkriegszeit gelten. Die Auswahl vollzog sich unter folgenden Erwägungen: Mit Alfred Weber haben wir uns bereits im Rahmen einer Dissertation intensiv befaßt (Kruse 1990). Rüstow und Müller-Armack haben großangelegte zeitdiagnostische Hauptwerke hinterlassen. (Über Rüstow ist zudem kürzlich eine gründliche Monographie erschienen: Kathrin Meier-Rust, *Alexander Rüstow. Geschichtsdeutung und liberales Engagement*, Stuttgart 1993). Für Freyer und Heimann, insbeson-

schen Schwerpunkte ergeben sich quasi von selbst: In der unmittelbaren Nachkriegszeit sahen sich die Soziologen mit der Frage konfrontiert, wie es zur Katastrophe des Faschismus/Nationalsozialismus kommen konnte. In den 50er Jahren standen sie dann neuartigen, angesichts der wirtschaftlichen Krisen und politischen Katastrophen der Zwischenkriegszeit überraschenden Phänomenen gegenüber: »Wirtschaftswunder«, Nachkriegsprosperität, Massenkonsum, Niedergang der revolutionären Arbeiterbewegung, neugewonnene politische und gesellschaftliche Stabilität. Auf diese Erscheinungen konzentrierte sich dann auch ihr zeitdiagnostisches Interesse.

Die Zeitdiagnosen Heimanns, v. Martins und Freyers zum Faschismus/Nationalsozialismus und zur westlichen Nachkriegsgesellschaft werden kapitelweise dargestellt, und zwar in folgenden Schritten: Grundbegriffe der Analyse, historische Genesis der Gegenwartslage, Strukturanalyse der Gegenwartslage, Prognose, Programmatik, Zusammenfassung und Kritik. Da wir Heimann, Freyer und v. Martin nicht nur als singuläre Wissenschaftler verstehen, sondern sie paradigmatisch der (Weimarer) historischen Soziologie zuordnen, beginnt die Arbeit mit einem wissenschaftsgeschichtlichen Abriß über ihren Aufstieg und Niedergang (inklusive eingestreuter biographischer Angaben über Heimann, v. Martin und Freyer). Abschließend erörtert sie die heutige Bedeutung der historischen Soziologie, wobei die methodologische Dimension im Vordergrund steht.

dere für v. Martin erschien der Rekonstruktionsbedarf ungleich größer. Darüber hinaus repräsentieren der von Marx geprägte Heimann, der ins Exil gehen mußte, der Späthumanist v. Martin, der die »innere Emigration« wählte, und der von Hegel beeinflußte Freyer, der sich dem Nationalsozialismus »akkommodierte« (R. König), die politische und weltanschauliche Bandbreite der Weimarer historischen Soziologie. – Es gibt außer den Genannten auch andere Sozialwissenschaftler, welche für die Thematik »Historische Soziologie nach 1945« bedeutsam sind, z. B. Franz Borkenau, Carl Brinkmann, Arnold Gehlen, Siegfried Landshut, Helmuth Plessner, Gottfried Salomon-Delatour, Willy Strzelewicz, Richard Thurnwald und Otto Veit. Doch soweit sie nicht relativ früh verstorben sind (Brinkmann, Thurnwald), überwiegen teils andere paradigmatische Ausrichtungen (Gehlen, Plessner), teils treten die historisch-soziologischen Kategorien nicht so klar hervor (Veit, Landshut, Borkenau) oder sie sind zeitdiagnostisch weniger aktiv (Salomon-Delatour).

Die Arbeit gelangt zu dem Ergebnis, daß historische Soziologie nach 1945 trotz erheblicher, insbesondere formaler Mängel die wissenschaftliche Forschung lohnt und eine ernsthafte sachliche Auseinandersetzung verdient:

(1.) Zunächst ist festzustellen, daß Heimann, v. Martin und Freyer, aber auch A. Weber, Rüstow und Müller-Armack wissenschaftlich und publizistisch in der Nachkriegszeit sehr aktiv waren. Aus den vorhandenen Bibliographien (Kepeszczuk 1956, Fischer 1959, Rüstow 1963, Üner 1987, Demm 1986) geht hervor, daß ein großer, wenn nicht der überwiegende Teil ihres soziologischen Werkes in die Nachkriegszeit fällt. Dies verwundert nicht, wenn man bedenkt, daß etwa Freyer, v. Martin, Heimann, Rüstow, Müller-Armack ursprünglich in anderen Wissenschaften (v. a. Ökonomie und Philosophie) »zu Hause« waren und – abgesehen von Alfred Weber – erst Mitte der 20er Jahre oder später zur Soziologie stießen.

(2.) Historische Soziologie nach 1945 steht in ihren zentralen Fragestellungen und erkenntnisleitenden Kategorien noch ganz in der Tradition der Weimarer Zeit. Insofern ist sie, gemäß der Denkfigur der »Gleichzeitigkeit des Ungleichzeitigen«, Weimarer Soziologie in den 50er Jahren. Sie ist aber nicht einfach ein »zweiter Aufguß« dessen, was vor 1933 gedacht und geschrieben wurde. Beispiele dafür sind die Theorien Heimanns über Prozeß und System der sozialen Reform, v. Martins über die Krise des bürgerlichen Menschen, Freyers über die industrielle Gesellschaft, Alfred Webers über den »vierten Menschen« und Müller-Armacks über Wirtschaft und Religion. Neue Grundbegriffe werden eingeführt, z. B. bei Heimann »Wirtschaftssystem« und »Gesellschaftssystem« oder bei Freyer »technisches Zeitalter« und »Industriekultur«. Historische Soziologie nach 1945 ist also innerhalb der Weimarer historischen Soziologie (die man als eigene Theorieströmung etwa von 1900 bis 1965 mit Schwerpunkt in der Weimarer Zeit periodisieren kann; vgl. Kap. 1.) ein eigener Abschnitt mit spezifischen thematisch-inhaltlichen und begrifflich-theoretischen Akzenten.

(3.) Historische Soziologie nach 1945 ist eine zeitdiagnostisch produktive Soziologie, sowohl hinsichtlich des Faschismus/Nationalsozialismus[4] als auch der westlichen Nachkriegsgesellschaft. Ein-

4 Eine Ausnahme stellt Freyer dar, der sich nach 1945 zu dieser Thematik

drucksvoll sind dabei insbesondere die zeitdiagnostischen Entwürfe der Jahre 1955 bis 1965: Eduard Heimanns Theorie der sozialen Reform arbeitet die sozioökonomischen Funktionen heraus, welche die westliche Nachkriegsgesellschaft in eine ganz andere Richtung treiben als den Kapitalismus des 19. Jahrhunderts (vgl. Kap. III.). Alfred v. Martins Theorie bürgerlicher Transformation zeigt auf, wie bürgerliches Handeln neue Strukturen (rationalisierte Großorganisationen) hervorbringt, die dann wieder bürgerliche Mentalität grundlegend verändern (vgl. Kap. V.). Freyers Theorie der industriellen Gesellschaft analysiert deren Funktionsmechanismen und fragt dabei nach ihren Auswirkungen auf Freiheitsraum und Sozialcharakter des Einzelmenschen (vgl. Kap. VI.).

(4.) Bemerkenswert erscheint die Sensibilität für heraufziehende Probleme, die ansonsten erst später wahrgenommen und diskutiert werden. Bei Heimann, Freyer, Müller-Armack und vor allem Alfred Weber wird die ökologische Gefährdung bereits recht klar erkannt (vgl. Kap. VII., Abschn. III.). In einer Zeit des Fortschrittsoptimismus weisen Heimann, Freyer und v. Martin auf technische Risiken hin. Heimann macht, der späteren Disparitätentheorie vorgreifend, darauf aufmerksam, daß es in der pluralistischen Gesellschaft organisierter Interessengruppen schwer- oder nichtorganisierbare Interessen gibt, die zu neuen sozialen Problemen führen können (vgl. Kap. III.3.). Im Kontext früher Problemwahrnehmung entwickeln die historischen Soziologen zukunftsweisende Ideen: Heimann stellt eine Gesellschaft ohne Wachstum bzw. mit qualitativem Wachstum zur Diskussion (vgl. Kap. III.6.). Freyer gelangt zur Vision einer ökologisch angepaßten Industriegesellschaft sowie einer ökonomisch und kulturell dezentralisierten Stadt (vgl. Kap. VI.8.). Müller-Armack fordert eine »zweite Phase« der sozialen Marktwirtschaft mit dem Ziel einer sinnvollen und lebensgemäßen Gestaltung der gesellschaftlichen und natürlichen Umwelt (vgl. Kap. VII., Abschn. III.).

kaum geäußert hat (vgl. auch Kap. VI.1.). Alfred v. Martin hat sich intensiv mit dem Nationalsozialismus auseinandergesetzt, aber nicht zeitdiagnostisch-analytisch, sondern eher moralisch-intellektuell (vgl. Kap. IV.). Zu Heimann vgl. Kap. II. dieser Arbeit. Ansonsten vgl. insbesondere: Alfred Weber, *Abschied von der bisherigen Geschichte*, Hamburg 1946; Alfred Müller-Armack, *Das Jahrhundert ohne Gott*, Münster 1948; Alexander Rüstow, *Ortsbestimmung der Gegenwart*, Bd. 3, Erlenbach-Zürich/Stuttgart 1957.

(5.) Das theoretische Niveau der von uns rekonstruierten Zeitdiagnosen ist beachtlich. Immerhin gelingt (vor allem Heimann) die Kombination von historischer und theoretischer Erklärung, die Verknüpfung von Handlungs- und Strukturdimension (mit partieller Ausnahme Freyers) und die Verbindung von makrosoziologischer Strukturanalyse mit der verstehenden Deutung des Menschen.
(6.) Aufgrund der hier rekonstruierten Zeitdiagnosen ist die Auffassung abzulehnen, es handele sich bei historischer Soziologie um »Kulturkritik« im Sinne einer normativen Wissenschaft. Historische Soziologie nach 1945, soweit nicht klar als sozialphilosophisch identifizierbar, betreibt, in den Worten René Königs (1962, S. 9) ausgedrückt, »wissenschaftliche Analyse in kognitiver Absicht«.
(7.) Indem historische Soziologie Geschichte in historische Individuen (z. B. Kulturkreise, Epochen etc.) auflöst, welche sie konstellativ deutet, unterscheidet sie sich grundlegend von den alternativen Theorieansätzen geschichtlichen Wandels, Evolutionismus und (orthodoxem) Historischem Materialismus. Diese begreifen Geschichte als einen Einheitsprozeß, den alle Gesellschaften früher oder später durchlaufen und der aus allgemeinen Gesetzmäßigkeiten (»Evolution«, »Basis/Überbau« etc.) erklärbar ist. Da Weimarer historische Soziologie mit ihren Kategorien »historische Individualität« und »historische Konstellation« nicht a priori auf eine bestimmte geschichtliche Bewegungsform (»Evolution«) oder auf den Primat einer bestimmten Sphäre (»Produktivkräfte«), erst recht nicht auf einen wie immer gearteten geschichtlichen Endzustand festgelegt ist, weist sie eine größere Elastizität gegenüber der geschichtlichen Wirklichkeit auf.
War es in den 50er Jahren eine weise Entscheidung, im Namen des wissenschaftlichen Fortschritts auf historische Soziologie als vermeintlich überholtes Paradigma zu verzichten? Indem die bundesdeutsche Nachkriegssoziologie sich an der US-amerikanischen Soziologie orientierte, erwarb sie auf dem Gebiet der empirischen Sozialforschung forschungstechnische Kompetenzen, die ihren Vorgängern vor 1933 nicht gegeben waren. Indem sie ihre eigene (historisch-soziologische) Tradition verwarf, verlor sie die Fähigkeit, die erhobenen Daten in spannende zeitdiagnostische Fragestellungen umzusetzen, die für eine größere Öffentlichkeit von Bedeutung gewesen wären und nicht nur für

mehr oder weniger kleine Kreise von Fachleuten. In diesem Sinne mag der vorliegende Band dazu beitragen, allzu Selbstverständliches über die Anfänge bundesdeutscher Nachkriegssoziologie neu zu durchdenken und auf ungenutzte Ressourcen aufmerksam zu machen.

Diese Arbeit entstand im Rahmen eines Forschungsprojektes an der Fakultät für Soziologie der Universität Bielefeld, das die Deutsche Forschungsgemeinschaft großzügig und unbürokratisch über 32 Monate finanziert hat. Es wurde von Prof. Dr. Hansjürgen Daheim und Prof. Dr. Peter Schöber umsichtig geleitet; ihnen gilt mein besonderer Dank. Wir haben, insbesondere im Zusammenhang von gemeinsamen Forschungsseminaren, zahlreiche Diskussionen geführt, deren Ertrag in diese Arbeit eingegangen ist. Einmal mehr habe ich von Professor Daheims außerordentlicher Diskursfähigkeit und Scharfblick für Schwachstellen besonders profitiert. Den Mitgliedern der von Prof. Dr. Dr. h. c. Knut Wolfgang Nörr, Prof. Dr. Bertram Schefold und Prof. Dr. Friedrich Tenbruck geleiteten Forschungsgruppe »Deutsche Geisteswissenschaften in den zwanziger Jahren – Nationalökonomie, Rechtswissenschaft, Soziologie«, vor allem Professor Tenbruck, danke ich für die Kooptation in ihren Kreis, dessen interdisziplinärer Charakter insbesondere zu neuen Einblicken außerhalb soziologischer Fachgrenzen verhalf. Denkanstöße, Auskünfte und Kritik verdanke ich auch Gesprächen, die ich mit Prof. Dr. Karl Acham, Uwe Barrelmeier, Prof. Dr. Dr. Michael Bock, Dr. Harald Homann, Prof. Dr. M. Rainer Lepsius, Susanne v. Martin, Gregor v. Martin, Prof. Dr. Sven Papcke, Prof. Dr. Otthein Rammstedt, Prof. Dr. Guenther Roth, Henner Schellschmidt, Dr. Günter Schönbauer und Prof. Dr. Friedrich Tenbruck führen konnte. Friedhelm Herborths kompetente Aufgeschlossenheit für die deutsche Soziologietradition ermöglichte die Veröffentlichung im Suhrkamp-Verlag. Für Literaturbeschaffung, Korrekturlesen und Formatierung des Manuskripts danke ich Renate Bendel, Marie-Beatrice Charlin und Maria Nuphaus. Last but not least, schulde ich meinen Eltern Günther und Renate Kruse sowie Theresia Mertens-Kütemeier und Walburga Nesemann Dank für Kinderbetreuung, meiner Frau Marita und unserem Sohn Simon dafür, daß sie manchem durchgearbeiteten Wochenende des »Unischreibers« mit Verständnis begegneten.

Der dieser Arbeit zugrunde liegende DFG-Forschungsbericht

wurde im April 1992 abgeschlossen und im November 1992/ September 1993 – vorwiegend in formaler Hinsicht – überarbeitet.

Bielefeld, im September 1993 Volker Kruse

1. Historische Soziologie 1900-1965 in ihrem geschichtlichen Kontext

Will man den geschichtlichen Kontext der historischen Soziologie nach 1945 beschreiben und analysieren, so ist es mit der Nachkriegszeit allein nicht getan. Historische Soziologie nach 1945 stellt den letzten Abschnitt (und Abschluß) einer paradigmatischen Entwicklung dar, die etwa um 1900 einsetzte.[1] Der Erfah-

1 »(Weimarer) historische Soziologie« meint also eine Strömung in den deutschen Sozialwissenschaften etwa 1900 bis 1965 mit Schwerpunkt auf der Weimarer Republik, die sich im ersten Zugriff mit den Attributen (universal)geschichtliche Orientierung, zeitdiagnostische Ausrichtung, interdisziplinär angelegte Konzeption, makroanalytisches Vorgehen und historisch-empirische Fundierung kennzeichnen läßt. Wir verstehen »(Weimarer) historische Soziologie« als Idealtypus, der bezweckt, bestimmte einheitliche theoriestrukturelle Tendenzen in der deutschen soziologischen Tradition zu verdeutlichen, die sich angesichts ihrer sachlichen, begrifflichen, methodologischen und semantischen Vielfalt der unmittelbaren Anschauung nicht erschließen (vgl. ausführlicher Kap. VII., Abschn. 1.). Wenn wir Freyer, Heimann, v. Martin und andere als »historische Soziologen« bezeichnen, so wird damit nicht behauptet, daß sich ihr wissenschaftliches Werk gänzlich mit dem Konzept »(Weimarer) historische Soziologie« deckt, sondern (entsprechend der idealtypischen Methode) daß ihm ein großer Teil ihres Werks in wesentlichen Zügen entspricht und es in typischer Weise verkörpert. – Die Bezeichnung »*Weimarer* historische Soziologie« wurde – zu Recht – deswegen kritisiert, weil sie für eine Theorieströmung, die von 1900 bis 1965 periodisiert wird, Mißverständnisse auslösen kann. Wenn wir dennoch daran festhalten, dann zum einen, weil uns keine bessere Alternative einfiel (»Deutsche historische Soziologie« z. B. erschien uns zu unspezifisch), zum anderen, weil sie im Sinne der »Gleichzeitigkeit des Ungleichzeitigen« sachlich angemessen oder zumindest vertretbar erscheint. René König (1961, S. 84, 90) hat mit gutem Grund darauf hingewiesen, daß man »in der Darstellung der Soziologie der zwanziger Jahre in mancher Hinsicht mit der Jahrhundertwende beginnen (müßte)«, weil »in der Periode von 1900-1910 ... alles geschaffen wurde, was in den zwanziger Jahren zum sozialen und kulturellen Austrag kam«, und daß »die zwanziger Jahre nach 1945 eine Art von Nachgeschichte erlebten«. In diesem Sinne ist auch »Weimarer historische Soziologie« zu verstehen. Dieser Begriff bezeichnet eine epochen-

rungshorizont ihrer Repräsentanten wurde also nicht nur von der Nachkriegszeit (und dem Dritten Reich) geprägt, sondern auch von den Impressionen seit der Jahrhundertwende. Die Entwicklung der historischen Soziologie wurde durch ein Geflecht inner- und außerwissenschaftlicher Faktoren bestimmt, das wir in diesem Kapitel nachzeichnen wollen. Dabei werden wir exkursartig biographische und werkgeschichtliche Notizen über Heimann, Freyer und v. Martin einfließen lassen.

I.

Historische Soziologie als eigenes identifizierbares Paradigma bildet sich um 1900 in einer spezifischen wissenschaftsgeschichtlichen Lage heraus. Die deutschen Geistes- und Sozialwissenschaften des späten 19. Jahrhunderts stehen im Zeichen heftiger methodologischer Grundsatzkontroversen zwischen den historischen Schulen einerseits, die in Deutschland das wissenschaftliche Establishment stellen, und den aufstrebenden nomothetischen Strömungen (theoretische Nationalökonomie, Marxismus, positivistische Soziologie) andererseits. Diese Auseinandersetzungen kulminieren im Methodenstreit der Nationalökonomie (Schmoller vs. Menger), im Methodenstreit der Geschichtswissenschaft (v. Below, v. Sybel, Schäfer et al. vs. Lamprecht) und der Kritik der geisteswissenschaftlichen Philosophie (Dilthey, Windelband, Rickert) an der positivistischen Soziologie (damals im deutschen Kulturraum repräsentiert von Gumplowicz, Schäffle und Lilienfeld). Bei allen fachbezogenen Differenzierungen geht es im Kern um die Frage, ob und inwieweit naturwissenschaftliche bzw. den Naturwissenschaften entlehnte Denkmodelle, Begriffe und Methoden auf Geschichte und Gesellschaft übertragen werden können und sollen. Die Vertreter der historischen Schule postulieren eine strenge ontologische und/oder methodologische Trennung von Natur- und Geisteswissenschaften (Kulturwissenschaften), beharren auf dem Monopol hermeneutisch-idiographischer Methoden und lehnen unter dem Banner menschlicher Willensfrei-

typische Erscheinung der Weimarer Zeit mit einer Entstehungsgeschichte seit etwa 1900 und einer »Nachgeschichte« nach 1945, welche Gegenstand dieser Arbeit ist.

heit und der Einmaligkeit des Geschichtlichen systematische Fragestellungen und Theorieansätze prinzipiell ab.
Um die Jahrhundertwende macht sich in der jüngeren Generation der historischen Nationalökonomie das Bestreben breit, die eingefahrenen Frontstellungen zu überwinden und nach einer Synthese zu suchen. Damit setzt eine paradigmatische Neuformation ein, die sich als »historische Soziologie« bezeichnen läßt. Ihre Pioniere sind Werner Sombart (1863-1941), Max Weber (1864-1920), Alfred Weber (1868-1958) und Franz Oppenheimer (1864-1943). Sie kombinieren auf unterschiedliche Weise Elemente der widerstreitenden Positionen (vgl. Kruse 1990 a, S. 154-158), wobei ihnen folgende Komponenten gemeinsam sind[2]:

– Sie akzeptieren systematische Begriffe, allgemeine Theorien und Gesetze. Diese bilden allerdings aus ihrer Sicht nicht den letzten Zweck sozialwissenschaftlicher Forschung, sondern haben vorwiegend instrumentelle Funktion zur Erkenntnis der geschichtlich-gesellschaftlichen Wirklichkeit;
– Ihre Arbeiten sind reich an historischem Datenmaterial (so daß z. B. Sombart und Max Weber von Historikern oft zu ihresgleichen gezählt werden);
– Das Datenmaterial ist einem theoretischen Bezugsrahmen zugeordnet, und zwar (eine Erbschaft von Marx) dem Kapitalismuskonzept;
– Anders als bei Marx wird der Kapitalismus nicht als universales Stadium eines gesetzmäßigen Geschichtsprozesses begriffen, sondern – erkenntnistheoretisch in Anlehnung an Windelband und Rickert – als »historisches Individuum« (»okzidentaler Kapitalismus«), das durch eine bestimmte – im einzelnen unterschiedlich beurteilte – »historische Konstellation« hervorgebracht worden ist;

2 Am wichtigsten für diesen Prozeß paradigmatischer Ausdifferenzierung ist Sombarts *Moderner Kapitalismus* (1. Auflage, 1902), wo Sombart in der Einleitung seinen Ansatz als Synthese von Theorie und Geschichte von der historischen Nationalökonomie abgrenzt (vgl. Kruse 1990 a, S. 154 f.). In eine ähnliche Richtung bewegen sich Franz Oppenheimers *Großgrundeigentum und soziale Frage* (zuerst 1898), Max Webers »Zur Objektivität sozialwissenschaftlicher und sozialpolitischer Erkenntnis«, Teil II (1904) und Alfred Webers kultursoziologische Methodologie (A. Weber 1913, 1920). Zur Vorgeschichte der Ablösung Max Webers und Sombarts von der historischen Nationalökonomie vgl. Schluchter 1991, S. 25-40.

– Sie verbinden (außer Oppenheimer) makrosoziologische Strukturanalyse nach Maßgabe der nomothetischen Konzepte mit hermeneutischen Untersuchungen über den Menschen, seinen Freiheitsraum, seinen Sozialcharakter und seine Mentalität und stellen sich damit auch in die geisteswissenschaftliche Tradition;
– Bei aller historischen Tiefe ist ihren Arbeiten ein deutlicher Gegenwartsbezug zu eigen; Ausgangspunkt sind Gegenwartsfragen. M. a. W.: Sie streben Zeitdiagnose auf dem Hintergrund der Geschichte an.

Damit stellt historische Soziologie einen paradigmatischen Neuansatz auch gegenüber der historischen Nationalökonomie dar, aus der sie erwuchs.[3] Anders als diese beschränken sich ihre Vertreter nicht auf Deskription und Idiographie, sondern akzeptieren und gebrauchen systematische Begriffe, Gesetze und Theorien.[4] Sie arbeiten (»Kapitalismus«, »Rationalisierung«, »Bürokratisierung«) in makrotheoretischer Dimension, welche mit der »historischen Mikrographie« (Menger 1884, S. 37) der historischen Schule nichts mehr gemein hat. Sie präsentieren große zeitdiagnostische Entwürfe im Unterschied zur »Sozialtechnologie« des Vereins für Sozialpolitik. Andererseits aber bleiben die historischen Soziologen »Kinder der historischen Schule« (Max Weber). Letztes Ziel bleibt die Erkenntnis historischer Individualität, die sich aus Gesetzen allein nicht erschließen läßt. (Allerdings handelt es sich, wie gesagt, um »Makro-Individualitäten« gegenüber den »Mikro-Individualitäten« der historischen Schule). Geschichte bleibt das unentbehrliche empirische Fundament. Dabei schöpfen die historischen Soziologen aus dem reichhaltigen Fundus, den die historische Nationalökonomie zusammengetragen hat.[5] Auch die Soziologisierung der Wirtschaft, also die außerökonomische Bestimmtheit und Wirkung wirtschaftlicher Prozesse ist ein Gesichtspunkt, den sich bereits die Schmoller-Schule zu eigen gemacht hatte (vgl. Schmoller 1883, S. 244).

3 Zum nachfolgenden Niedergang der historischen Nationalökonomie vgl. Häuser 1990.

4 Einschränkend ist zu bemerken, daß sich auch Schmoller in seinem Spätwerk *Grundriß der Volkswirtschaftslehre* (Leipzig 1900/1904) um Einbeziehung axiomatisch-deduktiver Theorie bemühte (vgl. Schefold 1989), jedoch ohne zu einem einheitlichen, umfassenden Theorierahmen zu gelangen.

5 Vgl. für die Anfangsphase z. B. Oppenheimer 1922, Sombart 1902.

Wissenschaftsgeschichtlich gesehen entsteht also die historische Soziologie im Kontext des Methodenstreits des späten 19. Jahrhunderts, dessen verhärtete Fronten ihre Vertreter aufzulösen bestrebt sind. Es gibt aber auch außerwissenschaftliche Faktoren, welche ihre Entstehung maßgeblich beeinflussen.

Sachlich gesehen sind es vor allem zwei Fragen, welche am Anfang der historischen Soziologie stehen (und sie, wie wir bei Heimann, v. Martin und Freyer sehen werden, bis zu ihrem Ende durchziehen): (a) Wohin treibt der Kapitalismus? (b) Wie ist es unter den neuen Lebensformen, welche die industriekapitalistische Entwicklung hervorbringt, um den Freiheitsraum und Sozialcharakter des modernen Menschen bestellt? Daß die historischen Soziologen – und zwar gerade sie als Vertreter eines neu entstehenden Ansatzes – diese Fragen aufgreifen, ist kein Zufall. Zum einen stellen sie sich angesichts der damaligen Lage quasi von selbst. Zum anderen sind die herkömmlichen Ansätze wenig geeignet, diese Fragen zu lösen.

Die Frage nach Lage und Zukunft des Kapitalismus ist nicht neu, steht jedoch angesichts der ökonomischen, sozialen, politischen und bewußtseinsmäßigen Entwicklung des späten 19. Jahrhunderts unter grundlegend veränderten Vorzeichen. Noch während der großen Depression 1873-1896 (vgl. dazu Rosenberg 1976) ist das Zeitbewußtsein des Bürgertums von Angst vor der baldigen sozialen Revolution, das der Arbeiterschaft von der Naherwartung eines sozialistischen Zukunftsstaates bestimmt (vgl. Hölscher 1991, bes. S. 318 f.). Doch die Revolution bleibt aus. Mehr noch: Die Reallöhne steigen [6], die Arbeitszeit nimmt ab [7], soziale Sicherungssysteme werden seit den 1880er Jahren eingerichtet und ausgebaut (vgl. Gladen 1974, S. 48-91). Als die große Depression in den 1890er Jahren in eine neue Prosperitätsphase mündet, verändert sich auch das Zeitbewußtsein: die revolutionäre Naherwartung in Bürgertum und Arbeiterschaft läßt nach.

6 Die Reallöhne der gewerblichen Arbeiter steigen zwischen 1871 und 1895 um den Faktor 1,5, von 1895 bis 1913 noch einmal um den Faktor 1,25 (eigene Berechnung nach dem Reallohnindex bei Mooser 1984, S. 75, der sich auf die Daten von A. Desai, *Real Wages in Germany 1871-1913*, Oxford 1968, stützt).

7 Die durchschnittliche tägliche Arbeitszeit der Industriearbeiter in Deutschland verringerte sich zwischen 1871 und 1900 von 12 auf 10,5 Stunden (vgl. Stemler/Wiegand 1982, S. 45).

In dieser neuen Lage verfügen weder die historische noch die theoretische Nationalökonomie, von den eigentlichen Geisteswissenschaften ganz zu schweigen, über ein Instrumentarium, um die Zukunftsoptionen der kapitalistischen Entwicklungsdynamik analysieren zu können. Der Marxismus ist – gerade in dieser Frage – dogmatisch vorbelastet. Es besteht also ein konzeptionelles Vakuum, und in dieses stoßen jüngere Sozialwissenschaftler wie Sombart und Oppenheimer, indem sie bestimmte Fragestellungen und Kategorien von Marx aufgreifen (ohne die historisch-materialistische Dogmatik zu übernehmen) und mit Wissen und methodischen Grundsätzen der historischen Nationalökonomie kombinieren. Insoweit beginnt historische Soziologie als Synthese von Marxismus und historischer Nationalökonomie.[8]

Neben der wirtschaftlichen und sozialen Prosperität gibt es um 1900 noch ein zweites auffälliges Entwicklungsmerkmal: die Konzentration des Kapitals zu Großunternehmen in unterschiedlichen Rechtsformen (»Monopolkapitalismus«). Gleichzeitig vergrößert sich der staatliche Verwaltungsapparat beträchtlich.[9] Damit werden auch die Menschen der ehemals freien bürgerlichen Mittel- und Oberschichten vom »kapitalistischen Apparat« (Alfred Weber) absorbiert, um dort einer spezialisierten, einförmigen, fremdbestimmten Arbeit nachzugehen. Das aber wird von jüngeren Sozialwissenschaftlern, die sich der humanistischen Wertewelt der freien, selbstverantwortlichen Persönlichkeit verpflichtet fühlen, als »ungeheures Problem« (A. Weber 1910, S. 1321) empfunden. Entsteht nicht unter den Bedingungen der neuen Großorganisationsformen, dem »stahlharten Gehäuse der Hörigkeit«, ein neues Menschentum – »Fachmenschen ohne Geist, Genußmenschen ohne Herz«, wie Max Weber befürchtet?

Diese Frage nach dem Freiheitsraum und der Persönlichkeit des Menschen in den modernen industriegesellschaftlichen, großorganisatorischen Strukturen, die durch die Jugendbewegung und die

8 Ein Beispiel dafür ist das bereits erwähnte Verständnis von »Kapitalismus« als »historisches Individuum«. »Kapitalismus« ist ein Begriff, der im marxistischen Kontext geprägt wurde, die Kategorie »historische Individualität« geht hingegen auf die historischen Schulen zurück.

9 Die Zuwachsrate staatlicher Zivilbediensteter im Deutschen Reich wuchs zwischen 1875 und 1907 immerhin um 282% (von 524 300 auf 1 475 312), während die Bevölkerung nur um 42% zunahm (vgl. Wunder 1986, S. 72-75).

einsetzende Nietzsche-Rezeption verstärkt und radikalisiert wird, läßt sich mit den herkömmlichen Ansätzen ebenfalls schwer angehen. Der (damalige) Marxismus und die positivistische Soziologie sind strukturlastig, sie abstrahieren vom lebendigen Menschen. Umgekehrt fehlt den Geisteswissenschaften der soziologische Unterbau, um mehr zu bieten als bloße Kulturkritik. Es bedarf eines Ansatzes, der das traditionelle geisteswissenschaftliche Anliegen des Menschen samt der verstehenden Methoden mit einer makrosoziologischen Strukturanalyse verbindet, und eben als solcher formiert sich historische Soziologie.[10]

II.

Nach dem ersten Weltkrieg stellt sich das Geflecht von wissenschaftsinternen und -externen Bedingungsfaktoren neu dar. Wissenschaftsintern ist es bestimmt durch den Aufstieg der Soziologie. Mit der Gründung der »Deutschen Gesellschaft für Soziologie« 1909 hat sie sich als eigenes Fach institutionell formiert. (Auch die Pioniere des historisch-soziologischen Ansatzes, also Sombart, die Brüder Weber und Oppenheimer, die davor und teilweise auch danach unter nationalökonomischer Flagge segelten, sind dabei). Die Ansichten über Aufgabe und Gegenstand des Fachs fallen jedoch höchst unterschiedlich aus. In den 20er Jahren schälen sich dann zwei konzeptionelle Hauptrichtungen heraus. Die eine ist die systematische Richtung, die sich auf Georg Simmel zurückführt, der 1908 vorgeschlagen hatte, Soziologie als Lehre der (raum- und zeitlosen) sozialen Formen zu betreiben. Diese Idee wird besonders von Leopold v. Wiese und Alfred Vierkandt aufgegriffen, die sich in den 20er Jahren bemühen, das neue Fach als formale Soziologie zu etablieren (v. Wiese 1921, v. Wiese 1924; Vierkandt 1921, Vierkandt 1923). Dagegen protestieren unter dem Eindruck der Gegenwartskrise die Wissenschaftler, die wir als historische Soziologen bezeichnen (und die nun auch als solche bezeichnet werden).[11] Ihre Argumentation stellt sich, ver-

10 Als Beispiele dafür vgl. A. Weber 1910, Sombart 1913.

11 Die Unterscheidung zwischen »formaler« und »historischer Soziologie« geht auf Ernst Troeltsch zurück. In seinem Aufsatz »Zum Begriff und zur Methode der Soziologie« (1916) unterscheidet er zwei Mög-

einfacht und zugespitzt formuliert, so dar: Die Gegenwartskrise erlaubt es nicht, Soziologie nur als Lehre der sozialen Formen zu betreiben. Vielmehr muß sich Soziologie der Wirklichkeit zuwenden. Wirklichkeit aber ist individuell, geschichtlich und komplex. Entsprechend muß die Soziologie ihren Gegenstand in seiner Eigenart, seiner Geschichtlichkeit und in seinen immanenten Interdependenzen erfassen, will sie einen Beitrag zur Lösung der Gegenwartskrise leisten (vgl. Oppenheimer 1964 I, 1; A. Weber 1927, S. 1-28; Landshut 1929; Freyer 1929; Dunkmann 1931, S. V; Mannheim 1932, S. 22-44; Heimann 1932, S. 24f.). Dieser gemeinsame Nenner wird von allen historischen Soziologen dieser Zeit geteilt, so unterschiedlich ihre Aussagen ansonsten auch ausfallen.
Der historisch-soziologische Ansatz erweitert in den zwanziger Jahren seine personale Basis um zahlreiche jüngere Wissenschaftler wie Emil Lederer (1882-1939), Alfred v. Martin (1882-1979), Hans Freyer (1887-1969), Eugen Rosenstock-Huessy (1888-1973), Eduard Heimann (1889-1967), Hermann Heller (1891-1933), Albert Salomon (1891-1966), Carl Landauer (1891-1983), Gottfried Salomon (1892-1964), Karl Mannheim (1893-1947), Adolf Löwe (geb. 1893), Alexander v. Schelting (1894-1963), Arnold Bergstraesser (1896-1964), Siegfried Landshut (1897-1968), Norbert Elias (1897-1991), Alfred Müller-Armack (1901-1978), Hans Speier (geb. 1905), Ferdinand Hermens (geb. 1906) oder

lichkeiten, Soziologie zu betreiben: als formale oder als enzyklopädisch-geschichtsphilosophische Disziplin. Letztere kritisiert er anhand von Paul Barths *Die Philosophie der Geschichte als Soziologie* (2. Aufl., Leipzig 1915) und empfiehlt als Alternative Sombart und Max Weber, also den Ansatz, den wir als »historische Soziologie« bezeichnen. Auf Troeltschs Vorgabe beruft sich auch Vierkandt in seinem Programm einer formalen Soziologie (Vierkandt 1923, S. 1). Die Bezeichnung »historische Soziologie« bürgert sich in den 20er Jahren ein, häufig sind auch andere Benennungen wie »Geschichtssoziologie«, »Kultursoziologie«, »konkrete Soziologie« et al. Theodor Geiger (1931, S. 573) zählt zu den »Übereinstimmungsmomenten« innerhalb des neuen Fachs die »Unterscheidung zwischen systematischer und historischer Soziologie – wenn auch in noch verschiedener Weise«. Raymond Aron (1953) hat diese Klassifikation in seiner (1936 erstmals erschienenen) *Deutschen Soziologie der Gegenwart* aufgenommen. »Historische Soziologie« ist also kein nachträgliches begriffliches Konstrukt, sondern von uns lediglich bis zur Jahrhundertwende vorverlängert.

Hans Gerth (1908-1978). Sie alle sind keine Fachsoziologen im heutigen Sinne, sondern ursprünglich in einer Nachbarwissenschaft (v. a. Nationalökonomie und Philosophie) zu Hause. Soziologie zu betreiben heißt für sie, die Dinge, die sie in ihrer angestammten Disziplin betrieben haben, in einen großen gesellschaftlichen Zusammenhang zu stellen (vgl. dazu Speier 1979, bes. S. 253 f.). Das Motiv, in diesem Sinne Soziologe zu sein, liegt in der »Gegenwartskrise«. Diese manifestiert sich vielgestaltig: als allgemeine sozioökonomische Stagnation, Inflation, Deflation, Depression, soziale und politische Polarisierung, Zusammenbruch alter und Genesis neuer Staatsformen, politische Instabilität, Zweifel am Kulturfortschritt und an der geistigen Tradition, allgemeine geistige Orientierungslosigkeit (»Untergang des Abendlandes«?). Eine solche komplexe Krise erscheint mit den Mitteln einer Einzelwissenschaft allein nicht diagnostizierbar. Soziologie als historisch orientierte, gesamtgesellschaftlich ausgerichtete, methodenpluralistische Wissenschaft bietet sich in dieser Lage als Alternative an.
Von den Wissenschaftlern, die im Zeichen der »Gegenwartskrise« der 20er Jahre von den Nachbarwissenschaften zur historischen Soziologie stießen, haben wir Alfred v. Martin, Hans Freyer und Eduard Heimann zur näheren Analyse ausgewählt.

Alfred *v. Martin*, 1882 als Sohn eines schlesischen Rittergutsbesitzers geboren, wächst in Berlin auf und studiert Rechts- und Staatswissenschaften, Geschichte und Philosophie. 1906 promoviert er zum Dr. jur, 1912 zum Dr. phil; 1915 habilitiert er sich als Privatdozent für Geschichtswissenschaft an der Universität Frankfurt/Main. Dort lehrt er ab 1921 als außerordentlicher Professor und wechselt 1924 in gleicher Funktion an die Universität München.[12]

12 Vgl. die Angaben im Munzinger-Archiv, auf die wir uns in biographischer Hinsicht stützen. Angaben darüber hinaus erhielten wir von der Ehefrau des Kultursoziologen, Susanne v. Martin (mit ihr war er in zweiter Ehe seit 1937 verheiratet). Wissenschaftsgeschichtlich stellt v. Martin ein nahezu unbeschriebenes Blatt dar; man findet lediglich einen Aufsatz seines Freundes Fedor Stepun anläßlich des 80. Geburtstags (Stepun 1962), zwei Nekrologe von M. Rainer Lepsius (1979 a, 1979 b) sowie ein Kapitel in Sven Papckes Essayband *Gesellschaftsdiagnosen* (Papcke 1991, S. 180-197).

Erst Anfang der 30er Jahre tritt v. Martin soziologisch hervor[13], als Verfasser der Artikel »Mittelalter« und »Renaissance« in Vierkandts *Handwörterbuch der Soziologie* (1931) und insbesondere mit der *Soziologie der Renaissance* (1932).[14] Außerdem beteiligt er sich am Streit um die Wissenssoziologie zwischen Ernst R. Curtius und Karl Mannheim (vgl. v. Martin 1930). Mit dem Wechsel an das »Soziologische Seminar« der Universität Göttingen 1931, dem er als Direktor vorsteht, vollzieht er auch institutionell den Übergang zum neuen Fach.

Auch im Lebenslauf von Hans (ursprünglich »Johannes«) *Freyer*[15] deutete zunächst nichts auf eine spätere soziologische

13 Welche Erfahrungen und Motive von Martin zur Soziologie führten, ist nicht genau auszumachen. Sein Freund Fedor Stepun bemerkt rückblickend 1962, »als bald 50jähriger sehnte er sich nach einer Wissenschaft, die ihn näher ans Leben bringen würde, und für eine solche hielt er die Soziologie« (Stepun 1962, S. 409). Dies läßt auf außerwissenschaftliche Beweggründe schließen.

14 *Soziologie der Renaissance* ist keine kulturgeschichtliche Arbeit, wie schon der Untertitel *Zur Physiognomik und Rhythmik bürgerlicher Kultur* besagt. Das Erkenntnisinteresse war dabei einerseits ein systematisches, nämlich anhand der Renaissance Bewegungsgesetze bürgerlicher Entwicklung – wirtschaftlicher Aufstieg, wirtschaftliche und politische Herrschaft, Krise der Demokratie/Diktatur/Assimilation mit Adel und Klerus – herauszuarbeiten, andererseits ein zeitdiagnostisches, da v. Martin Parallelen zur Gegenwartsentwicklung zog (vgl. insbesondere v. Martin 1932, S. V-IX, 89-96), wenn er diese auch nicht ausführte und für die Zeitgenossen wohl auch nicht ausführen mußte.

15 Über Freyer liegt eine vorzügliche Biographie vor: Jerry Z. Muller (1987), *The Other God That Failed*, auf die wir uns in biographischer Hinsicht im wesentlichen stützen. Über den jungen Freyer vgl. auch Elfriede Üners (1981) Beitrag: »Jugendbewegung und Soziologie. Wissenschaftssoziologische Skizzen zu Hans Freyers Werk und Wissenschaftsgemeinschaft bis 1933«. Als erster Einstieg in Leben und Werk des frühen Hans Freyer zu empfehlen ist: Ernest Manheim (1948), »The Sociological Theories of Hans Freyer. Sociology as a Nationalistic Program of Social Action«; für das Gesamtwerk vgl. Eckart Pankoke (1970), »Technischer Fortschritt und kulturelles Erbe. Hans Freyers Gegenwartsdiagnosen in historischer Perspektive«. Als umfassende theoretische Analyse von Freyers Werk mit Schwerpunkt in den 20er und 30er Jahren vgl. Elfriede Üner (1992), *Soziologie als »geistige Bewegung«. Hans Freyers System der Soziologie und die »Leipziger Schule«*.

Karriere hin. Sein Elternhaus – der Vater wirkte als Postdirektor im sächsischen Burgstadt – war von protestantischer Religiosität geprägt (vgl. Muller 1987, S. 26). Entsprechend studiert er zunächst evangelische Theologie in Greifswald und in Leipzig, dann aber auch Philosophie, Geschichte und Literatur (Muller 1987, S. 28). Im Leipziger »Serakreis« (Leiter: der konservative Verleger Eugen Diederichs) wird Freyer von den Ideen der Jugendbewegung stark beeinflußt (vgl. Üner 1981; Muller 1987, S. 32-34; Üner 1992, S. 4-11). Nach seiner Promotion in Philosophie 1911 arbeitet er als Lehrer in der Freischulgemeinde Wickersdorf (Leiter: Gustav Wynecken). 1912-13 Militärdienst, 1914-18 kriegsfreiwilliger Leutnant (zweimal schwer verwundet, zweimal hoch dekoriert). 1920 Habilitation in Leipzig (Philosophie), 1922 Professor für Philosophie in Kiel, ab 1925 Professor für Soziologie in Leipzig. In *Revolution von Rechts* (1931) findet man Freyers zeitdiagnostische Grundgedanken dieser Jahre: Die Klassengesellschaft (seit dem späten 18. Jahrhundert) ist gekennzeichnet durch die Herrschaft einer (oder mehrerer) Großgruppen über andere und durch permanenten Konflikt, wobei jede Großgruppe beansprucht, die Gesellschaft nach ihren eigenen Vorstellungen zu gestalten. Die Gegenwart repräsentiert einerseits den Kulminationspunkt an Klassenkämpfen und staatlicher Ohnmacht (Staat als hilfloser Spielball der Interessengruppen). Andererseits macht sich eine Gegenbewegung gegen den Interessengruppenpartikularismus der Klassengesellschaft bemerkbar (»Revolution von rechts«), in der sich eine neue historische Epoche ankündigt: das »Volk«, eine Sozialform, in der nicht mehr ein Gesellschaftsteil durch den anderen dominiert wird, sondern in der an die Stelle der Klassenherrschaft die Führerschaft tritt, welche den kollektiven Willen des geeinten Volkes vollzieht.

Freyer beschränkt sich nicht auf rein universitäre Aktivitäten; er profiliert sich als Vordenker im rechten politischen Spektrum und ist Mitglied des jungkonservativen »Tat«-Kreises.[16]

Während v. Martin von der Geschichtswissenschaft, Freyer von der Philosophie aus zur Soziologie stießen, begann Eduard

16 Freyer wird von Armin Mohler, dem Experten auf dem Gebiet des konservativen Radikalismus in der Weimarer Republik, zu den »jungkonservativen Leitfiguren« gezählt (vgl. Mohler 1989, S. 56, 59).

Heimann als Wirtschaftswissenschaftler.[17] Als Sohn des damaligen Verlegers und späteren SPD-Landtags- und Reichstagsabgeordneten Hugo Heimann geboren, im Milieu der sozialdemokratischen Parteiführung aufgewachsen, studiert er Wirtschaftswissenschaften mit abschließender Promotion in Berlin, Wien und Heidelberg (1908-1912). Danach ist er beruflich in der freien Wirtschaft tätig.[18] 1919 und 1921/22 fungiert Heimann als Sekretär der ersten und zweiten Sozialisierungskommission. 1922 habilitiert er in Köln und geht im gleichen Jahr als Privatdozent nach Freiburg, 1925 wird er als Professor für Wirtschaftswissenschaften nach Hamburg berufen. Heimanns

17 Es gibt keine Autobiographie von oder Biographie über Eduard Heimann. Ein Nachlaß von Heimann existiert nicht. Einen Lebenslauf hat Heimann als Anhang zu seiner Dissertation *Zur Kritik der Sozial-Methode* (1913) erstellt. Biographische Daten enthalten ferner Heimanns *Wirtschaftssysteme und Gesellschaftssysteme* (1954) sowie seine Bibliographie im *Hamburger Jahrbuch für Wirtschafts- und Gesellschaftspolitik* 4 (1959), S. 342. Die ausführlichste Zusammenstellung biographischer Daten zu Heimann findet sich in der Aufsatzsammlung *Sozialismus im Wandel der modernen Gesellschaft*, hrsg. von Heinz-Dietrich Ortlieb, Berlin/Bonn 1975, S. 182 f., der für diesen Band auch eine biographische Skizze verfaßt hat. – Vereinzelte biographische Daten findet man schließlich in Spezialstudien über Bereiche, in denen Heimann gewirkt hat, z. B. Krohn 1987 (über Exil), Pauck/Pauck 1978 und Tillich 1959 (zum Kairos-Kreis der religiösen Sozialisten) sowie Osterroth 1964 (über den Hofgeismarkreis der Jungsozialisten). Als Sekundärliteratur zum Werk Eduard Heimanns vgl. Klaus M. Kordalle, »Politische Solidarität und ökonomisches Interesse. Der Begriff des Sozialismus nach Eduard Heimann«, in: *Aus Politik und Zeitgeschichte* 26 (1975), S. 3-31; Ulrich Heyder, *Der sozialwissenschaftliche Systemversuch Eduard Heimanns. Darstellung und Kritik der Möglichkeit einer einheitlichen Theorie der modernen Wirtschafts- und Sozialsysteme*, Ffm/Bern/Las Vegas 1977; Thomas Ebert/Jürgen Egert, »Zur Aktualität Eduard Heimanns«, in: *Die neue Gesellschaft* 27 (1980), S. 63-67; Siegfried Katterle, »Eduard Heimanns Beitrag zur Neuorientierung der Wirtschaftsordnung«, in: ders., *Alternativen zur neoliberalen Wende*, Bochum 1989, S. 49-67; Sven Papcke, *Gesellschaftsdiagnosen*, Ffm/New York 1991, S. 63-81.

18 Heimann ist bis zu einer schweren Erkrankung 1913 Volontär in den Bergmann-Elektrizitäts-Werken A. G. und im Bankhaus Jacquiers und Securius. 1916 wird er Mitleiter der Abteilung Statistik und Berichterstattung der Zentral-Einkaufs-GmbH (vgl. Ortlieb 1975).

wissenschaftliche Arbeit ist zunächst im engeren Sinne ökonomisch ausgerichtet, wenn auch bereits mit Bezug auf aktuelle gesellschaftliche Fragen. In seiner Habilitationsschrift *Mehrwert und Gemeinwirtschaft* (1922) untersucht er die mögliche Preisgestaltung sozialistischer Monopole.[19] Sein erster großer zeitdiagnostischer, historisch-soziologischer Entwurf, *Soziale Theorie des Kapitalismus* (1929), beleuchtet die geistigen und historischen Wurzeln der Sozialpolitik und deren Einfluß auf die kapitalistische Produktion und Reproduktion. Herrschaftssoziologisch gelangt Heimann zu diesem Urteil: »Merkmal der Sozialpolitik ist immer eine Minderung der kapitalistischen Herrschaftsgewalt zur vorläufigen Stabilisierung ihres Restes« (Heimann 1929, S. 220).[20]

19 Die grundlegende Aussage dieses Werkes ist folgende: Während sich unter freier Konkurrenz der Preis aus dem Verhältnis von Angebot und Nachfrage ergibt, also von dem einzelnen Wirtschaftssubjekt nicht bestimmt werden kann, steht dem Monopolisten innerhalb eines bestimmten Intervalls die Festsetzung des Preises frei. Die Obergrenze liegt dort, wo der Absatz den Punkt 0 erreicht. Die untere Grenze liegt beim Wettbewerbspreis (Kostenpreis). In einer kapitalistischen Wirtschaft wird der Monopolist den Punkt der Preiskurve wählen, der ihm den größten Nutzen (Gewinn) erbringt. Wie aber soll sich ein sozialistisches Monopol verhalten? Heimann plädiert dafür, den Markt als Verteilungs- und Allokationsinstitution beizubehalten (also für eine sozialistische Marktwirtschaft) und das Preisgebaren der sozialistischen Monopole harmonisch in das Marktsystem einzufügen, indem sie sich stets an die Untergrenze des Intervalls, also an den Kostenpreis halten. Das sozialistische Monopol verkauft eine bestimmte Angebotsmenge zum Kostenpreis. Wird diese nicht von den Konsumenten aufgenommen, hat es seine Produktion einzuschränken bis zu dem Punkt, zu dem der Preis pro Einheit wieder die Kosten deckt. Geht die Nachfrage über die Angebotsmenge hinaus, so wird das sozialistische Monopol die Erzeugung ausweiten. Das sozialistische Monopol hat sich in seiner Preispolitik also am Kostenpreis zu orientieren und in der Erzeugungsmenge an der Nachfrage (vgl. Heimann 1922, bes. S. 84-88).

20 Dagegen gibt Heimann 1930 in einer Rede vor dem Verein für Sozialpolitik zwei mögliche Entwicklungsrichtungen eines sozialpolitisch durchsetzten Kapitalismus an: »eine gleichsam konstitutionell beschränkte Betriebsmonarchie des Privateigentums, in der das Privateigentum wegen der konstitutionellen Beschränkung nicht mehr voll Privateigentum ist, immerhin aber seine herrschende Stellung bewahrt,

Heimann ist nicht nur Wissenschaftler und Zeitdiagnostiker, sondern auch engagierter politischer Intellektueller, der um eine Reform des Sozialismus bemüht ist. Er wirkt im Berliner »Kairos«-Kreis der religiösen Sozialisten mit, dem u. a. auch Paul Tillich, Adolf Löwe und Alexander Rüstow angehören (vgl. Pauck/Pauck 1976, Tillich 1959).[21] Er nimmt am »Hofgeismarkreis« der Jungsozialisten teil, der, von der Jugendbewegung beeinflußt, eine geistig-seelische Erneuerung des Menschen anstrebt und dazu nicht die Umwälzung der gesellschaftlichen Strukturen abwarten will (vgl. Osterroth 1964).

Historische Soziologie im allgemeinen und ihr zeitdiagnostischer Impetus im besonderen stellen eine Reaktion auf die »Gegenwartskrise« dar. Die Krise der zwanziger Jahre modifiziert (gegenüber der Vorkriegszeit) das thematische Profil historisch-soziologischer Zeitdiagnostik. Das Thema »Lage und Zukunft des Kapitalismus« bleibt und gewinnt in der Weltwirtschaftskrise besondere Aktualität.[22] Parallel kommt, angestoßen durch die russischen Revolutionen von 1917 und die mitteleuropäischen Revolutionen von 1918/19, die Diskussion um Chancen, Optionen und Konsequenzen einer Sozialisierung hinzu.[23] Neu ist, ausgelöst

indem es die Arbeiter in Arbeitsbürger verwandelt; und andererseits ein Hinauswachsen auf dem Wege der Sozialpolitik aus dem Kapitalismus durch völlige Herausnahme der Arbeit aus der Verfügungsgewalt des Privateigentums bis zur völligen Sozialisierung« (Heimann 1930, S. 54).

21 Der »Kairos«-Kreis vertraut nicht auf das Walten eherner geschichtlicher Bewegungsgesetze (Historischer Materialismus), sondern tritt für das (reformistische) politische Handeln hier und jetzt ein, da er unter dem Eindruck von Weltkriegs- und Revolutionserfahrungen in den 20er Jahren den »rechten Moment« (»Kairos«) dafür gekommen sieht (vgl. Tillich 1959, S. 11-13; vgl. zum »Kairos«-Gedanken auch Heimann 1966, S. 85-89).

22 Vgl. z. B. Werner Sombart, *Der moderne Kapitalismus*, Bd. III, München 1927/28; ders., *Die Zukunft des Kapitalismus*, Berlin 1932; Franz Oppenheimer, *Weder Kapitalismus noch Kommunismus*, Jena 1931; Alfred Müller-Armack, *Entwicklungsgesetze des Kapitalismus*, Berlin 1932; Alfred Weber, »Wirtschaftsfreiheit und Kapitalpolitik« (A. Weber 1931 a); Emil Lederer, *Wege aus der Krise*, Tübingen 1931.

23 Neben den genannten einschlägigen Arbeiten Heimanns sind hervorzuheben: Max Weber, »Der Sozialismus« (1918), in: ders., *Gesammelte Aufsätze zur Soziologie und Sozialpolitik*, Tübingen 1924, S. 492-

durch die Schwäche der Weimarer Demokratie, auch die Debatte um die »Krise des Staates«.[24] Demgegenüber tritt die Frage nach dem Menschentum etwas in den Hintergrund, (um nach 1945 noch einmal ins Rampenlicht zu geraten; vgl. die Kap. V. und VI.).

Gegen Ende der Weimarer Republik steht historische Soziologie als wenig einheitliche, aber konsolidierte und prosperierende Richtung in der deutschen Soziologie da. Zu den Pionieren der 1860er Jahrgänge, die um diese Zeit ihre voluminösen Hauptwerke herausbringen[25], sind jüngere Wissenschaftler hinzugetreten. Es sind Ansätze eines gemeinsamen paradigmatischen Bewußtseins erkennbar[26], und historische Soziologie ist dabei, sich innerhalb des neuen Fachs als anerkannte Forschungsrichtung zu

518; Franz Oppenheimer, *Kapitalismus, Kommunismus, wissenschaftlicher Sozialismus*, Berlin/Leipzig 1919; Emil Lederer, »Probleme der Sozialisierung«, in: *Verhandlungen des Vereins für Sozialpolitik in Regensburg 1919*, München/Leipzig 1920, S. 99-116, 193-201.

24 Neben Freyers *Der Staat* und *Revolution von Rechts* sind v. a. zu nennen: Carl Landauer, »Die Wege zur Eroberung des demokratischen Staates durch die Wirtschaftsleiter«, in: *Hauptprobleme der Soziologie. Erinnerungsgabe für Max Weber*, Bd. II, hrsg. von Melchior Palyi, München/Leipzig 1923, S. 112-143; Alfred Weber, *Die Krise des modernen Staatsgedankens*, Berlin/Leipzig 1925; Franz Oppenheimer, *Der Staat* (*System der Soziologie*, Bd. II, Jena 1926); Emil Lederer, »Durch die Wirklichkeit zur politischen Idee«, in: *Soziologische Studien zur Politik, Wirtschaft und Kultur der Gegenwart. Alfred Weber gewidmet*, Potsdam 1929, S. 9-23.

25 Werner Sombart, *Der moderne Kapitalismus*, (sechs Teilbände, München 1916-1928); Franz Oppenheimer, *System der Soziologie* (acht Teilbände, Jena 1922-1934); Alfred Weber, *Kulturgeschichte als Kultursoziologie*, Leiden 1935.

26 Deutlich wird dies z. B., wenn v. Martin seine *Soziologie der Renaissance* Karl Mannheim, »dem Meister historisch-soziologischen Forschens und Denkens« widmet, oder wenn Heimann seinen soziologischen Ansatz beschreibt (»... das Wort Soziologie nicht im Sinne einer positivistischen Denktradition gefaßt, als die Lehre von dem historischen Wandel in der Gestaltung des Zusammenlebens«) und dann in einer Fußnote anmerkt: »Sehr verschiedengerichtete Forscher sind doch in dieser Grundrichtung einig; so Karl Mannheim in seinen bekannten Schriften, ferner Landshut, Kritik der Soziologie, und jetzt sehr bezeichnend schon im Titel seines Buches Freyer, Soziologie als Wirklichkeitswissenschaft« (vgl. Heimann 1930, S. 43).

etablieren.[27] Talentierte Nachwuchskräfte, wie Mannheim, v. Schelting, Elias, Landshut, Müller-Armack, Speier, Hermens und Gerth, verheißen ihr gute Perspektiven.

III.

Mit der nationalsozialistischen Machtergreifung verändern sich die – der historischen Soziologie bislang günstigen – gesellschaftlichen, politischen, geistigen und institutionellen Bedingungen grundlegend. Historische Soziologie als zeitdiagnostisch orientiertes und damit politisch exponiertes Paradigma ist den Repressionen des Dritten Reiches in besonderer Weise ausgesetzt und wird in dieser Zeit in Deutschland praktisch unterbunden. Damit geht ihr der deutsche Kulturraum, aus dessen Traditionen sie erwachsen ist, verloren. Der größte Teil ihrer Vertreter wird ins Exil getrieben – neben Lederer, Rüstow, Albert und Gottfried Salomon, Mannheim, Löwe, v. Schelting, Elias, Speier, Hermens, Gerth und Oppenheimer auch Eduard Heimann (s.u.). Alfred Weber und v. Martin (s.u.) begeben sich in die innere Emigration. Sombart (*Deutscher Sozialismus*, Berlin 1934), Müller-Armack (*Staatsidee und Wirtschaftsordnung im neuen Reich*, Berlin 1933), vor allem aber Freyer (s.u.) erweisen zunächst den neuen Machthabern mit pronationalsozialistischen Schriften ihre Referenz. Später ziehen sie sich (wie vorher schon Alfred Weber und v. Martin, s.u.), in geistesgeschichtliche, philosophische und anthropologische Refugien zurück.[28]
Das Schicksal der historischen Soziologie zur Zeit des Dritten Reiches spiegelt sich repräsentativ in den Biographien von Heimann, v. Martin und Freyer wider.

Wie die meisten historischen Soziologen muß auch Eduard

27 In diesem Sinne darf man die Eingabe der reichsdeutschen Dozenten für Soziologie von 1932 an die deutschen Kultusministerien interpretieren, die entsprechend Mannheims Vorlage *Die Gegenwartsaufgaben der Soziologie* (1932) sowohl systematische als auch historische Soziologie (bei Mannheim: »Kultursoziologie«) als verbindliche Lehrinhalte des Fachs postulierte (vgl. Stölting 1986, S. 246f.).

28 Daß diese Schriften entgegen ihrem äußeren Anschein keineswegs unpolitisch waren, wird im folgenden und in Kap. IV (Alfred v. Martins Diagnose des Nationalsozialismus) noch ausgeführt.

Heimann, als Jude und profilierter Linksintellektueller doppelt belastet, ins Exil gehen. Seine neue Wirkungsstätte wird ab dem Wintersemester 1933/34 die New Yorker Emigrantenuniversität »New School of Social Research«[29], an der u. a. auch Emil Lederer, Gerhard Colm, Hans Neisser, Hans Speier und Albert Salomon Zuflucht finden. Die Erfahrung des Dritten Reiches verändert seinen Wirklichkeitsbezug grundlegend. Nicht mehr die sozialistische Zukunftserwartung der 20er Jahre, sondern die Bedrohung der westlichen Demokratien durch Faschismus und Nationalsozialismus wird - bis etwa 1950 - zum Impetus seines wissenschaftlichen Denkens.

Entsprechend liegt sein Arbeitsschwerpunkt in den 30er und 40er Jahren in der Diagnose des Faschismus/Nationalsozialismus. Heimann wendet sich dabei gegen die unter der politischen Linken gängige These, wonach Faschismus als Diktatur des Großkapitals o. dgl. aufzufassen sei. Er definiert klassentheoretisch Faschismus als »Diktatur der Mittelklasse« (Heimann 1938), sieht aber dieses neue politische Phänomen zugleich als vorläufigen Gipfelpunkt einer antihumanistischen Entwicklung seit dem 19. Jahrhundert (vgl. dazu ausführlich Kap. II.).

In seinem Hauptwerk der 30er Jahre *Communism, Fascism or Democracy?* (1938) wendet er sich auch gegen den Sowjetkommunismus, dem er allenfalls für die spezifischen Verhältnisse Rußlands eine gewisse Existenzberechtigung zugesteht, und plädiert für eine modernisierte Demokratie mit einem wirtschafts- und sozialpolitischem Interventionsstaat[30], der mit an-

29 Vgl. zu dieser Einrichtung Krohn 1987.

30 Einem solchen demokratischen Interventionsstaat widmet Heimann seine Theorie der Planung, die er in ersten Ansätzen schon Anfang der 30er Jahre entworfen hat (*Sozialistische Wirtschafts- und Arbeitsordnung*, 1932) und dann in die amerikanische Planungsdiskussion um den »New Deal« einbringt (vgl. Krohn 1987, S. 132-134). Er plädiert dabei, ähnlich wie Keynes, für eine Regulierung der Nachfrage durch staatliche Ausgabenpolitik. Darüber hinaus schlägt er, um eine stabile Beschäftigung zu gewährleisten, Investitionskontrollen vor. Die bloße Stärkung schwacher Kaufkraft durch staatliche Ausgabenpolitik greift nur in der Konsumgüterindustrie; bei der Produktionsgüterindustrie sind auch andere Faktoren im Spiel (besonders technologische Innovationen). Der Staat soll, so Heimann, via staatlicher Monopole im

tizyklischer Geld- und Investitionspolitik Wirtschaftskrisen vermeidet oder abschwächt und sozialpolitisch eingreift, eine pluralistische Gesellschaft und eine demokratische Verfassung mit institutionellen Mechanismen zur Abwehr antidemokratischer Kräfte.

Alfred *v. Martin* repräsentiert während des Dritten Reichs die »innere Emigration«. Er lehnt den Nationalsozialismus von vornherein aus ethischen Gründen kompromißlos ab, da er ihn mit den Werten des Christentums und des Humanismus als unvereinbar erachtet. Er legt seinen Posten als Direktor des »Soziologischen Seminars« in Göttingen nieder und begibt sich nach München. Dort führt er die zurückgezogene Existenz eines Privatgelehrten und betreibt geistesgeschichtliche Studien über Jacob Burckhardt (*Nietzsche und Burckhardt*, München 1941; *Die Religion Jacob Burckhardts*, München 1942). Dies geschieht keineswegs in unpolitischer Absicht. In *Nietzsche und Burckhardt* arrangiert v. Martin einen Diskurs, wobei Burckhardt als Vertreter humanistischer Ideale steht, während Nietzsche die Werte des Nationalsozialismus repräsentiert – ein literarischer Kunstgriff, um unter der Tarnkappe geistesgeschichtlicher Forschung humanistische Werte zu artikulieren und für sie Partei zu ergreifen. Noch weiter wagt sich v. Martin in *Die Religion Jacob Burckhardts* vor, worin er auch »Tyrannei« anprangert. Die gedruckte erste Auflage wird von der Gestapo beschlagnahmt (v. Martin 1947, S. 8), nachdem schon vorher eine dritte Auflage von *Nietzsche und Burckhardt* verweigert worden war (vgl. ebenda). Der Autor, der auch Kontakte zur Widerstandsgruppe »Weiße Rose« gepflegt hat, entgeht nur durch Zufall der Verhaftung.[31] Etliche Manuskripte,

Kreditwesen und in bestimmten Grundstoffindustrien (besonders Stahlindustrie) die Mengen und Preise des monopolisierten Kredits und der monopolisierten Grundstoffe so gestalten, daß eine stetige Investitionstätigkeit und eine gleichmäßige wirtschaftliche Expansion zwecks Stabilität der Arbeitsplätze in der Produktionsgüterindustrie gewährleistet ist. Grundsätzlich plädiert Heimann für indirekte monetäre Eingriffe des Staates, die den Preismechanismus beibehalten, und gegen direkte Kontrollen, welche den Preismechanismus ausschalten (vgl. dazu insbesondere Heimann 1934).

31 Gegen v. Martin ermittelten in Sachen *Die Religion Jacob Burckhardts* und »Weiße Rose« zwei verschiedene Gestapo-Stellen separat ohne

u. a. eine Geschichte des Willensdenkens von Kallikles bis zum Nationalsozialismus, fallen einem Bombenschaden zum Opfer (vgl. v. Martin 1948, S. 7; v. Martin 1974, S. 10).

Anders als Heimann und v. Martin begrüßt Hans *Freyer* das Dritte Reich als Überwindung der Klassengesellschaft und Anbruch der Volksgemeinschaft.[32] Er stellt sich in den Dienst der neuen Ordnung – mit zahlreichen Reden und Vorträgen, mit einem Manifest zur Aufgabe der Soziologie im neuen Staat, mit der Mitwirkung bei der Gründung einer soziologischen Zeitschrift (*Volksspiegel*), welche die Schaffung eines »politischen Volkes« zum Ziel hat, und durch Auslandsauftritte »as semiofficial representative of the Third Reich« (Muller 1987, S. 262). Er avanciert 1933 zum Direktor des von Karl Lamprecht gegründeten Instituts für Kultur- und Universalgeschichte (vgl. dazu Hoyer 1990, Schäfer 1990) und zum »Führer« der Deutschen Gesellschaft für Soziologie.

Doch Freyers politische und persönliche Erwartungen an das NS-Regime erfüllen sich nicht. Die konservativen und radikalkonservativen Elemente werden ausgeschaltet oder an die Peripherie der Macht gedrängt. Dieser Prozeß findet seine Entsprechung in Freyers Berufsleben. Der *Volksspiegel*, für den er mitverantwortlich zeichnet, wird Anfang 1935 von der »Reichsstelle zur Förderung des deutschen Schrifttums« als »nicht unverdächtig und nicht zu empfehlen« eingestuft, was dessen Verbreitung begrenzt (Muller 1987, S. 273). Freyers Schriften werden von den Nazi-Medien wegen ihres Mangels an ideologischer Orthodoxie kritisch bis ablehnend aufgenommen (vgl. Muller 1987, S. 259 f., S. 297). Seine Post wird vom Sicherheitsdienst abgefangen und gelesen. Geachtete Kollegen und Freunde sehen sich Angriffen aus rassischen und ideologischen

gegenseitige Kenntnis ihrer Aktivitäten, so daß v. Martin, der noch am Tage der Verhaftung von Hans Scholl mit diesem zusammengetroffen war, sich in dieser Angelegenheit als unpolitischer Professor herausreden konnte (Auskunft von Susanne v. Martin).

32 Freyer wird allerdings nie Mitglied der NSDAP oder einer ihrer Unterorganisationen (Muller 1986, S. 301, 303; Schäfer 1990, S. 140). Zum Thema »Freyer im Dritten Reich« vgl. außer Muller 1986 und Muller 1987 auch Hoyer 1990 und Schäfer 1990, zudem die einschlägige Literatur über »Soziologie im Dritten Reich« (z. B. Klingemann 1981, S. 287-289; Rammstedt 1986).

Gründen ausgesetzt und werden aus dem Amt getrieben. Auch Freyer selbst wird mangelnde Regimetreue vorgeworfen (vgl. Muller 1987, S. 285 f.; Muller 1986, S. 304-306).[33]

Es verwundert nicht, daß unter diesen Umständen Zweifel und Desillusionierung bei Freyer zunehmen. Erkennbar ist dies bereits in *Pallas Athene* (1935), in der er noch nach Herrschaft und Führertum ruft, die geschichtliche Größe jenseits bürgerlicher Sicherheit und Bequemlichkeit besorgen sollen (vgl. Kap. VI.1.). In einer 1937 abgeschlossenen Studie über Machiavelli[34] ist hingegen bereits die Einsicht enthalten, daß man mit den Mitteln einer Gewaltherrschaft kein politisches Volk schaffen kann. In *Preußentum und Aufklärung: Eine Studie über Friedrich des Großen Antimachiavel*[35] unterscheidet Freyer – ganz anders als noch 1933-35 – zwischen legitimer und illegitimer Herrschaft (vgl. Muller 1987, S. 290-304; Üner 1992, S. 128-133).[36]

Freyer veröffentlicht nach 1935 keine soziologischen Schriften mehr. 1938 wechselt er nach Ungarn, wo er Inhaber einer Gastprofessur für deutsche Kulturgeschichte an der Universität Budapest wird. 1941 bis 1944 fungiert er auch als Präsident des Deutschen Wissenschaftlichen Instituts. Gegen Ende 1944 flieht Freyer vor der anrückenden Roten Armee und läßt sich wieder in Leipzig nieder (vgl. Muller 1987, S. 305-315).

Fazit: Historische Soziologie ist in Deutschland während der Zeit des Dritten Reiches im wesentlichen unterbunden und ins Exil

33 Aus dem – weitgehend vernichteten – Aktenbestand der Leipziger Gestapo ist eine anonyme 19seitige Denunziation erhalten geblieben (vgl. Muller 1987, S. 285-287).

34 Hans Freyer, *Machiavelli*, Leipzig 1938, Neudruck Weinheim 1986 (hrsg. von Elfriede Üner).

35 Diese 1944 verfaßte Studie erschien, hrsg. von Elfriede Üner, erst 1986 (Weinheim).

36 Zu den Freunden Freyers zählten auch Verschwörer des 20. Juli (Johannes Popitz und Albrecht Haushofer). Carl Goerdeler, der Chef einer provisorischen Regierung geworden wäre, soll Freyer als Hochschulminister vorgesehen haben (vgl. Muller 1986, S. 313). Es gibt aber keinen Beweis, daß Freyer von der Verschwörung wußte und von der Aufgabe, für die er gedacht war. Auch zur »inneren Emigration« kann man Freyer trotz zunehmender Nachdenklichkeit und Kritik nicht rechnen, dazu war er während der gesamten Zeit des Dritten Reiches viel zu stark »Rädchen im Getriebe«.

abgedrängt. Die Bedingungen sind dabei viel ungünstiger als im Deutschland der Weimarer Republik, denn die emigrierten historischen Soziologen sind unter oft schwierigen materiellen Umständen über die ganze Welt verstreut. Ein integrierter diskursiver Wissenschaftsprozeß wie zuvor in Deutschland ist unter diesen Bedingungen nicht mehr möglich. Auch für historische Soziologie bedeutet das Dritte Reich »die Zerstörung einer Zukunft« (Matthias Greffrath).

IV.

Mit dem Ende des Dritten Reichs scheinen für historische Soziologie wieder günstigere Zeiten anzubrechen. Die Emigranten können zurückkehren[37]; der Neubeginn der deutschen Soziologie steht zunächst im Zeichen der Kontinuität[38]; im Chaos der »Stunde Null« liegt Nachfrage nach soziologischer Zeitdiagnostik vor. Einige historische Soziologen (insbesondere Alfred Weber in Heidelberg und v. Martin in München) sind am Neuaufbau des Fachs hervorragend beteiligt (vgl. Lepsius 1979, S. 30f.). In Heidelberg, dem seit Max Webers Zeiten wichtigsten Zentrum historischer Soziologie, entwickelt sich mit Alfred Weber, Alexander Rüstow, Hans v. Eckardt und Herbert Sultan wieder das für diese Stadt charakteristische interdisziplinäre sozialwissenschaftliche Milieu (vgl. Lepsius 1979, S. 30). Die historischen Soziologen

37 Faktisch blieb der Einfluß der emigrierten historischen Soziologen auf die Neugestaltung der deutschen Soziologie nach dem Zweiten Weltkrieg gering. Die meisten von ihnen, soweit sie nicht inzwischen verstorben waren (Emil Lederer 1939, Franz Oppenheimer 1943, Karl Mannheim 1947), kehrten überhaupt nicht (Paul Honigsheim, Carl Landauer, Karl Polanyi, Eugen Rosenstock-Huessy, Albert Salomon, Alexander v. Schelting, Hans Speier) oder erst spät – seit Ende der 50er Jahre – nach Deutschland zurück (Gottfried Salomon-Delatour 1958, Ferdinand Hermens 1959, Eduard Heimann 1963, Hans Gerth 1971, Norbert Elias 1978-1984, Adolph Lowe 1983). Als bedeutendste historisch-soziologisch orientierte frühe Remigranten sind Alexander Rüstow (1950), Siegfried Landshut (1951) und Arnold Bergstraesser (1954) zu nennen. (Zu den Emigrations- und Remigrationsdaten vgl. Wittebur 1991).

38 »Wir nehmen den Faden des Wirkens dort, wo wir ihn fallen lassen mußten, ungebrochen wieder auf« (v. Wiese 1948 a, S. 1).

bringen noch einmal großangelegte, historisch weitgespannte, zeitdiagnostisch ausgerichtete Theorieentwürfe hervor, die sich mit dem soeben überwundenen Nationalsozialismus wie mit dem Neuanfang gleichermaßen befassen.[39] Der Neubeginn der deutschen Soziologie nach dem Dritten Reich steht also zunächst im Zeichen der Wiederaufnahme der Tradition.[40]

Auch Heimann, v. Martin und Freyer bemühen sich um eine Wiederbelebung historischer Soziologie:

Eduard *Heimann*, verbittert über das Dritte Reich, skeptisch hinsichtlich eines demokratischen Neuanfangs in Deutschland, bleibt zunächst US-Bürger, fährt jedoch, »um einen bescheidenen Beitrag zum deutschen akademischen Wiederaufbau zu stiften«, zur »Erhaltung und Wiederbelebung der deutschen Tradition« (Heimann 1948 a, S. 4), seit 1948 fast jährlich für einige Monate zu Gastvorlesungen nach Deutschland, bevor er sich 1963 endgültig wieder in Hamburg niederläßt. Dort erfährt er diverse Ehrungen: 1948 verleiht ihm die Rechts- und Staatswissenschaftliche Fakultät der Universität Hamburg die Ehrendoktorwürde, 1951 erhält Heimann als Wiedergutmachung für seine 1933 verlorene Professur die Rechtsstellung eines emeritierten ordentlichen Professors. Anläßlich seines 70. Geburtstags 1959 wird ihm eine Festschrift gewidmet (*Hamburger Jahrbuch für Wirtschafts- und Gesellschaftspolitik* 4, Jg. 1959), und 1965 wird er gemeinsam mit Paul Jostock mit dem Kulturpreis des Deutschen Gewerkschaftsbundes ausgezeichnet (vgl. Ortlieb 1975, S. 183).

Der Schwerpunkt von Heimanns wissenschaftlicher Arbeit

39 Beispiele: Alfred Weber, *Abschied von der bisherigen Geschichte*, Hamburg 1946, *Kulturgeschichte als Kultursoziologie* (2. Aufl., München 1950, 8. Kapitel); Hans Freyer, *Weltgeschichte Europas*, Wiesbaden 1948; Alfred Müller-Armack, *Das Jahrhundert ohne Gott*, Münster 1948, *Diagnose unserer Gegenwart*, Gütersloh 1949; Alexander Rüstow, *Ortsbestimmung der Gegenwart*, Erlenbach-Zürich 1952-1957. Zu Alfred Webers, Müller-Armacks und Rüstows Diagnosen der unmittelbaren Nachkriegszeit vgl. Daheim 1989, S. 25-33.

40 Noch 1953 bemerkt Raymond Aron: »Die Soziologie, die in Deutschland seit einigen Jahren mit so erfreulicher Aktivität ihre Arbeit wieder aufgenommen hat, schließt sich natürlich an die von uns dargestellten Lehren (der deutschen Soziologie der 20er Jahre, V. K.) an« (Aron 1953, S. 186).

liegt in den späten 40er Jahren noch auf der Diagnose des Faschismus/Nationalsozialismus und der Neuordnung der Nachkriegswelt (v. a. *Freedom and Order*, 1947, deutsch 1950 unter dem Titel *Freiheit und Ordnung*; vgl. Kap. II.). In den 50er Jahren richtet sich sein Interesse vor allem auf die Nachkriegsprosperität, die er von den Grundbegriffen »Wirtschaftssystem« und »Gesellschaftssystem« ausgehend analysiert (vgl. Kap. III.).[41] Außerdem treten kultursoziologische, sozialphilosophische und religiös-theologische Momente stärker als in früheren Schaffensperioden hervor.[42] Seine bedeutendste kultursoziologische Arbeit ist *Vernunftglaube und Religion in der modernen Gesellschaft* (1955). Ihre Grundthese ist, daß eine Gesellschaft ohne Religion auf die Dauer nicht bestehen kann. »Die Gesellschaft ist von der Religion gestiftet und wird von ihr zusammengehalten; durch den Vernunftglauben wird sie gespalten und kann auf seiner Grundlage nicht geheilt werden« (Heimann 1955, S. 8). Die modernen Gesellschaften zehren, so Heimann, noch von der religiösen Erbmasse früherer Zeiten (vgl. Heimann 1955, S. 46-48).

Nach 13jähriger Unterbrechung nimmt Alfred *v. Martin* 1946 seine Lehrtätigkeit an der Technischen Hochschule München auf (Lehrauftrag). Von 1948 bis 1958 vertritt er als außerplanmäßiger Professor das Fach Soziologie an der Universität München. Seine Publikationstätigkeit konzentriert sich in der unmittelbaren Nachkriegszeit auf die Auseinandersetzung mit den geistigen Wurzeln des Nationalsozialismus. Neben Neuauflagen von *Nietzsche und Burckhardt* (Basel 1945, München 1947) sowie *Die Religion Jacob Burckhardts* (München 1947) erscheinen *Geistige Wegbereiter der deutschen Katastrophe: Hegel, Nietzsche und Spengler* (1946/47) und *Der heroische Nihilismus und seine Überwindung. Ernst Jüngers Weg aus der*

41 Diese beiden Begriffe werden, aufbauend auf einer Kurzfassung von 1953, erstmals im ersten Beitrag (»Wirtschaftssysteme in vergleichender Betrachtung«) von *Wirtschaftssysteme und Gesellschaftssysteme* (1954) entwickelt.

42 Heimann hat sich 1944 von seinem Freund Paul Tillich taufen lassen (Krohn 1987, S. 66). Seit 1950 wirkt er (neben seiner Funktion als Professor für Wirtschaftswissenschaften an der »New School ...«) auch als Dozent im Fach Sozialethik im Union Theological Seminary in New York (Ortlieb 1975, S. 183).

Krise (Krefeld 1948). In zahlreichen Aufsätzen und Leserbriefen in der »Süddeutschen Zeitung« wendet er sich gegen »Neonationalismus«, Verunglimpfung des deutschen Widerstandes, selbstherrliche Auswüchse der Kanzlerdemokratie Adenauers und die Wiederaufrüstung.[43] Mitte der 50er Jahre engagiert er sich in der Gesamtdeutschen Volkspartei Gustav Heinemanns. Seit den 50er Jahren tritt v. Martin wieder verstärkt mit soziologischen Arbeiten hervor. 1956 veröffentlicht er ein Lehrbuch »Soziologie«, das eine methodologische Grundlegung sowie eine Wirtschafts-, Staats- und Kultursoziologie enthält. In zahlreichen Aufsätzen[44] befaßt er sich mit dem Wandel bürgerlicher Mentalität, mit Zustand und Perspektiven des Intellektuellentums und dem gegenwärtigen Stand der Klassengesellschaft. Sein wissenschaftliches Werk wird mit der Verleihung des Dr. h. c. der Universität Köln und dem Preis der Münchener Stiftung zur Förderung des Schrifttums ausgezeichnet.

Hans *Freyer* nimmt mit der Wiedereröffnung der Universität Leipzig im Februar 1946 seine Lehrtätigkeit wieder auf, nachdem er als Nicht-Parteimitglied die Entnazifizierung zunächst unbeschadet überstanden hat. Doch während des Jahres 1946 verschärft die sowjetische Besatzungsmacht ihren hochschulpolitischen Gleichschaltungskurs. Freyer gerät im gleichen Sommer unter Druck, als die marxistische Kulturzeitschrift »Aufbau« einen Aufsatz von Georg Lukacs (»Die deutsche Soziologie zwischen dem ersten und dem zweiten Weltkrieg«) veröffentlicht. Darin wirft der ungarische Philosoph Freyer vor, er habe bewußt oder unbewußt den Sieg des Nationalsozialismus in Deutschland begünstigt. Im November erklärt das sächsische Erziehungsministerium, Freyer sei an der Universität nicht länger tragbar. Sein Fall wird an die Entnazifizierungskommission zurückgewiesen. Im Februar 1948 wird Freyer endgültig aus seiner Position an der Universität Leipzig entlassen (vgl. Muller 1987, S. 322-329).

43 Während unserer Projektarbeit wurden 52 Leserbriefe Alfred v. Martins 1950 bis 1965 in der »Süddeutschen Zeitung« erschlossen, die im Abschlußbericht an die Deutsche Forschungsgemeinschaft abgedruckt sind.

44 Die wichtigsten Beiträge sind zusammengefaßt in folgenden Sammelbänden v. Martins: *Ordnung und Freiheit* (1956); *Mensch und Gesellschaft* (1965); *Im Zeichen der Humanität* (1974).

Mittlerweile hat sich Freyer erfolglos um einen Lehrstuhl in den Westzonen bemüht (u. a. in Heidelberg und Göttingen, vgl. Muller 1987, S. 329 f.). Im Juli 1948 flieht er mit seiner Familie in den Westen. Er findet zunächst Beschäftigung als Redakteur des Brockhaus-Verlags in Wiesbaden. 1953 wird er zum emeritierten Professor an der Universität Münster ernannt und lehrt dort – unterbrochen von Gastprofessuren in Ankara – bis 1963 (Muller 1987, S. 359). Sein Forschungsinteresse gilt nun den Strukturgesetzlichkeiten der industriellen Gesellschaft und ihren Auswirkungen auf Freiheitsraum und Sozialcharakter des einzelnen Menschen (s.u., außerdem Kap. VI.). In der Soziologie kann Freyer nicht mehr recht Fuß fassen, aber in der – konservativ dominierten – Geschichtswissenschaft wird er mit offenen Armen aufgenommen.[45] Die moderne deutsche Sozialgeschichte, die 1956 mit der Gründung einer Arbeitsgruppe am Institut für Sozial- und Wirtschaftsgeschichte an der Universität Heidelberg beginnt, verdankt ihm wichtige Anstöße.[46]

Die Neublüte der historischen Soziologie, die sich Ende der 40er und Anfang der 50er Jahre abzeichnet, ist jedoch nur von kurzer Dauer. In den 50er Jahren setzt sich die »Amerikanisierung« der deutschen Soziologie durch.[47] Dabei sind zunächst einmal handfeste materielle Faktoren im Spiel: Die neugegründeten Forschungsinstitute (z. B. Sozialforschungsstelle Dortmund, Institut für sozialwissenschaftliche Forschung in Darmstadt, UNESCO-Institut für Sozialwissenschaften in Köln) werden von den USA bzw. der UNESCO finanziert (vgl. Weyer 1984, bes. S. 388). Hier erfährt der soziologische Nachwuchs seine wissenschaftliche Sozialisation, soweit er sich nicht selbst in den USA aufgehalten hat. Für die jungen Wissenschaftler wird in der Regel die amerikanische Soziologie zum Leitbild.[48] In der Tat hatte diese, während im

45 Freyer trägt mehrfach auf Historikertagen vor, so auf dem 21. Deutschen Historikertag in Marburg 1951 und dem 23. Deutschen Historikertag in Ulm 1956 (vgl. Üner 1987 a, S. 186 f.).

46 Vgl. Muller 1987, S. 357 f., der sich auf einen an ihn gerichteten Brief Werner Conzes (eines der Begründer des Arbeitskreises) beruft. Vgl. auch Pankoke 1970, S. 149; Mooser 1991, S. 97.

47 Zu den geistig-politischen Hintergründen vgl. ausführlich Plé 1990. Vgl. auch Tenbruck 1979; Kruse 1990, S. 1-29.

48 Als eine bemerkenswerte Ausnahme sei hier Jürgen Habermas' *Strukturwandel der Öffentlichkeit* (1962) erwähnt – ein Werk, das noch

Dritten Reich das Fach daniederlag, insbesondere in der empirischen Sozialforschung und der allgemeinen Soziologie (Strukturfunktionalismus) bahnbrechende Fortschritte erreicht. Ihre besondere Faszination lag »in ihrem auf die Verbindung mit der Sozialforschung gestützten Anspruch, durch zwingende Verfahren eine akkumulative Theorie der Gesellschaft aufzubauen, welche die realen Gesetze und Zusammenhänge in jedem Fall eindeutig zu ermitteln und eventuell die gesellschaftlichen Probleme vollständig zu lösen in der Lage sein werde, ja nahezu bereits in der Lage sei« (Tenbruck 1979, S. 87). Verglichen damit scheint historisch-soziologische Zeitdiagnostik altmodisch, überflüssig und spekulativ gewirkt zu haben.[49]

1955 läutet König den generellen Bruch mit der deutschen soziologischen Tradition ein. Anläßlich der Übernahme der *Kölner Zeitschrift für Soziologie und Sozialpsychologie* erklärt er, daß »sich die soziologische Produktion in Deutschland von ihren früheren Leistungen und Leitideen in den zwanziger Jahren trennen kann und wohl auch trennen muß« (König 1955, S. 1). Es schließt sich eine geradezu vernichtende Kritik der *Gemeinschaft und Gesellschaft* von Ferdinand Tönnies an, einer Leitfigur der alten deutschen Soziologie.[50] Ein Jahr später folgt eine Attacke auf die

deutlich sichtbar in der Tradition der Weimarer historischen Soziologie steht, wie schon die methodisch-methodologischen Topoi des Vorworts demonstrieren: »Integration soziologischer und ökonomischer, staatsrechtlicher und politologischer, sozial- und ideengeschichtlicher Aspekte«; »›bürgerliche Öffentlichkeit‹ als epochaltypische Kategorie« (»sie läßt sich nicht aus der unverwechselbaren Entwicklungsgeschichte jener im europäischen Hochmittelalter entspringenden ›bürgerlichen Gesellschaft‹ herauslösen und, idealtypisch verallgemeinert, auf formal gleiche Konstellationen beliebiger geschichtlicher Lagen übertragen«); Abgrenzung zum »Ansatz der formalen Soziologie, deren fortgeschrittener Stand heute von der sogenannten strukturell-funktionalen Theorie bezeichnet wird«; höheres Abstraktionsniveau als geschichtswissenschaftliche Arbeiten; »Strukturanalyse gesamtgesellschaftlicher Zusammenhänge« (vgl. Habermas 1987, S. 7 f.).

49 »Die Vereinzelung von Denkpositionen, wissenschaftlichen Systemen, persönlichen, oft geradezu ›privatsprachlich‹ entwickelten Terminologien ließ die Soziologie in der ersten Nachkriegszeit intellektuell unattraktiv erscheinen, als Disziplin ohne plausible Zeitdeutungs-Kraft. Sie bestimmte keinen Diskurs mehr ...« (Rehberg 1992, S. 36).

50 Alfred v. Martin bewertete Königs Tönnies-Aufsatz als »repräsentati-

»Heidelberger Soziologie« (Lepsius 1979, S. 30), zu dieser Zeit die vielleicht noch größte Konkurrenz der »Kölner Schule«. Sie hat unter Leitung von Alfred Weber eine *Einführung in die Soziologie* (München 1955) herausgebracht. Der ehrwürdige Altmeister bleibt noch ausgespart; ansonsten hagelt es schärfste Kritik, die in der Forderung an den Verlag gipfelt, das Buch vom Markt zurückzuziehen (vgl. König 1956). Im Fischer-Lexikon *Soziologie* (zuerst 1958) brandmarkt König historische Soziologie als »Geschichts- und Sozialphilosophie« bzw. »Kulturkritik«, die aus seinem eigenen Wissenschaftskonzept »ausgemerzt« wird.
Ähnlich negativ fällt das Urteil der beiden anderen herausragenden Größen der deutschen Nachkriegssoziologie, Helmut Schelsky und Theodor W. Adorno, über die deutsche soziologische Tradition aus. Schelsky formuliert 1959 seine berühmte These, die Weimarer Soziologie sei 1933 unabhängig von den politischen Umständen wegen fehlender eigener Entwicklungspotentiale »am Ende« gewesen (Schelsky 1959, S. 37). Adorno spielt bereits 1951 empirische Sozialforschung gegen die deutsche soziologische Tradition aus.[51] Ein Schlußstrich unter dieses Kapitel deutscher Soziologie wird bei der Zusammenkunft im Hotel Jagdschloß Niederwald im Oktober 1960 gezogen, zu der DGS-Präsident Otto Stammer geladen hat und an der u. a. Adorno, König, Gehlen, Schelsky, Jantke, Bergstraesser, Mühlmann, Plessner und Popitz teilnehmen[52]: »Hier wurde in ungemein intensiven und geistig erregenden Gesprächen die Originalität und Problemeinheit einer ›deutschen Soziologie‹ seit Max Weber oder Simmel zu

ves Ritual«, als »symbolisch« für »de(n) innere(n) Bruch mit der wissenschaftlichen Vergangenheit« (vgl. v. Martin 1965 k, S. 276 f.).

51 In seinem Vortrag »Zur gegenwärtigen Stellung der empirischen Sozialforschung« (1951) prangert Adorno den »Zustand der Überreste der deutschen geisteswissenschaftlichen Soziologie« an, »der als seines Korrektivs dringend der empirischen Methoden bedarf. Deren echter Sinn ist der kritische Impuls ... Anstatt sich erst mit Hilfe ideologischer Begriffe ein versöhnliches Bild der sozialen Wirklichkeit zurechtzustilisieren und sich dann mit den Verhältnissen, wie sie sind, getröstet abzufinden, muß Wissenschaft die Härte dessen, was ist, zum Bewußtsein erheben ... Soziologie ist keine Geisteswissenschaft« (Adorno 1972, S. 481).

52 Vgl. Schelsky 1980, S. 453; vgl. auch Lepsius 1979, S. 43. Die Personenangaben stimmen nicht überein.

Grabe getragen« (Schelsky 1980, S. 453; im Orig. teilweise hervorgehoben, V. K.).[53]

Im Zeichen des Traditionsbruchs, im Schatten der »main stream«-Soziologie nur noch wenig beachtet[54], verfassen die mittlerweile hochbetagten historischen Soziologen ihre letzten großangelegten Werke (die heute weitgehend vergessen sind). Ihr Interesse hat sich in den 50er Jahren unter dem Eindruck von wirtschaftlicher Prosperität und politischer Konsolidierung der (westlichen) Nachkriegsgesellschaft zugewandt. Dabei treten noch einmal die beiden Fragestellungen klar zutage, die am Anfang der historischen Soziologie um 1900 standen: die Zukunft des Kapitalismus sowie Freiheitsraum und Sozialcharakter des modernen Menschen.

Das Hauptinteresse von Eduard *Heimann* gilt der Nachkriegsprosperität, die er mit der erstaunten Frage »Ist das noch Kapitalismus?« (Heimann 1957 a, S. 39) registriert. In einer kombinierten historischen und theoretischen Erklärung beschreibt er die Auswirkungen der »Institutionen der sozialen Reform« (Arbeiterschutz, soziale Sicherung, Tarifvertragssysteme) auf Wachstum und Distribution und bezieht dabei auch eine an Schumpeter angelehnte Theorie des Monopols ein (in: *Soziale Theorie der Wirtschaftssysteme*; vgl. Kap. III.). Heimann erkennt bereits die ökologischen Gefahren und plädiert für das Ende des (quantitativen) Wachstums, oder, modern ausgedrückt, für ein »qualitatives Wachstum«.

Während Heimann die Nachkriegsprosperität vorwiegend unter wirtschaftlichen bzw. wirtschaftssoziologischen Gesichts-

53 Die »Heidelberger Soziologie« als stärkste Bastion deutscher soziologischer Tradition in den 50er Jahren fällt nach dem Tode Alfred Webers 1958, der Emeritierung Rüstows 1955 und dem Tod v. Eckardts und Sultans 1957 auseinander (vgl. Lepsius 1979, S. 30).

54 Beispielhaft dafür mag eine Bemerkung von Ludwig Preller in einer Besprechung von Heimanns *Soziale Theorie der Wirtschaftssysteme* (1963) stehen: »Wer noch, wie der Rezensent, in lebhafter Erinnerung hat, mit welcher Intensität die 1929 erschienene ›Soziale Theorie des Kapitalismus‹ Eduard Heimanns damals diskutiert worden ist, registriert mit einer gewissen Bestürzung das relative Stillschweigen um die weiteren, nach 1945 bekannt gewordenen Veröffentlichungen Heimanns und insbesondere um das hier zu besprechende Buch« (Preller 1965, S. 758).

punkten erörtert, behandelt Alfred *v. Martin* die westliche Nachkriegsgesellschaft aus klassentheoretischer Sicht. Entgegen König und Schelsky wendet sich v. Martin dagegen, klassengesellschaftliche Kategorien vorschnell zugunsten einer »nivellierten Mittelstandsgesellschaft« über Bord zu werfen. Der Klassengegensatz habe sich zwar abgeschwächt, bestehe aber als solcher in der Lage und im Bewußtsein der Arbeiter fort (wobei sich v. Martin auf die industriesoziologischen Forschungen der 50er Jahre über Arbeiterbewußtsein beruft). Das Hauptinteresse v. Martins gilt jedoch dem »bürgerlichen Menschen« (idealtypisch verkörpert im Unternehmer), der, indem er zweckrational handelnd seine Interessen realisiert, bürokratische Strukturen schafft, die den »nachbürgerlichen Menschen«, anpassungs-, sekuritäts- und konsumorientiert, hervorbringen (vgl. Kap. v.).

Hans *Freyer* stellt den Begriff der »industriellen Gesellschaft« in das Zentrum seiner Diagnose der Nachkriegsgesellschaft. Er definiert diese über eine Neubestimmung der Technik: vom Mittel zum Zweck (vorindustrielle Gesellschaft) zu einer eigendynamischen Potenz für freibleibende Zwecke (industrielle Gesellschaft). Freyer analysiert (vor allem in *Schwelle der Zeiten*, 1965) die Funktionsweise der industriellen Gesellschaft. Er zeigt dabei auf, daß das Funktionieren der modernen industriellen Gesellschaft nicht nur von den passenden gesellschaftlichen Institutionen (wie sie Heimann mit den »Institutionen der sozialen Reform« beschrieben hat) abhängig ist, sondern auch vom angepaßten Verhalten der Individuen.

Die historische Soziologie, wie sie noch einmal in den erwähnten Werken Heimanns, v. Martins und Freyers zutage tritt, läuft als eigenes identifizierbares Paradigma etwa 1965 aus. Was danach noch von ihren Vertretern erscheint, hat eher sozialphilosophischen oder ideengeschichtlichen als soziologischen Charakter. Rüstow ist 1963 verstorben, Müller-Armack ist seit 1952 in der Politik tätig. In der Tradition dieses Ansatzes steht noch *Gesellschaftswandel und Kulturkrise* (1979) des ehemaligen Heidelbergers Richard Löwenthal, der ansonsten nicht in dieser Weise historisch-soziologisch hervorgetreten war, außerdem Adolph Lowes *Has Freedom a Future?* (1988) (vgl. Daheim 1989); auch Alois Dempfs *Religionssoziologie der Christenheit* (München 1972) und Henry Jakobys *Die Bürokratisierung der Welt* (Frankfurt 1984) sind hier zu nennen. Einzelne theoriestrukturelle und inhaltliche Elemente historischer Soziologie sind u.a. bei Schülern Alfred Webers und v. Martins erkennbar, was hier nicht weiter ausgeführt werden kann, ebenso in den Arbeiten von Elias-Schülern seit den 70er Jahren. In den USA hat sich in den 80er Jahren eine neue historische Soziologie etabliert, die, vermittelt durch Emigranten wie Reinhard Bendix und Guenther Roth, in einem geistesgeschichtlichen Zusammenhang mit der Weimarer historischen Soziologie steht (Max Weber-Rezeption). Ein Übergreifen auf Deutschland kündigt sich in einigen Arbeiten an.[55]

V.

Worin liegen die Eigenarten historischer Soziologie nach 1945 im Vergleich zur »main stream«-Soziologie (also v.a. empirische Sozialforschung und Systemtheorie, in Deutschland repräsentiert durch die »Kölner Schule«) der 50er und 60er Jahre?

– Die »main stream«-Soziologie ist eher fortschrittsoptimistisch gestimmt und vom Glauben an sozialtechnische Machbarkeit getragen. Die historische Soziologie ist hingegen noch – trotz der Erfolge der Nachkriegszeit – von einem Krisenbewußtsein geprägt, das sich aus der Sensibilität für technische und ökologische Risiken sowie aus der Ungunst moderner Strukturen für die Werte der Freiheit, Selbstgestaltung und Selbstverantwortung speist.

– Die »main stream«-Soziologie orientiert sich am naturwissenschaftlichen Wissenschaftsverständnis, während sich historische Soziologie eher als Geisteswissenschaft versteht.

– Die »main stream«-Soziologie orientiert sich am Ideal einer »wertfreien«, »objektiven« Wissenschaft, während bei der historischen Soziologie auch Subjektivität und Werte im Spiel sind (vgl. Kap. VII., Abschn. III.).

55 Beispiele: Stefan Breuer, *Imperien der alten Welt*, Stuttgart 1987; Jürgen Osterhammel, *China und die Weltgesellschaft. Vom 18. Jahrhundert bis in unsere Zeit*, München 1989; Martin Riesebrodt, *Fundamentalismus als patriarchalische Protestbewegung. Amerikanische Protestanten (1910-1928) und iranische Schiiten im Vergleich*, Tübingen 1990; Maurizio Bach, *Die charismatischen Führerdiktaturen. Drittes Reich und italienischer Faschismus im Vergleich*, Baden-Baden 1990.

– Historische Soziologie ist makroanalytisch ausgerichtet und neigt zu großen Theorieentwürfen, während die »main stream«-Soziologie »kleinformatige« empirische Studien bevorzugt.
– Erfahrungswissenschaftliche Grundlage der »main stream«-Soziologie ist empirische Sozialforschung, historische Soziologie stützt sich hingegen auf geschichtliches Wissen.
– Die »main stream«-Soziologie konzipiert Soziologie als Einzelwissenschaft, professionalisierte Fachwissenschaft, wogegen historische Soziologie sie eher als interdisziplinären Ansatz begreift, der Probleme in einen gesamtgesellschaftlichen Zusammenhang stellt und dabei insbesondere auch auf ökonomisches und historisches Wissen zurückgreift.

Die Frage, die sich angesichts dieser und anderer Unterschiede stellt, ist, ob man beide Richtungen in einem kontradiktorischen (also historische Soziologie als überholte, »main stream«-Soziologie als zeitgemäße Form von Wissenschaft) oder komplementären Verhältnis zu sehen hat. Anders formuliert: Ist die deutsche Soziologie, indem sie mit ihrer Tradition brach, zur vollwertigen Wissenschaft geworden? Oder hat sie sich damit quasi selbst amputiert, also Erkenntnispotentiale verworfen, die das Fach bereichern und seine Entwicklung auf eine breitere Grundlage hätten stellen können? Die Urteile Königs und Schelskys über 25 Jahre »main stream«-Soziologie fallen um 1980 jedenfalls einigermaßen ernüchtert aus:

Schelsky charakterisiert die deutsche Soziologie dieser Zeit als »professionalistisch«, »amerikanistisch« und »ideenschwach« (Schelsky 1980, S. 454). Sie befinde sich »in einem Zustand der geistigen Ermattung (Frustration) und Einfallslosigkeit« und erschöpfe sich »im Weiterspinnen fachsoziologischer Detailthemen in immer neuen Habilitationen, Dissertationen, Diplomarbeiten oder Forschungsprojekten ohne jede grundsätzliche ›Innovation‹, in der Überbetonung der Methodologie, die zum ›wissenschaftsexaktesten‹ Gegenstand mit eigener Wertigkeit geworden ist, der aber die soziale Wirklichkeit als Erkenntnisziel immer mehr entschwindet ...« (Schelsky 1980, S. 419). Und Schelsky schließt: »Ich fälle also über den gegenwärtigen Zustand der bundesdeutschen Soziologie das gleiche Urteil, das ich bereits 1959 über die deutsche Soziologie vor 1933 geäußert habe« (ebenda).

König beklagt 1979, »daß die Entwicklung nicht in Richtung eines Systemwandels, sondern vielmehr in Richtung einer ›Kleinkam-

merung‹ in weitgehend gegeneinander abgeschottete Systemansätze gegangen ist (›approaches‹) und damit einen generellen Zustand der ›Parzellierung‹ erreicht hat, in dem der alte Wein nur in immer neue Schläuche gefüllt wird, als könne sich damit irgend etwas substantiell ändern, insbesondere in Anbetracht dessen, daß gewissermaßen eine Art von Jagdverbot für die einen in den Feldern der jeweils anderen herrscht ...« (König 1979, S. 360 f.).
Die Frage, die hier von Schelsky und König, aber auch sonst im Kontext soziologischer Selbstkritik nicht gestellt wird, ist, ob die inkriminierten Schwächen nicht in einem kausalen Zusammenhang mit der Neuorientierung des Fachs in den 50er Jahren stehen. *Daß* sie nicht gestellt wird, zeigt, wie stark der Kontinuitätsbruch der 50er Jahre bis heute verdrängt ist. Um so mehr ist es geboten, historische Soziologie nach 1945 nicht einfach als beliebige wissenschaftshistorische Antiquität zu begreifen oder als Objekt ideologiekritischer oder wissenssoziologischer Fingerübungen, sondern sie immer im Kontext zu sehen mit dem Kontinuitätsbruch der 50er Jahre, dem damit einhergehenden methodologischen und fachlichen Selbstverständnis und seinen Defiziten.

11. Eduard Heimanns Diagnose des Faschismus

Heimanns Bemühungen um eine Diagnose des Faschismus/Nationalsozialismus konzentrieren sich im wesentlichen auf die 30er und 40er Jahre, wobei sich drei Phasen unterscheiden lassen:
(a) die frühen 30er Jahre aus deutsch-republikanischer Perspektive vor der nationalsozialistischen Machtergreifung, als sich Heimann in den *Neuen Blättern für den Sozialismus* mehrfach mit dem neuen politischen Phänomen auseinandersetzt, vor allem in »Was will der Nationalsozialismus?« (1931) und »Sozialismus und Mittelstand« (1932; abgedruckt in Heimann 1975, S. 75-90);
(b) die Zeit des Dritten Reiches. Den wesentlichen Beitrag dieser Zeit bildet die etwa 300 Seiten starke Studie *Communism, Fascism or Democracy?* (Heimann 1938). Die wichtigste und konziseste Zusammenfassung in Aufsatzform findet sich in »The Origin of Fascism« (1941; ebenfalls abgedruckt in Heimann 1975, S. 91-106). Vor allem der Hauptbeitrag ist aus der Perspektive des Emigranten geschrieben, der ein weiteres Übergreifen des Faschismus verhindern will;
(c) die unmittelbare Nachkriegszeit, in der Heimann den Faschismus aus der frühen Retroperspektive diagnostiziert. Der wesentliche Beitrag dieser Phase ist *Freedom and Order* (1947), erschienen in deutscher Übersetzung 1950. Hier geht es darum, Lehren aus dem Faschismus für den demokratischen Neuaufbau zu ziehen.
In den 50er und 60er Jahren wird die Faschismus-Thematik von Heimann nur noch sporadisch gestreift, ohne daß sich hier wesentliche neue Einsichten ergeben.
In der wissenschaftsgeschichtlichen und theoretischen Literatur ist Heimanns Faschismus-Beitrag nur wenig beachtet worden. Lediglich in Claus-Dieter Krohns *Wissenschaft im Exil* (Krohn 1987, bes. S. 146-149) und Sven Papckes *Gesellschaftsdiagnosen* (Papcke 1991, S. 63-70) findet er Berücksichtigung.
Heimanns Beiträge zum Faschismus, namentlich die beiden Hauptwerke, weisen durchaus unterschiedliche Akzentuierungen auf. Obwohl es in *Freiheit und Ordnung* gewisse Korrekturen

gegenüber früheren Auffassungen gibt, verhalten sie sich im wesentlichen komplementär, so daß man von einer einheitlichen Faschismustheorie Eduard Heimanns sprechen kann. In ihr lassen sich vier analytische Ebenen unterscheiden: a) die gesellschaftlichen Grundstrukturen, b) die politische(n) Steuerung(smechanismen) gesellschaftlicher Prozesse, c) geistesgeschichtlich-kulturelle Wurzeln des Faschismus, d) situative Faktoren.
Den drei ersten analytischen Ebenen läßt sich jeweils ein eigener Faschismusbegriff zuordnen. Klassentheoretisch gesehen versteht Heimann den Faschismus als Diktatur der Mittelklasse (so in Heimann 1938, S. 226). Auf der Ebene der politischen Steuerung begreift Heimann diesen als nachdemokratische gewaltsame Wiederzusammenschweißung einer verfallenen Gesellschaft, deren demokratischer Staat in der Steuerung sozioökonomischer Prozesse versagt hat. Kultursoziologisch gesehen sieht Heimann im Faschismus die Negation einer jahrtausendealten kulturellen Entwicklung Europas, die vom Humanismus (im weiteren Sinne verstanden) geprägt ist (»Fascism as Anti-Humanism«; Heimann 1938, S. 225).
Bevor wir die Diagnose Heimanns auf den einzelnen analytischen Ebenen verfolgen, sei noch ein Wort zur Diktion Heimanns gesagt: Wenn Heimann meist von »Faschismus« spricht, so nicht, weil er nationale Eigenarten etwa Deutschlands und Italiens in ein begriffliches Korsett zwängen möchte, sondern a) weil er wesentliche Konvergenzen ausmacht (z. B. in puncto soziale Basis, politisches System) und b) weil er *allgemeine* strukturelle Bedingungen sieht, die den Faschismus begünstigen und die *als solche* in einer rein nationalstaatlichen Betrachtung nicht angemessen in Erscheinung treten würden. Im übrigen wird, obwohl die Konvergenzen stärker akzentuiert werden, auch den nationalen Eigenarten Raum gegeben (z. B. in Heimann 1938, S. 218-225).

II.1. Faschismus und Kapitalismus

Faschismus ist, klassentheoretisch gesehen, »the dictatorship of the lower middle class« (Heimann 1938, S. 180). Zu dieser Sozialgruppe zählt Heimann vor allem die selbständigen Bauern, Handwerker und Kleinhändler, ferner die Büroangestellten und Techniker sowie die wohlhabenden Arbeiter. Sie machte wie das lohnabhängige Proletariat etwa 40% der Gesamtbevölkerung in Deutschland aus. Die übrigen 20% stellten die »wohlhabenden Schichten und die Gruppe der Grundbesitzer«, an deren Spitze »die adligen Grundbesitzer und Großunternehmer« rangierten (Heimann 1975 b, S. 95). Der Faschismus ist insofern keine reaktionäre Bewegung, als er die traditionalen Institutionen – Königtum, Adel und Kirche – grundsätzlich ablehnt. Sein gesellschaftspolitisches Ziel ist, die soziale Position der bedrohten selbständigen Produzenten zu konsolidieren und zu bewahren. Wenn sich der Faschismus gegen die Arbeiterbewegung wendet, dann nicht, um die soziale Herrschaftsposition der Großbourgeoisie zu stabilisieren, sondern um die Proletarier unterhalb der Mittelschichten zu halten (Heimann 1938, S. 181). Insofern wehrt sich Heimann gegen eine vorschnelle Identifizierung von Kapitalismus und Faschismus.

Heimann konzediert die finanzielle Unterstützung des Faschismus durch die Großindustrie. Er stellt aber klar, daß sich die Nazi-Bewegung nicht einfach von der Großindustrie vereinnahmen ließ, sondern deren Vertreter in der politischen Führung entmachtete. »This does not mean«, so Heimann 1937, »that the struggle is finished and could not bring forth a capitalistic dictatorship in a roundabout way, but it shows the fascist trend as having a principle of its own. The popular interpretation of fascism as militant capitalism concealed behind middleclass phrases is theoretically too easy and politically misleading« (Heimann 1938, S. 182).[1] Das »big business« erfüllt notwendige technische Funktionen, besonders für die Rüstung, aber seine Exponenten dienen nicht als nationale Repräsentanten oder als »standards of morality« (anders als in den USA, vgl. Heimann 1938, S. 183). In vielen Fällen werden, so Heimann, die Wirtschaftsführer von nationalsozialistischen Angestellten ihres eigenen Staates ausspioniert. Die Großbourgeoisie ist nur eine ökonomische, keine politisch-soziale Elite. Hier sieht Heimann Parallelen und Kontinuitäten zur Sozialgeschichte des deutschen Bürgertums im 19. Jahrhundert (vgl. Heimann 1938, S. 184 f.).

Heimann sieht die Großindustriellen in Abhängigkeit vom faschi-

1 Als ein Beispiel derart verfehlter Faschismusanalyse nennt Heimann Robert A. Brady, *The Spirit and Structure of German Fascism*, New York 1937.

stischen Regime, nicht (oder jedenfalls weniger) umgekehrt. Zum einen sind sie auf dessen Schutz gegen die Arbeiter angewiesen. Falls sie sich nicht loyal verhalten, hat das Regime alle Möglichkeiten, Druck auszuüben, vor allem mit der Drohung »direkter Aktionen«. Das faschistische Regime nimmt die Position des »lachenden Dritten« zwischen den antagonistischen Klassen der Bourgeoisie und des Proletariats ein (vgl. Heimann 1938, S. 185 f.).

Ein weiterer Faktor, der das NS-Regime für die deutsche Industrie unentbehrlich macht, resultiert aus dem wirtschaftlichen Zusammenbruch seit 1929. Der Faschismus reintegriert die zerfallene Gesellschaft, er vermittelt, insbesondere durch die Aufrüstung, ökonomische Impulse (vgl. Heimann 1938, S. 186 f.), und er hält die Löhne niedrig.

Das Fazit von Heimanns sozioökonomischer Faschismus-Diagnose von 1937/38: Das faschistische Regime ist keine Marionette des Großkapitals, sondern eine eigenständige, ihm an Macht überlegene Größe, die sozial die Herrschaft der unteren Mittelschichten, der selbständigen kleinen Bauern, Handwerker und Händler repräsentiert. Diese Analyse erfährt in seinem zweiten späteren Hauptwerk zur Faschismusproblematik, *Freedom and Order*, gewisse Modifikationen. Die frühere Arbeit sieht die Mittelklasse als ein eigenes gesellschaftliches Kollektiv*subjekt*, der faschistische Staat wird als eine Art politischer Überbau der verwaisten Mittelklasse begriffen. 1947 ist hingegen nicht mehr von Mittel*klasse*, sondern von *Masse* die Rede (vgl. Heimann 1950, bes. S. 17). Eine Masse ist jedoch kein Kollektiv*subjekt* mehr, sondern das *Objekt* der herrschenden Elite, d. h. des faschistischen Regimes. Nach wie vor besteht Heimann allerdings darauf, daß vorzugsweise die Mittelschichten die Massenbasis des Faschismus bilden, und vor allem, daß sein Regime als Agent des Kapitals nicht adäquat zu begreifen ist: »Den Faschismus als Oberklassenherrschaft deuten zu wollen, ist sinnwidrig« (Heimann 1950, S. 17).

II.2. Freiheit und Ordnung

Der zweiten analytischen Ebene von Heimanns Faschismus-Diagnose, der politischen Steuerung gesellschaftlicher Prozesse, liegt eine allgemeine politisch-soziologische Prämisse zugrunde: Gesellschaftssysteme, besonders aber Demokratien, bedürfen für ihr reibungsloses Funktionieren eines Gleichgewichts der Prinzipien Freiheit und Ordnung. Nach dieser Auffassung »setzt Ordnung unserer Freiheit, nach Gutdünken zu handeln, gewisse Schranken; wird sie zu weit getrieben, so entartet sie in Unterdrückung und Tyrannei. Freiheit dagegen ist ein Bezirk außerhalb der Strenge der Ordnung; geht sie zu weit, so entartet sie in Gesetzlosigkeit und Chaos« (Heimann 1950, S. 19). Ein harmonisches, sich gegeneinander ausbalancierendes Gleichgewicht von Freiheit und Ordnung sieht Heimann in den liberalen Demokratien jedoch nicht gegeben.

Die liberale Demokratie als gesellschaftlich-politische Ordnung war, so Heimann, ursprünglich – in den USA im späten 18. Jahrhundert – von drei Strukturprinzipien getragen: (a) Es besteht Privateigentum (an Produktionsmitteln), über das der Besitzer uneingeschränkt, ohne staatliche Eingriffe, disponiert; (b) Die Aktivitäten der einzelnen Wirtschaftssubjekte werden durch den »Wettbewerbspreismechanismus« kontrolliert; (c) Die staatliche Gewalt wird nach den Grundsätzen der Gewaltenteilung organisiert (vgl. Heimann 1950, S. 59).

Der klassische Liberalismus des 18. Jahrhunderts nahm an, daß sich *unter diesen Bedingungen* Ordnung aus der unbeschränkten Freiheit der einzelnen ergeben würde. Dem war jedoch nicht so. Die Liberalen des 18. Jahrhunderts hatten sich Wirtschaft als eine Gemengelage unzähliger kleiner Privatbetriebe vorgestellt. Diese Prämisse wurde durch die industrielle Revolution konterkariert, die auf »große, hochmechanisierte Produktionsstätten« hinauslief. Mit anderen Worten: Die industrielle Revolution induziert eine Sozialstruktur, die aus einer Masse mehr oder weniger gleicher Individualproduzenten Besitzer von Großproduktionsmitteln und Besitzlose macht, daneben aber eine bäuerlich-handwerkliche Mittelklasse beläßt, die sich gegenüber den Konzentrationstendenzen behaupten kann. Unter diesen sozialstrukturellen Bedingungen führt das Laissez faire-Prinzip nicht zu einer harmonischen Ordnung, denn schrankenlose Freiheit begünstigt den wirtschaftlich Starken und liefert den Schwachen seiner Macht und Willkür aus. Es führt unter den Bedingungen einer antagonistischen Klassengesellschaft zu einer »dauernden Sozialkrise« (vgl. Heimann 1950, S. 59-63).

Doch das ist nicht alles. Die kapitalistische Wirtschaft, die ihrer eigenen ungesteuerten Dynamik überlassen bleibt, gerät in periodische Krisen, die laut Heimann von Schwankungen in der Entwicklung der Schwerindustrie ausgehen. Sobald sich das Wachstum verlangsamt, stockt die Expansion der großbetrieblich organisierten Produktionsgüterindustrie; ein großer Teil ihrer Arbeiter wird entlassen und fällt damit als Nachfrage für Konsumgüter aus, was die Konsumgüterindustrie schwächt usw. usw. (vgl. dazu Heimann 1934).

Anfang der 30er Jahre wird die permanente Sozialkrise durch eine besonders schwere Wirtschaftskrise katastrophal vertieft. Der demokratische Staat, in Laissez faire-Doktrinen verfangen, überläßt die krisengeschüttelte Wirtschaft und die zerfallende Gesellschaft ihrem Schicksal und schaut achselzuckend den Existenznöten der Arbeiter- und der Mittelschichten zu. In diesem von der Demokratie selbstverschuldeten Chaos (weil der Staat nicht sozial- und wirtschaftspolitisch regulierend eingegriffen hat) entsteht der Faschismus als dialektische Antithese zur schrankenlosen Freiheit, als Verkörperung des Prinzips Ordnung, welches die zerfallende demokratische Gesellschaft unter totalitären Vorzeichen reintegriert. »Da die demokratische Gesellschaft in der sozialen und ökonomischen Krise auseinanderfällt, werfen die Völker aus Furcht vor Hungertod und Bürgerkrieg ihre Freiheit weg und suchen im Faschismus Zuflucht, um die Ordnung gewaltsam wieder herzustellen ... Der Faschismus ist die gewaltsame Wiederherstellung einer verfallenen demokratischen Gesellschaft« (Heimann 1950, S. 17).

Die Krise der Demokratie war ein internationales Phänomen, die alle demokratischen Staaten betraf. Insofern stellte der Faschismus eine potentielle Bedrohung *aller* Demokratien dar, die sich einseitig dem Prinzip Freiheit verschrieben hatten. Deutschland war jedoch aus besonderen historischen Gründen (s.u.) das schwächste Glied in der Kette demokratischer Staaten und erlag daher dem Faschismus, während sich andere demokratische Staaten durch eine stärkere Betonung des Prinzips Ordnung konsolidieren konnten (z.B. »New Deal« in den USA).

Auf dieser analytischen Ebene erscheint der Faschismus als Konsequenz der wirtschafts- und sozialpolitischen Versäumnisse der demokratischen Staaten, oder, wie es Heimann emphatisch ausdrückt, als »Strafgericht« (Heimann 1938, S. 247).

II.3. Geistig-kulturelle Wurzeln des Faschismus

Heimann hat betont, daß es nicht genüge, den Faschismus *ausschließlich* von seinen soziopolitischen Bedingungen her zu erfassen (vgl. Heimann 1938, S. 225). Eine rein klassentheoretische Erklärung greife schon insofern zu kurz, als der Faschismus auch von Millionen Arbeitern unterstützt worden sei (vgl. Heimann 1938, S. 226). Eine Theorie, die (wie die Klassentheorie) den rationalen Menschen voraussetzt, kann den Faschismus nicht voll erklären, der maßgeblich in der Irrationalität des Menschen verwurzelt liegt. Ein wichtiges Merkmal des Faschismus ist sein *Antihumanismus* allgemein. Damit stellt er einen Bruch mit der kulturellen Tradition des Abendlandes dar. Denn, so Heimann, »the history of occidental mankind for two thousand years or more was ruled by the problems of humanism – of unity and reason, truth and justice, of how to interpret and how to apply them. Their absolute stringency and unconditional validity were universally recognized and presupposed in all human activities« (Heimann 1938, S. 229) – nicht in dem Sinn, daß sie in allen menschlichen Aktivitäten voll verwirklicht wären, aber auch nicht in einer rein außerweltlichen Existenz. »The paradoxial character of the fundamental monotheistic concepts is that they are not otherworldly, but ›transcend‹ our reality because they are spiritual« (Heimann 1938, S. 229). Heimann sieht die gesamte abendländische Geisteswelt, ungeachtet aller Differenzen, von den besagten Werten geprägt: »Wether aware of it or not, the most widely different social and philosophic movements and tendencies, in spite of all the bitterness of their strife, were dominated by these fundamental concepts of man and life – and prove thereby that they belong to a unitary occidental world« (Heimann 1938, S. 232).

Doch, und damit kommt Heimann zu den geistigen Ursachen des Faschismus, »this world, however, had been disintegrating for a

long time« (Heimann 1938, S. 232). Bei »Wahrheit« und »Gerechtigkeit« handelt es sich um spirituelle Werte, welche die Realität transzendieren und nicht ursächlich erklärt werden können. Damit sind sie in besonderer Weise dem Kritizismus und Zweifel ausgesetzt. Aufgabe der Intellektuellen wäre gewesen, die Grundwerte der Wahrheit und Gerechtigkeit in einer ständig sich wandelnden Welt zu reinterpretieren, sie sichtbar und einsehbar zu machen in konkreten Symbolen des täglichen Lebens, auch und gerade in der Arbeitswelt. Ein solches über Grundwerte vermitteltes Gemeinschaftsbewußtsein, das die demokratischen Kräfte zu einem politischen Block hätte zusammenschweißen können, war seit Jahrzehnten durch wachsenden Skeptizismus und Positivismus untergraben worden (vgl. Heimann 1938, S. 234-236).
Dieser Gedankengang Heimanns kann so zusammengefaßt werden, daß dem Nationalsozialismus ein jahrzehntelanger Werteverfall vorausging, zunächst unter den Intellektuellen, dann auch besonders in den mittelständischen Schichten, so daß die Demokratie wertemäßig der antihumanistischen Agitation des Faschismus hilflos gegenüberstand.
Neben dem Verfall der jahrtausendealten europäischen Wertewelt sieht Heimann auch einen anderen kulturellen Faktor, der den Sieg des Faschismus in Deutschland im besonderen begünstigt hat: das *Luthertum*. Dessen politische Philosophie läßt sich dahingehend zusammenfassen, daß die – gottgegebene – Obrigkeit Anspruch auf uneingeschränkte Treue ihrer Untertanen hat und daß die von der Obrigkeit zu treffenden bzw. getroffenen Entscheidungen dem sittlichen Urteil entzogen sind.
Die (anthropologische) Prämisse dieser Lehre liegt in der Annahme einer unentrinnbaren menschlichen Sündhaftigkeit. Die Sünde als imaginäre Summe der Eigennützigkeiten, Streitigkeiten, Ungerechtigkeiten, Gewalt- und Racheakte würde eine menschliche Gesellschaft verunmöglichen, wäre da nicht die gottgewollte Obrigkeit, welche die vom Prinzip Sündhaftigkeit beherrschte Gesellschaft zusammenhielte.
Dies alles bedeutet nicht, daß Luther die Obrigkeit verherrlicht – sie ist eher ein notwendiges Übel und oft nicht gerecht –, aber die Konsequenz Luthers besteht nicht darin, daß er dem Widerstandsprinzip Geltung verschafft, sondern die Gläubigen auffordert, für die Erleuchtung der Obrigkeit zu beten. Hier sieht Heimann grundsätzliche Unterschiede zu den beiden anderen christlichen

Konfessionen. Der Calvinismus, selbst wiederholt feindlichen und despotischen Regierungen ausgesetzt (Frankreich), proklamiert das Widerstandsrecht gegen eine ungerechte Obrigkeit. Zudem stand ihre freikirchliche Struktur einem streng hierarchisch-obrigkeitlichen Organisationsprinzip entgegen (Heimann 1950, S. 46 f.). Die katholische Kirche ist zwar autoritär verfaßt, hat aber nie ihren Anspruch auf moralische Führung aufgegeben.

Die eminente praktische Bedeutung des Luthertums besteht nun darin, daß es im Gegensatz zu anderen politischen Philosophien, denen man die eine oder andere Affinität zum Nationalsozialismus nachsagen kann (Heimann ist da eher zurückhaltend, vgl. Heimann 1950, S. 38-41; Heimann 1975 b, S. 102-106), jahrhundertelang von Kanzeln gepredigt und in der Schule gelehrt wurde und sich so tief in das Denken und Verhalten der Deutschen eingeprägt hat. Dies läßt sich, so Heimann, sogar anhand der Bekennenden Kirche demonstrieren, die gefährliche Konflikte auf sich nahm, wenn es um die Freiheit der gottesdienstlichen Verkündigung ging, ansonsten aber dem NS-Regime ihre Loyalität versicherte. Bezeichnend erscheint ihm, daß deren Haupt Martin Niemöller gar aus der Gefängniszelle anbot, wieder (wie im Ersten Weltkrieg) die Stelle eines U-Boot-Kommandanten zu übernehmen (vgl. Heimann 1950, S. 45).

Die vollen destruktiven Konsequenzen des Luthertums kamen solange nicht zum Tragen, wie die Machthaber selbst noch in dessen strenger persönlicher Moral verwurzelt waren, z. B. bei Bismarck. Doch »als das orthodoxe Luthertum abstirbt, wird daher der schonungslose Machiavellismus, zu dem es sich politisch hergibt, der Fesseln ledig, die eine strenge persönliche Sittlichkeit ihm anlegte. Er kann nun mit Sicherheit auf die Fügsamkeit des Volkes zählen, das dazu erzogen worden war, die Machtpolitik als von Gott eingesetzt und von den Grundsätzen der persönlichen Moral völlig unabhängig hinzunehmen« (Heimann 1950, S. 45). Die Weimarer Republik konnte von der Staatsverehrung nicht profitieren, da sie »auf antiautoritären, rationalen Prinzipien beruhte« (Heimann 1950, S. 45).

Das lutherische Politikmodell einer autoritären Führung und einer gefügigen Masse sieht Heimann selbst in der deutschen politischen Linken am Werk:

> »Die Diktatur des Proletariats ist eine Idee typisch deutscher Logik; die Arbeiterbewegungen in demokratischen Ländern

haben sie nie akzeptiert. Und der rechte Flügel der deutschen Arbeiterbewegung, der mit Leidenschaft die Wichtigkeit oder die praktische Anwendbarkeit jener Lehre leugnete, wurde nach so streng disziplinierten Vorschriften geführt, daß jede demokratische Spontaneität ausgeschlossen war und er schließlich seine Freiheit ganz verlor. Die Millionen sozialistischer und kommunistischer Arbeiter, deren Ergebung in den Nationalsozialismus ihre Führer so bitter enttäuschte, waren Erziehungsprodukte der Linken, bar jeder Bindung an moralische Grundsätze und bar jeden strengen Sinns für Unabhängigkeit. So lange der Lauf der Geschichte auf ihren Sieg loszusteuern schien, hatte man ihnen beigebracht, der Geschichtsverlauf sei zwingend und bedeutungsvoll; jetzt fügten sie sich dem Kurs, den einzuschlagen die Geschichte vorzog« (Heimann 1950, S. 46).

Eine weitere Wurzel des Faschismus, besonders des Nationalsozialismus, sieht Heimann in der Säkularisierung. Prämisse dieser Überlegungen ist, daß »der Mensch nicht ohne Geist sein (kann), da er die Einfachheit tierischen Daseins nicht zurückgewinnen kann ... Der Mensch (ist) ein religiöses Wesen; wenn er nicht von der Religion lebt, so lebt er von der Antireligion, indem er sie zu einer Scheinreligion macht« (Heimann 1950, S. 198).

Die jahrhundertelange Erfahrung kirchlichen Machtmißbrauchs und verheerender Religionskriege veranlaßte dazu, nach ethischen und wissenschaftlichen Grundsätzen zu leben, aber *ohne* Religion. Doch der Humanismus als Verkörperung dieses Versuchs, so viele »edelmütige, zartfühlende und vornehme Persönlichkeiten in allen Ländern« er hervorbrachte, war nur dazu bestimmt, »einen Übergang zu nachreligiöser Magie, zu den neuen Scheinreligionen zu bilden« (Heimann 1950, S. 195). Zwar konnten »mehrere Generationen auf einer höheren Ebene der Geistigkeit ohne Religion leben«, aber nur dadurch, daß sie noch von der – nunmehr rationalisierten – überlieferten religiösen Substanz zehrten. Auf die Dauer ist aus anthropologischen Gründen (s.o.) ein Leben ohne Religion unmöglich, und der Mensch fällt Scheinreligionen anheim, z. B. Technikfetischismus, Personenkult, aber eben auch der nationalsozialistischen Ideologie als Religionsersatz.[2]

2 Dies alles entspricht weitgehend dem, was Müller-Armack ausführli-

Geschichte läßt sich nach Auffassung von Heimann nicht erschöpfend aus gesellschaftlichen Strukturen ableiten. Strukturen machen Handeln *verstehbar*. Sie machen verstehbar, warum Menschen bzw. Gruppen so und nicht anders handeln, aber »human actions and reactions are never predetermined in the sense of a mechanical necessity; an element of free choice, whatever its philosophical interpretation, enters every decision, and we can therefore never strictly calculate the future course of history in advance or interpret past history as if we could have calculated it in advance« (Heimann 1938, S. 218 f.).

Außer der menschlichen Willensfreiheit hat der Sozialwissenschaftler das Prinzip der »historischen Kontingenz« zu beachten: »In a critical situation much may depend on the sickness or death of outstanding individuals, or on their personal qualities which, however necessary in a biographical sense, are not calculable in a political decision« (Heimann 1938, S. 219).

So ist es plausibel, daß neben der sozialstrukturellen, politisch-strukturellen und geistesgeschichtlich-kultursoziologischen Ebene noch eine vierte Analyseebene in Heimanns Faschismusdiagnose auftaucht, die des (undeterminierten) situativen politischen Handelns. Einige derartige Faktoren seien hier genannt:

(1.) Der Versailler Vertrag: Er brachte das zunächst friedensbereite und prodemokratische deutsche Volk in eine antidemokratische und antiwestliche Stimmung und unterminierte den gerade aufkeimenden Glauben des deutschen Volkes an die Gerechtigkeit als Prinzip der Gesellschaftsordnung (Heimann 1975 b, S. 93). – Der Versailler Vertrag war allerdings keineswegs gänzlich ungerecht und unvernünftig. Die Reparationen wurden mehr und mehr gestrichen und stellten keine Ursache des wirtschaftlichen Zusammenbruchs dar. Die Gebietsabtretungen waren gemäß dem Nationalitätsprinzip nicht unberechtigt, auch der – besonders umstrittene – polnische Korridor war überwiegend von Polen bewohnt. Ein großer Fehler war jedoch die Beschränkung auf ein Berufsheer von 100 000 Mann mit 12jährigem Wehrdienst. »Das Ergebnis aber war, daß überzeugte Republikaner kaum in die Ar-

cher (und wohl auch besser) im ein Jahr später erschienenen Buch *Das Jahrhundert ohne Gott* (Münster 1948) beschrieben hat.

mee eintraten, weil sie das Zivilleben nicht für 12 Jahre aufgeben wollten. Damit wurde die Armee zu einem Sammelbecken antirepublikanischer Sentiments und Aktivitäten« (Heimann 1975 b, S. 94). – Der Rückzug der USA schwächte den Völkerbund und stärkte die Angst Frankreichs vor einem wiedererstarkten Deutschland. – Ein schwerer Fehler der Siegermächte war auch die Ruhrbesetzung, die den deutschen Nationalismus schürte und die Autorität der deutschen Regierung schwächte (vgl. Heimann 1975 b, S. 94).

(2.) Viel wichtiger aber als der Versailler Vertrag und die Politik der ehemaligen Feindmächte war ein schwerer strategischer Fehler der Linksparteien, der auf einer falschen Diagnose der Klassenverhältnisse beruhte.

Die deutsche Gesellschaft zur Zeit der Weimarer Republik bestand zu etwa 40% aus Arbeitern. Etwa 20% rechnet Heimann zu den »wohlhabenden Schichten und (der) Gruppe der Grundbesitzer, und an der Spitze der sozialen Pyramide rangierten die adligen Grundbesitzer und Großunternehmer. Sie verkörperten die herrschenden Klassen« (Heimann 1975 b, S. 95). Zwischen diesen beiden Kategorien rangierten die unteren Mittelschichten, (zahlenmäßig etwa ebenso stark wie die Arbeiter), die sich vor allem aus selbständigen Bauern, Handwerkern und Kleinhändlern zusammensetzten. Diesen unteren Mittelschichten kam im politischen Kräftespiel der parlamentarischen Demokratie eine entscheidende strategische Bedeutung zu. Konnten sie als Bündnispartner der Arbeiterbewegung gewonnen werden, so war eine strukturelle Mehrheit gegen die herrschenden Klassen gesichert.

Die Linke tat jedoch nichts, um die Mittelschichten als Bündnispartner zu gewinnen, im Gegenteil: Gemäß dem »marxistischen Dogma« unterschied sie nur zwei Hauptklassen, Besitzende und Nichtbesitzende. »Dabei ist wichtig, daß kein bedeutender Unterschied zwischen den unabhängigen Bauern, die niemand beherrschten, und z. B. den Großbankiers gemacht wurde. Beide Gruppen wurden als bürgerlich angesehen und mußten nach der marxistischen Lehre beseitigt werden« (Heimann 1975 b, S. 96). Die Kommunisten propagierten das stalinistische Modell, die Zwangskollektivierung der Bauern. Dem widersetzten sich die Sozialdemokraten, aber auch sie konnten den selbständigen Mittelschichten keine Perspektive vermitteln. Sie verließen sich vielmehr darauf zu warten, daß diese im Zuge der geschichtlichen

Entwicklung proletarisiert werden würden. »Über den dabei zu verfolgenden Weg bestanden zwischen den Sozialisten und Kommunisten unterschiedliche Ansichten, doch herrschte Einigkeit darüber, daß Bauern und andere Gruppen der unteren Mittelschicht in der künftigen Geschichte keinen legitimen Platz hätten und sich der Arbeiterklasse anschließen müßten« (Heimann 1975 b, S. 98).

Mit diesem Dogma, das die Überlebensfähigkeit der Mittelschichten verkannte, verspielte die Linke die Chance auf ein strategisches politisches Bündnis zwischen Arbeiterschaft und Kleinbürgertum und trieb dieses den bourgeoisen Parteien, später dem Nationalsozialismus in die Arme.

(3.) Im Machtpoker 1932/33 zwischen der deutschnationalen Szene und den Nazis waren letztere deutlich überlegen. »Verglichen mit den jämmerlichen Verschwörern um Hindenburg ist Hitler ein Gigant. Mit seiner Ungeheuerlichkeit mußte er ein Land überwältigen, das von den Demokraten den Hindenburgs und von Papens überlassen worden war« (Heimann 1975 b, S. 92).

(4.) Das ganze Ausmaß der nationalsozialistischen Katastrophe im internationalen Maßstab (Zweiter Weltkrieg) wurde durch das Verhalten der Demokraten, der Kommunisten und auch der Kirche begünstigt. »Tatsache ist, daß alle bestehenden Weltanschauungen mit Hitler experimentierten und schmählich versagten, von den Tories bis zur Labour Party und vom Vatikan bis zum Kreml« (Heimann 1950, S. 29). Im einzelnen nennt Heimann folgende Fehler und Versäumnisse:

– Die Beschwichtigungspolitiker Englands und Frankreichs versuchten, nicht zuletzt aufgrund antikommunistischer Ressentiments, auf Kosten der Tschechoslowakei und der Sowjetunion mit Hitler handelseinig zu werden (vgl. Heimann 1950, S. 29 f.).
– Die demokratische Linke stand im Banne des Pazifismus:

> »Der Pazifismus war in den dreißiger Jahren die herrschende Philosophie in allen westlichen Ländern. Er beherrschte die deutschen Sozialisten, die Hitler ohne Kampf überwältigte. In Frankreich beherrschte das Schlagwort ›Krieg ist schlimmer als Tyrannei‹ die Lehrerunion und durch sie die geistige Haltung der Linken. Die Franzosen lernten zu spät, daß Tyrannei schlimmer ist als Krieg, da sie den Krieg zu ihren anderen Übeln fügt. In England verpflichteten sich bei einer privaten

Stimmwerbung sieben Millionen aus einer Gesamtbevölkerung von 45 Millionen, niemals die Waffen zu ergreifen. In den Vereinigten Staaten ging der Kongreß so weit, die Neutralität im voraus zum Gesetz zu erheben, d. h. sich selbst zu verbieten, Europa gegen Hitler oder China gegen die Japaner beizustehen ... Letzten Endes ist der Pazifismus für unsere Lage ebenso verantwortlich wie die profaschistische Beschwichtigungspolitik« (Heimann 1950, S. 31).

– Versagt hat im Kampf gegen den Faschismus auch die Kirche. »Selbst die römisch-katholische Kirche lud Hitler und Mussolini beinahe öffentlich nach Spanien ein in der Hoffnung, diese würde ihren – der Kirche – Einfluß auf das Land wiederherstellen« (Heimann 1950, S. 30, vgl. auch S. 231).

– Die USA nutzten den Krieg zwischen Japan und China seit 1937 für eigene profitable Geschäfte, indem sie Japan mit Stahl und Öl versorgten. Ohne diesen Handel hätte Japan weder die USA noch China angreifen können (vgl. Heimann 1950, S. 30).

– Schwere Vorwürfe erhebt Heimann auch gegen die Kommunisten: »Während des Todeskampfes der Weimarer Republik befand sich der Kommunismus in offenem Einverständnis und mehrmals in offenem Bündnis mit den Nationalsozialisten gemäß Stalins eigner Theorie, man müsse einige Jahre Hitlers Herrschaft in Kauf nehmen, um die schlimmsten Feinde der Arbeiterschaft, die Sozialdemokraten und die christlichen Gewerkschaften, loszuwerden« (Heimann 1950, S. 32). Der Pakt mit Hitler versetzte diesen in die Lage, mit dem Krieg zu beginnen. 1939-41 übertrafen sich die Kommunisten gegenseitig an Blindheit. Die französischen Kommunisten desertierten mitten im Krieg aus der Armee. Deutsche Kommunisten verteilten während Hitlers Frankreich-Offensive 1940 antibritische Flugschriften. In den USA versuchten die Kommunisten, in den Rüstungsbetrieben Streiks anzuzetteln (vgl. Heimann 1950, S. 32f.).

So sieht Heimann »keinen Weg, dem Schluß zu entgehen, daß, als es darauf ankam, der furchtbaren Bedrohung der Welt entgegenzutreten, all die verschiedenen Weltanschauungen sich in einer Weise verhielten, die halb verbrecherisch und halb wahnsinnig war« (Heimann 1950, S. 33).

11.5. Lehren aus dem Faschismus

Aus dem Desaster des Faschismus zieht Heimann zur zukünftigen Vermeidung ähnlicher Katastrophen die folgenden Konsequenzen:

(1.) Man darf die selbständigen Bauern, Handwerker und Kleinhändler nicht als Proletarier von morgen betrachten und behandeln. (Die These vom absterbenden Mittelstand hält Heimann für geschichtlich widerlegt). Die programmatische Perspektive der Linken darf nicht auf eine Vollsozialisierung hinauslaufen (schon gar nicht auf eine volle Verstaatlichung aller Produktionsmittel nach stalinistischem Muster), sondern auf eine Sozialisierung der Großbetriebe und auf eine *dauerhafte*, prinzipielle (nicht taktische) Beibehaltung des Individualeigentums für Kleinbetriebe.

(2.) Der demokratische Staat darf – bei Strafe seines eigenen Untergangs – nicht Wirtschaft und Gesellschaft dem freien Spiel der Kräfte überlassen. »Freiheit muß durch Interventionsmaßnahmen organisiert werden, um die Freiheit der Schwachen vor der überlegenen Freiheit der Starken zu sichern, eine Notwendigkeit, die auch einschließt die Sicherung des Zusammenhalts der Gesellschaft vor der Gefahr, der freien Verfolgung privater Interessen zum Opfer zu fallen« (Heimann 1950, S. 171). (Diese Lehre gilt, betrachtet man die Wählerschichten der rechtsradikalen Parteien, auch noch heute).

(3.) Als Alternative zwischen Zersetzung des Laissez-faire und der tyrannischen Vereinheitlichung plädiert Heimann für das »Prinzip pluralistischer Demokratie« von Interessengruppen, die sich gegenseitig im Gleichgewicht halten (vgl. Heimann 1950, S. 173). (Dieser Gedanke bleibt ziemlich nebulös, er wird weder soziologisch durchdacht noch programmatisch ausgestaltet).

(4.) Man muß dem Faschismus auf internationaler Ebene entschlossen entgegentreten: kein unangebrachter Pazifismus, kein Appeasement, erst recht keine Bündnisse, auch nicht taktischer Natur.

(5.) Die moderne Gesellschaft muß zu einem neuen Verhältnis zur Religion finden. Das Mittelalter war durch politischen Mißbrauch der Religion bestimmt. Die Reaktion der Neuzeit war, ihr Dasein ohne Religion auf der Basis von Vernunft und Wissenschaft zu gestalten. Sie schuf einen Staat ohne Religion, der schließlich zum totalitären Staat mit Ersatzreligionen entartete. Heimann formuliert seine Vorstellung vom Verhältnis zwischen Gesellschaft und Religion so:

»Wir können nur hoffen, zu einer für unsere Zeit gültigen Lösung des uralten Problems zu gelangen dadurch, daß wir die Ebene der unvollkommenen Alternative übersteigen und bewußt auf beiden Ebenen, der religiösen und der politischen, leben, ohne sie zusammenzudrängen oder sie in mittelalterlicher Weise zu vermischen, und ohne sie in moderner Art auseinanderzureißen ... Wir müssen bewußt auf der geistigen und der physischen Ebene leben, indem wir aus der ersteren Kraft, Begeisterung und Urteil für die schwere Verantwortlichkeit der technischen und fachmännischen Arbeit der letzteren ziehen« (Heimann 1950, S. 237).

II.6. Kritik der Faschismus-Diagnose Eduard Heimanns

Zunächst muß grundsätzlich anerkannt werden, daß sich Heimann mit dem Faschismus auseinandersetzt. Heimann zieht sich – als neuer US-Staatsbürger im sicheren amerikanischen Exil – nicht in eine akademische Nische zurück, sondern ist stets bemüht, das neuartige Phänomen Faschismus *theoretisch* zu erfassen und programmatische Konsequenzen zu entwickeln.

Die theoretische Auseinandersetzung mit dem Faschismus wird auf einem hohen Reflexionsniveau geführt. Sie ist gekennzeichnet durch einen differenzierten Zugriff, der versucht, dem komplizierten Phänomen auf verschiedenen analytischen Ebenen beizukommen. Sozioökonomische Entwicklungen finden darin ebenso ihren Platz wie kulturelle Traditionen und Prozesse.[3]

Heimanns Diagnose ist frei von kurzschlüssigen, monokausalen Patenterklärungen (z. B. Faschismus als militanter Kapitalismus etc.). Andererseits verweist sie Faschismus auch nicht in das Reich des Unerklärbaren, der Wissenschaft nicht Zugänglichen (wie des öfteren geschehen in der deutschen geistes- und sozialwissen-

3 Mit seiner differenzierten Sichtweise des Faschismus manövrierte sich Heimann im Exil in eine Außenseiterposition. »Sowohl der ›Frankfurter Schule‹ als auch dem einflußreichen Meinungszentrum um den Sozialwissenschaftler Franz Leopold Neumann ... galten seine Lehren als theoretisch zu unentschieden und wurden deshalb ignoriert« (vgl. Papcke 1991, S. 67).

schaftlichen Szene).[4] Es gibt bestimmte sozioökonomische, politische und kulturelle Bedingungen, die Faschismus erst möglich werden lassen, die aber nicht mit eherner Zwangsläufigkeit in Faschismus münden *müssen*. Daß sich Faschismus historisch durchsetzt, ist immer auch mit zusätzlichen situativen Faktoren zu erklären. Heimanns Diagnose fällt somit unter die Kategorie der historischen Kontingenz. So weit, also in der Art und Weise des methodischen Vorgehens, erscheint uns Heimanns Theorie des Faschismus vorbildlich für eine sozialwissenschaftliche Zeitdiagnose überhaupt.

Dies alles besagt aber nicht, daß es *inhaltlich* in einzelnen Elementen von Heimanns Diagnose keine Ansatzpunkte zur Kritik gibt. Wir möchten folgende herausheben:

(1.) Heimann begreift in *Communism, Fascism or Democracy?* (1938) den Faschismus als Mittelklassen-Diktatur. Obwohl es zweifellos verdienstvoll ist, die Mittelschichten gegenüber dem Großkapital stärker ins Zentrum der klassentheoretischen Analyse zu rücken, scheint uns hier eine Überschätzung der Mittelschichten als *aktives* politisches Potential vorzuliegen. M. a. W., uns scheint für die Mittelschichten eher die Kategorie »Masse« als »Klasse« angebracht, mit den Implikationen der Irrationalität und der Reaktivität. Doch in diesem Punkt hat sich Heimann – wir haben es bereits angesprochen (Abschn. 11.1.) – später selbst korrigiert. Bereits 1941 erklärt er (unter dem Eindruck von *State of the Masses* seines »New School«-Kollegen Emil Lederer?): »Es ist wichtig, das Mißverständnis zu verhüten, daß der Nationalsozialismus eine Bewegung der unteren Mittelschicht im gleichen Sinne ist, wie der Kapitalismus für eine Bürgerbewegung und der Sozialismus für eine Arbeiterbewegung gehalten wird. *Nationalsozialismus ist vor allem eine emotionale Reaktion*« (Heimann 1975 b, S. 99; Hervorhebung vom Verf.).

(2.) Daß sich der Faschismus politisch durchsetzen konnte, erklärt Heimann mit dem wirtschafts- und sozialpolitischen Versagen der Demokratien (vor allem in *Freedom and Order*, 1947). Heimann

4 Ein gern zitiertes Beispiel ist v. Wieses Äußerung auf dem Soziologentag 1946 über die Frage, warum sich der Nationalsozialismus in Deutschland durchsetzen konnte: »Und doch kam die Pest über die Menschen von außen, unvorbereitet, als ein heimtückischer Überfall. Das ist ein metaphysisches Geheimnis, an das der Soziologe nicht zu rühren vermag« (v. Wiese 1948, S. 29).

hat bei dieser These besonders die deutschen Erfahrungen während der Weltwirtschaftskrise im Auge, welche sie scheinbar drastisch belegen. An anderer Stelle weist Heimann hingegen darauf hin, daß die Demokratie bereits 1929/30 aufgehört habe zu existieren (Heimann 1975 b, S. 92). Die Politik Anfang der 30er Jahre war von einem Regime zu verantworten, das jeglicher demokratischer Legitimation verlustig gegangen war, das ohne Parlament, gestützt auf einen ominösen Notverordnungsparagraphen und einen senilen Reichspräsidenten, regierte. So gesehen ist nicht die Demokratie als solche, sondern ein verfassungstechnischer Konstruktionsfehler die Ursache des deutschen Desasters während der Weltwirtschaftskrise, der eine Politik eröffnete, die unter wirklich parlamentarisch-demokratischen Verhältnissen kaum möglich gewesen wäre.

Kritik an Heimanns Faschismustheorie hat im übrigen zu bedenken, daß diese als Zeitdiagnose, d. h. als Analyse eines laufenden, unabgeschlossenen Prozesses entstand und nicht ex post aus der Sicht des quellenmäßig informierten Historikers. Zumindest unter diesem Gesichtspunkt stellt sie eine beachtliche wissenschaftliche Leistung dar.

III. »Ist das noch Kapitalismus?« – Eduard Heimanns Diagnose der westlichen Nachkriegsgesellschaft

Zur Zeit der Weimarer Republik war Heimanns politisch-gesellschaftliche Erwartungshaltung durch einen historischen Optimismus bestimmt (vgl. Tillich 1959, S. 11). Dieser schlug sich auch in seiner bekannten *Sozialen Theorie des Kapitalismus* (1929) nieder. Die Sozialpolitik, so seine Einschätzung am Ende der 20er Jahre, entreißt dem Kapital Stück für Stück die Herrschaft über die Arbeiterklasse – ein Prozeß, der, so die Hoffnung Heimanns, schließlich in einen Sozialismus der Freiheit, der individuellen und kollektiven Selbstbestimmung münden würde.
Was wenige Jahre später kam, war nicht der Sozialismus, sondern das Dritte Reich, nicht die Freiheit und Selbstbestimmung der Arbeiter, sondern eine totalitäre Diktatur, die mit brutalem Terror bis zum Massenmord gegen Juden, Zigeuner und »Untermenschen«, gegen Andersdenkende und politische Gegner vorging. Unter dieser schmerzlichen, traumatischen Erfahrung verflog Heimanns historischer Optimismus der 20er Jahre. Heimanns Ausblick in *Freedom and Order* (1947) kurz nach Kriegsende – nach dem Triumph der westlichen Demokratien über die faschistischen Diktaturen, noch bevor der Kalte Krieg voll in Erscheinung trat – ist von pessimistischen Untertönen durchsetzt. Nach den Erfahrungen der Weimarer Republik vermochte er nur »höchst skeptisch auf Deutschlands politische Zukunft (zu) blikken« (Heimann 1950, S. 50): »Tatsächlich ist wenig Grund vorhanden für die Erwartung, daß selbst nach einiger Zeit eine deutsche Demokratie entsteht« (Heimann 1950, S. 53). Von einer optimistischen Aufbruchstimmung (wie nach dem Ersten Weltkrieg) konnte bei Heimann keine Rede sein.
Doch die Geschichte hielt neue Überraschungen bereit. Der Kapitalismus, zu Anfang der 30er Jahre scheinbar in seinen letzten Zügen liegend, entfaltete in den 50er Jahren eine ungeahnte Prosperität. Die Phänomene dieser Zeit veranlaßten Heimann wiederholt zu der erstaunten Frage: »Ist das noch Kapitalismus?«[1]

1 So in Heimann 1957 a, S. 39.

Die Tendenzen, die nun die Aufmerksamkeit des Zeitdiagnostikers Eduard Heimann – vornehmlich aus US-amerikanischer Perspektive – auf sich zogen, waren folgende: rascher, sich beschleunigender technologischer Fortschritt, »now following his own logic«, verbunden mit »blind rule of technology« (vgl. Heimann 1957, S. 56); rasches, sich beschleunigendes wirtschaftliches Wachstum, das dabei ist, eine »Wirtschaft des Überflusses« (Heimann 1958 a, S. 289) hervorzubringen; Massenwohlstand; Verringerung der Einkommensunterschiede[2]; steigende Sozialleistungsquote, welche die Umverteilungstendenz verstärkt; wirtschafts- und sozialpolitischer Interventionismus des Staates; Vereinheitlichung des Lebensstils; parlamentarische Demokratie als Normalform des politischen Systems; Rückzug des »old style socialism« (Heimann 1957, S. 59).

Unsere Rekonstruktion von Heimanns Diagnose der Nachkriegszeit beginnt mit den beiden Grundbegriffen der zeitdiagnostischen Analyse, »Wirtschaftssystem« und »Gesellschaftssystem« (Kap. III.1.), an die sich ein Abschnitt über die historische Genesis der Nachkriegsgesellschaft anschließt (III.2.). Es folgt Heimanns Strukturanalyse der westlichen Nachkriegsgesellschaft (III.3.), danach die Frage, ob sie noch als »kapitalistisch« zu qualifizieren ist (III.4.). Den Kosten, mit denen Heimann Wachstum und Massenwohlstand erkauft sieht, wenden wir uns in Kap. III.5. zu. Die Risikopotentiale der sozioökonomischen Entwicklung und mögliche Alternativen werden uns in Kap. III.6. beschäftigen. Am Ende stehen Zusammenfassung und Kritik von Heimanns Diagnose der westlichen Nachkriegsgesellschaft (III.7.).

2 Heimann stützt sich vor allem auf die bekannte Studie über die Einkommensverteilung in den USA von Simon Kusnets: »Economic Growth and Income Inequality«, in: *American Economic Review* 45 (1955), S. 1-28.

III.1. »Gesellschaftssysteme« und »Wirtschaftssysteme« – Heimanns Theorie der modernen Gesellschaft

Noch 1932 hatte Heimann geurteilt, »daß alle sozialistischen Vorhersagen über den ökonomischen Gang der kapitalistischen Entwicklung, über die Konzentration des Kapitals und der Proletarität, über Rationalisierung und Krise, sich mit äußerster Wucht bewahrheiten«, auch wenn »die dazugehörigen politischen Folgerungen« ausblieben (vgl. Heimann 1975 a , S. 75). Die sozioökonomische Nachkriegsentwicklung ließ sich hingegen – jedenfalls für Heimann – nicht mehr in den Kategorien der Marxschen politischen Ökonomie erklären. Heimann entwirft einen neuen theoretischen Bezugsrahmen zur Zeitdiagnose, in dessen Zentrum die Begriffe »Wirtschaftssystem« und »Gesellschaftssystem« stehen (vgl. Heimann 1954, S. x, 3-6; Heimann 1963, S. 1-3).

»*Gesellschaftssystem*« und »*Wirtschaftssystem*« kann man *logisch* vergleichen mit Tönnies' »Gemeinschaft« und »Gesellschaft«, in ihrer Korrelation und darin, daß sie sowohl systematisch und historisch sind. Während »Gemeinschaft« und »Gesellschaft« Grundformen des sozialen Zusammenlebens definieren, beziehen sich »Gesellschaftssystem« und »Wirtschaftssystem« auf Funktion und Stellenwert der Wirtschaft innerhalb der Gesamtgesellschaft. Es geht dabei im Kern um die Verwendung des wirtschaftlichen Überschusses.

Moderne Gesellschaften sind Wirtschaftssysteme, traditionale Gesellschaften sind Gesellschaftssysteme. Ein *Gesellschaftssystem* im Sinne Heimanns ist dadurch bestimmt, daß die wirtschaftliche Tätigkeit in das gesellschaftliche Leben, seine Normen und Traditionen eingebettet ist. M. a. W.: Im Gesellschaftssystem hat sich Wirtschaft noch nicht als ein autonomes Teilsystem ausdifferenziert, sondern der Spielraum wirtschaftlichen Handelns wird durch einen tradierten Rahmen kultureller Normen vorgegeben. Beim *Wirtschaftssystem* hat sich hingegen Wirtschaft als Subsystem mit eigenen Normen und Institutionen aus dem gesellschaftlichen Ganzen ausdifferenziert. Das Grundprinzip ist, daß der erwirtschaftete Überschuß zur Erweiterung der Produktion reinvestiert wird: »Unser Merkmal für ein Wirtschaftssystem ist Expansion« (Heimann 1963, S. 44).

Auch vormoderne, primitive Gesellschaftssysteme erzielen Überschuß. Aber er wird, wie Heimann anhand ethnologischer Literatur aufzeigt, überwiegend konsumtiv (im weiten Sinne) verwendet, für »ästhetische, nicht materielle Werte« (Heimann 1963, S. 11), für Feste, Zeremonien, rituelle Tänze, künstlerische Verzierung von Häusern, Werkzeugen oder auch (im Mittelalter) für Dome (vgl. Heimann 1963, S. 7-19). Heimann bezeichnet eine Ökonomie mit derartiger Überschußverwendung als »kulturelle Wirtschaft«. Soweit wissenschaftlich-technischer Fortschritt stattfindet, wird er durch traditionelle Normen »kanalisiert, qualifiziert und begrenzt« (»organisches Wachstum«; vgl. Heimann 1963, S. 34-40).

Prinzip des Wirtschaftssystems ist hingegen, wie gesagt, die Expansion durch Reinvestition des erwirtschafteten Überschusses. Es gibt zwei reine Formen des Wirtschaftssystems: Kapitalismus und Kommunismus. Im Kapitalismus wird der Überschuß von marktorientiert konkurrierenden Einheiten mittels privater Produktionsmittel erwirtschaftet und reinvestiert. Im Kommunismus erfolgt die Expansion mittels eines einheitlichen, zentralen Plans in einem staatlich gelenkten und beherrschten Produktionssystem. In makrohistorischer Perspektive gesehen sind beide Modelle nur Varianten eines durch spezifische Verwendung des Überschusses charakterisierten ökonomischen Systems, das es »nur im historischen und geographischen Rahmen der modernen Gesellschaft gibt« (Heimann 1963, S. 2). Die Begriffe »Gesellschaftssystem« und »Wirtschaftssystem« sind also der erste analytische Schritt, um die Gegenwart zeitdiagnostisch zu definieren.

III.2. Historische Genesis der Gegenwartsgesellschaft

Die historische Wurzel des Wirtschaftssystems sieht Heimann im Gefolge von Max Weber und Ernst Troeltsch in der protestantischen Ethik. Das Wirtschaftssystem setzt »eine bestimmte, geschichtlich einzigartige psychologische Struktur« voraus. »Die psychologische Struktur hätte niemals eine Chance gehabt, wenn nicht die außerordentliche Kraft der puritanischen Erziehung zur Aktivität, Sparsamkeit und Ehrlichkeit gewesen wäre. Wo eine solche Erziehung fehlte, genügten selbst die günstigsten äußeren Bedingungen, wie im Spanien des 16. Jahrhunderts, dem damals mächtigsten und reichsten Land, nicht, um den Kapitalismus zum Keimen zu bringen ... Nur auf protestantischem Boden wurde der Kapitalismus zum herrschenden und dauerhaften Wirtschaftssystem und konnte sich dann nach anderen Ländern verbreiten« (Heimann 1954, S. 19 f.; ausführlich vgl. Heimann 1963, S. 82-100, bes. S. 86-94).

Zum historischen Durchbruch gelangt das Wirtschaftssystem in Gestalt des »Frühkapitalismus« im 19. Jahrhundert. Die menschliche Arbeit wird aus ihren traditionellen kulturellen und sozialen Bindungen herausgelöst. Sie wird über Märkte vermittelt und verkauft. Der Wert der Arbeit bemißt sich, anders als im Gesellschaftssystem, nicht mehr an kulturellen Normen, sondern am Marktpreis. Arbeit wird damit entmenschlicht und verdinglicht. Der Mensch wird zu einem bloßen Mittel in der vom Wirtschaftssystem organisierten Gesellschaft degradiert (vgl. Heimann 1963, S. 140-143).

Doch das Marktprinzip scheitert ökonomisch. Ein Sinken des Preises für Arbeitskraft müßte nach den Regeln des Marktes auch eine Verknappung des Angebotes an Arbeitskraft bewirken. Ab einem bestimmten Minimum zwingt ein weiteres Fallen des Arbeiterlohns auch Frau und Kinder auf den Arbeitsmarkt, was zu einer »tödlichen Abwärtsspirale des Lohns« führt (Heimann 1954, S. 27). Das frühkapitalistische System, gekennzeichnet durch Privateigentum an Produktionsmitteln und Laissez-faire (inkl. individualisiertem Arbeitsmarkt) ohne Staatsinterventionismus, treibt einer Katastrophe entgegen.

Es gibt nun zwei mögliche Reaktionsweisen: »Atrophie« oder »Explosion«. Entweder die Menschen nehmen den Kapitalismus hin, die Arbeiter unter Apathie, dann bricht er aus physischen Gründen zusammen. Oder die Mißstände des Systems lösen Empörung und Aufruhr aus. So oder so – das frühkapitalistische System ist unhaltbar. »Entweder würde sich der Kapitalismus reformieren, oder er würde zugrundegehen, ohne eine Alternative zu hinterlassen« (Heimann 1963, S. 149; im Orig. teilweise hervorgehoben).

Die Antithese zu den frühkapitalistischen Verhältnissen ist vielfältig. »Menschenfreunde« und »Armeeoffiziere«, die um die Tauglichkeit ihrer Rekruten bangen, prangern die Auswüchse an. Die Betroffenen selbst reagieren mit Maschinenstürmerei, die das ganze System im Chaos hätte versinken lassen können. Die geistig-weltanschauliche Reaktion ist der Sozialismus, der nach einer Alternative zum Kapitalismus sucht.[3] Der Druck der untragbaren sozialen Verhältnisse und der sozialistischen Bewegung zwingt den Staat, seine Passivität in wirtschaftlichen und gesellschaftlichen Fragen aufzugeben und sozialpolitisch einzugreifen. Seit Ende des 19. Jahrhunderts kommt es in größerem Umfang zu Arbeiterschutzgesetzen und zur Einrichtung von Sozialversicherungen.

Die historische Logik des Prozesses der sozialen Reform faßt Heimann so zusammen:

> »Der Kapitalismus reformierte sich lediglich, um nicht zugrunde zu gehen, aber jedenfalls reformierte er sich. Die Triebkraft dieser Dialektik ist der Sozialismus, der Aufruhr gegen die asketische Unmenschlichkeit des Kapitalismus. Da der Aufruhr mit einer Explosion drohte, mußte er durch ein Zugeständnis an menschliche Würde besänftigt werden. Als der tyrannischen Askese des Wirtschaftssystems das eine Zugeständnis entrissen war, wurde ein anderes Stück an einem anderen Ort oder in einer anderen Industrie begehrt, und dieses Muster wiederholte sich tausendmal durch Streiks und Unruhen und aufrührerische Theorien und Agitation. Jedesmal wurde die Front breiter, die Erfahrung tiefer, und neue Ziele wurden gesetzt, so daß allmählich und pragmatisch das System der Reform als die Summe der Maßregeln erbaut wurde, die dem Kapitalismus die verabscheuten Prinzipien des Menschlichen auch bei den Arbeitern aufzwangen: Freiheit und Wohlfahrt. Der Kapitalismus verringerte sich in dem Maße, wie die Reform wuchs, und die Raserei des Aufruhrs ließ nach, indem die Verzweiflung bescheidenen Hoffnungen Platz machte. Der Sozialismus, der in Thomas

3 Sozialismus ist nicht nur Marxismus, aber dem Marxismus kommt für Heimann insofern ein herausragender Stellenwert zu, als seine Lehre die rebellierenden Proletarier pazifizierte. »Marx lehrte die Sozialisten, daß der Kapitalismus nur ein Zwischenstadium zur Vorbereitung ewiger Glückseligkeit sei, zwar hassens- und bekämpfenswert in sich selbst, aber dazu bestimmt, erobert und umgebaut und nicht wie eine Zwingburg niedergebrannt zu werden. Dadurch wurde die westliche Gesellschaft gerettet, und zwar in ihrer historisch gegebenen kapitalistischen Form. Das halbe Jahrhundert vor Marxens Eingreifen in die Geschichte brodelte dagegen von Unruhen und Aufständen mit Ausbrüchen der Rache ohne erkennbares Ziel« (Heimann 1963, S. 147).

Morus' Vision und allen daraus abgeleiteten Theorien und Programmen als die Alternative zum Kapitalismus gedacht war, wurde zum Korrektiv des Kapitalismus« (Heimann 1963, S. 150f.).

Die sozialistische Bewegung ist nur ein Teil der (dialektischen) Negation des Kapitalismus. Die zweite Komponente ist das Sowjetsystem »als ein() alternative(r) industrielle(r) Beginn in der nicht-westlichen Welt« (Heimann 1963, S. 140). Die Existenz des Sowjetsystems als Alternative zum Kapitalismus stärkt zusätzlich die endogenen Tendenzen zur sozialen Reform.[4]

Der Prozeß der sozialen Reform führt neue Strukturen in den Kapitalismus ein: Arbeiterschutzgesetze, Arbeiterversicherung, Tarifvertragssystem, Konjunkturpolitik, Strukturpolitik und »vereinbarte Wirtschaft« – ein System, das seine eigene Entwicklungslogik entfaltet. In den 50er Jahren tritt es – jedenfalls in den USA – voll in Erscheinung. Seine Strukturen und seine ihm eigene Dynamik aus der Sicht Heimanns werden uns im nächsten Abschnitt beschäftigen.

III.3. Strukturanalyse der westlichen Nachkriegsgesellschaft

Eine Strukturanalyse der westlichen Nachkriegsgesellschaft gegen Ende der 50er Jahre, zumal von einem Sozialisten wie Heimann, hat vor allem zwei Tendenzen zu erklären:

– Die westlichen Industriestaaten verzeichnen ein beschleunigtes wirtschaftliches Wachstum, und dies trotz der Zentralisation des Kapitals, die – jedenfalls in den USA[5] – bereits zu weitgehend monopolistischen Strukturen (im weiteren Sinne), weit entfernt vom Ideal der freien Konkurrenz, geführt hat. Dies widerspricht der liberalen wie der marxistischen Lehre, die gleichermaßen annahmen, daß unter monopolistischen Verhältnissen aufgrund

4 Heimann erinnert in diesem Zusammenhang daran, daß die Gewerkschaften in den USA in den Großbetrieben erst aufgrund gesetzlicher Initiativen der Roosevelt-Administration in den 30er Jahren Fuß fassen konnten, »which ... was motivated by the competition with the Soviet for the loyalty of labour« (Heimann 1957 a, S. 41).

5 Heimann hat in seiner Analyse der westlichen Nachkriegsgesellschaft immer vorwiegend die USA im Auge.

mangelnder Konkurrenz der wirtschaftlich-technische Fortschritt abnehmen, wenn nicht gar ganz zum Erliegen kommen würde.

– Von der wirtschaftlichen Prosperität profitieren nicht nur die Kapitalbesitzer, sondern alle Schichten. Ja, die unteren Einkommen steigen sogar erheblich schneller als die Spitzenverdienste (vgl. Heimann 1963, S. 172-190). Diese Tendenz widerspricht eklatant der Marxschen Verelendungstheorie, auch in der Deutung als *relative* Verelendung.

Es liegt nahe, die Differenz zwischen Marxscher Theorie und der gesellschaftlichen Wirklichkeit mit *den* Strukturen in Verbindung zu bringen, die dem kapitalistischen System *nach* Marx im Prozeß der Sozialreform zuwuchsen. Heimann hebt in diesem Zusammenhang die *Arbeiterschutzgesetzgebung*, welche die Gefahr des physischen Ruins bannt, die *Sozialversicherung*, die den Arbeiter vor wirtschaftlicher Not durch Krankheit, Alter und Invalidität schützt, und das *Tarifvertragswesen*, das den individuellen durch den kollektiven Arbeitsvertrag ersetzt, hervor.

Mit diesen Sozialreformen wird erstens ein Teil des Überschusses von der Investition auf den Konsum umgelenkt. Zweitens führen sie zu einer Umverteilung zugunsten der Arbeiter. Arbeitszeitverkürzung, Verbot bzw. Einschränkung von Kinder- und Frauenarbeit verknappt das Angebot auf dem Arbeitsmarkt, d. h., die Löhne steigen. Die soziale Sicherung wird von den Unternehmern direkt (durch Abgaben) oder indirekt (über Steuern) mitfinanziert. Unter den Bedingungen des Tarifvertragswesens liegen die Löhne deutlich höher als bei individuellen Arbeitsverträgen (vgl. die Beweisführung in Heimann 1963, S. 159).

So gesehen, schmälert Sozialreform den Profit, aber eben nur bei einer statischen Sichtweise. In Wirklichkeit handelt es sich bei den Strukturen der Sozialreform um eine »höchst dynamische Konstellation« (Heimann 1963, S. 161). Die Arbeiterschutzgesetzgebung verstopft erstens allmählich die Quellen, die Profit allein durch schrankenlose Ausbeutung erreichbar machten. Die Profitsuche wird in »geeignete Kanäle« gelenkt: »Verbesserungen der Technik und der Organisation«. Erst so wird die Bahn frei für Schumpeters schöpferischen, innovativen Unternehmer. Zweitens erhöht sich die Produktivität des Arbeiters, weil er bei kürzerer Arbeitszeit in besserer physischer Verfassung arbeitet. Drittens schaffen höhere Löhne und Sozialleistungen Kaufkraft, womit neue Profitquellen erschlossen werden. »Dies führt schließlich zu der Massenproduktion amerikanischen Stiles, dem großen demokratischen Triumph, der die Kluft zwischen den Klassen als Konsumenten endgültig überbrückt, indem er Automobile und viele andere Annehmlichkeiten in unendlichen Mengen zu ungleich niedrigeren Kosten und Preisen für alle erreichbar machte« (Heimann 1963, S. 161 f.). Symbolisch für die gesamte Entwicklung erscheint Heimann das Auto, das, von seinen deutschen Erfindern als ein »Gegenstand des Oberklassenluxus« gedacht, durch Henry Ford zu einem Massenartikel gemacht wird. Das Auto verkörpert am besten die Vereinheitlichung des Lebensstils in der Gegenwartsgesellschaft.

Der Prozeß der sozialen Reform begünstigt also das wirtschaftliche Wachstum und reguliert die Verteilung zugunsten der Arbeiterschichten.

Ein zweiter wichtiger Faktor für die Erklärung der Nachkriegsprosperität in der Zeitdiagnose Heimanns ist die – sich an Schumpeter anlehnende – *Theorie des Monopols*.

Die gängige wirtschaftswissenschaftliche Monopoltheorie seit Adam Smith besagte, daß Monopole den wirtschaftlichen und technischen Fortschritt hemmen, weil sie nicht dem Stachel der Konkurrenz ausgesetzt sind. Es war Joseph A. Schumpeter, der in *Kapitalismus, Sozialismus und Demokratie* erstmals diese Lehrmeinung in Frage stellte.

Schumpeter definiert den Kapitalismus als »Prozeß schöpferischer Zerstörung«, der »unaufhörlich die alte Struktur zerstört und unaufhörlich eine neue schafft« (Schumpeter 1980, S. 137 f.). Dieser Prozeß bestimmt die Qualität der Konkurrenz. Sie funktioniert, so Schumpeter, entgegen den Lehrbüchern weniger durch Preis- und Qualitätskriterien, sondern es ist eine »Konkurrenz der neuen Ware, der neuen Technik, der neuen Versorgungsquelle, des neuen Organisationstyps ... – jene Konkurrenz, die über einen entscheidenden Kosten- oder Qualitätsvorteil gebietet ...« (Schumpeter 1980, S. 140). Diese Art von Konkurrenz wirkt nicht nur, wenn sie tatsächlich vorhanden ist, sondern – und hier kommt das Monopol ins Spiel – auch dort, wo »sie nur eine allgegenwärtige Drohung ist ... In vielen Fällen, wenn auch nicht in allen, wird dies auf die Dauer ein Verhalten erzwingen, das sehr ähnlich dem der vollkommenen Konkurrenz ist« (Schumpeter 1980, S. 140).

Ein Monopol samt seiner ihm eigenen Praktiken ist in dieser Perspektive weder Ruhekissen noch Instrument maximaler Ausbeutung, sondern ein Institut, um die Risiken »im ewigen Sturm« (Schumpeter 1980, S. 148) des Prozesses schöpferischer Zerstörung zu minimieren.

Heimann greift die Monopoltheorie Schumpeters auf und ergänzt sie dahingehend, daß nur die relative Sicherheit des Monopols Großinvestitionen ermöglicht. D.h., »die Alternative zum Monopol ist keineswegs Konkurrenz, es ist Nicht-Investition« (Heimann 1963, S. 133). Aus dieser Sichtweise folgt zeitdiagnostisch, »daß der Kapitalismus auch im Zeitalter der Monopole die technische Dynamik nicht vermindert, sondern noch beschleunigt« (Heimann 1954, S. 22).

Das beschleunigte wirtschaftliche Wachstum der Gegenwartsgesellschaft seit den 30er Jahren ist für Heimann also neben der sozialreforminduzierten Nachfragesteigerung vor allem aus der monopolistischen Struktur der Wirtschaft abzuleiten.[6]

Neben dem beschleunigten wirtschaftlichen und technischen Wachstum ist Massenwohlstand, verbunden mit einer relativen Annäherung der unteren an die oberen Einkommen[7], die zweite herausragende Erscheinung der Nachkriegsgesellschaft. Wir haben gesehen, daß schon allein die Sozialreformen umverteilende Wirkung zugunsten der Arbeiterseite zeitigen. Es gibt aber auch andere Faktoren.

So fallen in der westlichen Nachkriegsgesellschaft die Hemmungen der Feudalzeit fort, die es in den USA im übrigen nie gegeben hat. Diese These besagt, daß die Arbeitslöhne in Europa im 19. und frühen 20. Jahrhundert durch ständische Denkmuster gebremst wurden, während in den USA ein LKW-Fahrer unter Umständen mehr verdiente als ein Professor.[8] Außerdem konstatiert

6 Es gibt im übrigen laut Heimann noch andere Faktoren, die monopolistischer Allmacht entgegenwirken. Die Kartellgesetzgebung schafft zwar keine unbeschränkte Konkurrenz, erschwert aber präventiv monopolistische Zusammenballungen (vgl. Heimann 1963, S. 135). Das Auge der Öffentlichkeit sorgt dafür, daß Monopole nicht brutal ihre kleineren Konkurrenten niederkonkurrieren, sondern sich mit »Preisführerschaft« begnügen (vgl. Heimann 1963, S. 130).

7 Dies gilt, so Heimann, für die USA und Großbritannien, nicht jedoch für die Bundesrepublik. Vgl. dazu das Kapitel »Statistik der Sozialreform«, in: Heimann 1963, S. 172-190.

8 Dieses Argument findet sich bei Heimann mehrfach angedeutet (am

Heimann, daß der Feudalzeit entstammende »moralische und ästhetische Hemmungen gegenüber der Verfolgung des höchsten wirtschaftlichen Leistungsgrades« nicht die volle wirtschaftliche Entfaltung des Kapitalismus zuließen (vgl. Heimann 1957 a, S. 28). Sind die Hemmungen der Feudalzeit einmal gefallen wie in der westlichen Nachkriegsgesellschaft, dann bleibt gemäß Pareto die Einkommensverteilung zwischen Arbeitern und Unternehmern relativ unverändert, weil zusätzliche Profite für produktive und/oder konsumtive Ausgaben verwendet werden und damit Nachfrage mit lohnsteigernder Wirkung hervorrufen.[9] Die Einkommenspyramide steigt auf eine höhere Stufe, bleibt in sich aber unverändert.

Nun partizipieren die unteren Einkommensgruppen nicht nur an der Prosperität, sie nähern sich auch relativ den oberen Einkommensgruppen an. Für diese Tendenz ist nochmals auf die Gewerkschaften und das Tarifvertragswesen zu verweisen: Wenn es die Gewerkschaften nicht gäbe – »(d)ie Unwissenheit, Schwäche und Verzweiflung der einzelnen Bewerber würde den Lohn weit unter dem Niveau des gewerkschaftlich organisierten Arbeitsmarktes halten« (Heimann 1963, S. 157). Ökonomisch gesehen bilden die Gewerkschaften in der monopolistisch strukturierten Wirtschaft auf dem Arbeitsmarkt eine Art Gegenmonopol.[10] Dabei ergibt sich zwischen beiden Seiten »ein eigentümliches Gleichgewicht, das dem Gleichgewicht der freien Konkurrenz nicht unähnlich ist, insofern man den Blick auf das Kräfteverhältnis zwischen den beiden Parteien beschränkt« (Heimann 1957 a, S. 33; vgl. auch Heimann 1954, S. 28, 30).

Dieses System der »gegengewichtigen Macht« hat, so Heimann, allerdings eine Schwachstelle: Es setzt die Organisation bzw. die Organisierbarkeit von Interessen voraus, »und nicht jedermann und nicht jede Gruppe in der Gesellschaft ist organisierbar. Indem einige zu der Ebene wirksamer wirtschaftlicher Macht emporge-

ausführlichsten in: Heimann 1957 a, S. 27 f.), wird aber nicht näher ausgeführt und erst recht nicht bewiesen.

9 Dieses Theorem leuchtet nicht ein, weil zusätzliche Profite ja auch gespart oder für Rationalisierungen investiert werden können.

10 Heimann greift in diesem Zusammenhang Galbraiths Theorem der »Countervailing Power« auf (Heimann 1963, S. 133 f.; vgl. auch John Kenneth Galbraith, *American Capitalism. The Concept of Countervailing Power*, Boston 1952).

hoben werden, andere aber nicht, wird die Schwäche der Schwachen, der Unorganisierbaren oder derer in schwacher Marktposition nur verschärft« (Heimann 1963, S. 134; ähnlich auch Heimann 1957 a, S. 35). Hier klingen bereits die Disparitätentheorie, die »neue soziale Frage« und die »Zwei-Drittel-Gesellschaft« an.

Eine Rekonstruktion der Heimannschen Strukturanalyse der westlichen Nachkriegsgesellschaft wäre unvollständig ohne Einbeziehung der *Demokratie*. In *Wirtschaftssysteme und Gesellschaftssysteme* veranschlagt er die sozioökonomische Wirkung der Demokratie noch niedrig; kaum eine der Sozialreformen und wirtschaftspolitischen Steuerungsmaßnahmen sei ihr zuzuschreiben, sie seien »alle pragmatisch unter verschiedenen Regierungsformen in verschiedenen Ländern als Schutz gegen die Verwüstungen eines zügellosen Kapitalismus entstanden« (Heimann 1954, S. 18). Bereits wenige Jahre später vertritt er hingegen die These: »The brilliant success of American capitalism, nevertheless, would not have been possible without the intervention of democracy ...« (Heimann 1957 a, S. 41). Insbesondere betont er, daß nicht die Arbeiterbewegung die Gewerkschaftsmacht in den USA bewirkt habe – die Großunternehmen seien durch unternehmerische Repression bis in die 30er Jahre praktisch gewerkschaftsfrei gewesen –, sondern die Demokratie. Erst die Roosevelt-Administration habe die gesetzlichen Rechte der Gewerkschaften instituiert und die von den Unternehmern eingeschüchterten Arbeiter ermuntert, von ihnen Gebrauch zu machen (vgl. Heimann 1957 a, S. 34; Heimann 1959, S. 261 f.). Allgemeiner gesagt, besorgt erst die Demokratie mit ihren Grundrechten die volle Bewegungs- und Entfaltungsfreiheit der Gewerkschaften, die ja eine tragende Säule im System der sozialen Reform darstellen. Ein Einsatz von privater und öffentlicher Polizei gegen die Arbeiter – in vordemokratischen, diktatorischen oder totalitären Systemen ein gängiges Mittel sozialer Konfliktlösung – ist in einer Demokratie kaum durchführbar – »in einem Lande, wo die Stimmen der Arbeiter die Wahlen entscheiden können, wird sich die Regierung auf einen solchen Kurs schwerlich einlassen« (Heimann 1963, S. 203).

Wichtig ist aber auch der »Druck der öffentlichen Meinung, des wichtigsten und wirksamsten Organs der Demokratie«. Die Demokratie erzeugt eine »moralische Atmosphäre«, »es gibt Dinge, die man früher tun konnte und nicht mehr tut« (Heimann 1963,

S. 209), und »the democratic atmosphere favours the claims of labour« (Heimann 1957 a, S. 41). Die demokratische Öffentlichkeit schränkt besonders monopolistische Willkür ein, da unfaire Praktiken, eine volle ökonomische Ausnutzung der Monopolstellung Imageverlust und damit sinkenden Absatz bedeuten können (vgl. Heimann 1963, S. 208 f.). Heimann schreibt der Demokratie überhaupt erhebliche integrative Wirkung im Konflikt zwischen Kapitalismus und Sozialismus zu:

> »Es ist die große Leistung der Demokratie, die proletarische Frage gelöst zu haben, indem sie den Sozialismus von der Unentbehrlichkeit kapitalistischer Produktivität überzeugte, und dem Kapitalismus die genau so unentbehrliche menschliche Würde der Arbeit als Bedingung seines eigenen Erfolges nahebrachte« (Heimann 1957 a, S. 40).

Man kann sagen, daß in der Diagnose Heimanns neben den sozialpolitischen Institutionen (Sozialversicherung, Arbeiterschutz, Tarifvertragswesen) und den monopolistischen Wirtschaftsstrukturen die Demokratie der dritte große Strukturkomplex ist, der Markt und Privateigentum zum spezifischen sozioökonomischen System der westlichen Nachkriegsgesellschaft komplementiert.

III.4. »Ist das noch Kapitalismus?« Zur historisch-sozialen Identität der westlichen Nachkriegsgesellschaft

Für Heimann, den Sozialisten, ist die Gegenwartsgesellschaft kein Kapitalismus mehr, wie immer man ihn auch definieren mag.
(1.) Definiert man Kapitalismus als eine Wirtschaftsordnung, deren Einheiten nach Maximalprofit streben, so trifft das für die Wirtschaft der Gegenwart nicht mehr zu. Nicht maximaler Profit, sondern größtmögliche Sicherheit der Investitionen ist die Maxime unternehmerischen Handelns (vgl. Heimann 1963, S. 210).
(2.) Definiert man Kapitalismus dadurch, »daß das Privateigentum die bestimmende Macht im Sozialprozeß ist« (Heimann 1963, S. 210), so geht auch dies an der Sache vorbei. Das Wirtschaftsleben der Gegenwart ist durch Großunternehmen bestimmt. Großunternehmen sind in aller Regel keine Privatbetriebe wie im 19. Jahrhundert, sie sind meist Aktiengesellschaften. Die eigentli-

che »Entscheidungsmacht«, so Heimann, liegt aber nicht bei den Aktionären, auch nicht den Großaktionären. Zwar sind die Direktoren formell von den Aktionären abhängig. Doch die Aktionäre sind nur eine Gruppe, deren Bedürfnisse die Direktion bei ihren Entscheidungen zu beachten hat: Wichtiger sind die Ingenieure, die Konsumenten und die Arbeiter, die in einer Demokratie nicht per Polizei oder Betriebspolizei unterdrückt werden können. »Mit den Arbeitern muß man jeden Tag leben, mit den Aktionären dagegen nur einmal im Jahr« (Heimann 1963, S. 203). Der Wille der Eigentümer (Aktionäre) ist also nur einer unter mehreren Faktoren, die die Entscheidung der Direktoren beeinflußen, und nicht der wichtigste.
(3.) Wenn man Kapitalismus soziologisch als Klassengesellschaft definiert, dann trifft dies für die Gegenwartsgesellschaft laut Heimann auch nicht zu. »Diese Art der Schichtung« verlange eine »unterste Klasse, die in der Geschichte als ›die Armen‹ bekannt ist. Wir dagegen haben eine geschichtete Gesellschaft mit enormen Reichtumsunterschieden, aber ohne die Schubfächer und rigorose Festlegung dessen, was korrekterweise als ›Klasse‹ bekannt ist, da die niederste Klasse aus erblicher Armut zur Teilnahme an den Annehmlichkeiten des Lebens emporgehoben worden ist und der Stil des Lebens dies zu einer einheitlichen, wenn auch keineswegs gleichheitlichen Gesellschaft macht. Ein hoher Grad sozialer Beweglichkeit, allgemeine Schulbildung und Gesundheitspflege und nicht zuletzt die allmähliche Abflachung der Einkommenspyramide sind die auffallendsten Merkmale dieser fortschreitenden Umwandlung« (Heimann 1963, S. 210f.).
(4.) Wenn Kapitalismus als Marktwirtschaft definiert wird, d. h. »als Verteilung der Einkommen durch die anonyme, beinahe automatische Wirkung der statistischen Größen von Angebot und Nachfrage«, so ist die westliche Nachkriegsgesellschaft diesem Stadium entwachsen, da die Löhne durch kollektive Tarifverträge festgelegt werden (vgl. Heimann 1963, S. 211).
Fazit: Die westliche Nachkriegsgesellschaft ist nicht mehr adäquat als Kapitalismus zu begreifen. Heimann bezeichnet ihren Strukturtypus als »System der sozialen Reform« oder »das reformierte System«. Seine Erscheinungsmerkmale und Strukturen haben wir in den vorangegangenen Abschnitten vorgestellt.
Heimanns Argumentation, daß die westliche Gegenwartsgesellschaft *nicht* (mehr) als kapitalistisch aufzufassen ist, fällt nicht

überzeugend aus. Zwar ist ihm recht zu geben, daß das Ziel großunternehmerischen Handelns weniger in der Profitmaximierung als in langfristiger Profitsicherung besteht, aber bleibt nicht das für die Definition des Kapitalismus Entscheidende, das Profitprinzip, doch erhalten?

Heimanns Einschätzung, daß die Macht in Großunternehmen nicht bei den Eigentümern, den Aktionären, sondern den Direktoren liegt, möchte man nicht umstandslos folgen. Sind nicht wenigstens die Großaktionäre ein wesentlich relevanterer Machtfaktor, als Heimann zugestehen möchte? Und gleichwie die Macht zwischen Aktionären und Direktoren verteilt sein mag, sie ist, so oder so, über das Prinzip Privateigentum vermittelt. Ohne Privateigentum keine Aktionäre, ohne Aktionäre keine Direktoren. Kann die Trennung von Eigentum und Unternehmensführung Grund genug sein, den Kapitalismusbegriff für die westliche Gegenwartsgesellschaft zu verwerfen?

Auch Mobilität und steigender Lebensstandard sprechen nicht dagegen, die westliche Nachkriegsgesellschaft als »kapitalistisch« zu qualifizieren, im Gegenteil: Soziale Mobilität ist ein integraler Bestandteil eines Systems, das ständische Privilegien abgeschafft hat, in dem es der vielzitierte Tellerwäscher zum Millionär bringen kann. Armut, durch Geburt festgelegt, ist eher ein Kriterium für Ständegesellschaften.

So bleibt allein Heimanns viertes Argument, das überzeugt. Das Tarifsystem stellt in der Tat eine Institution dar, die die private Verfügungsmacht über Produktionsmittel und das Marktprinzip erheblich einschränkt. Dennoch – wäre es nicht angemessener gewesen, wenn Heimann die westliche Nachkriegsgesellschaft als »reformierten Kapitalismus« qualifiziert hätte?[11]

11 Für seine These, wonach die westliche Gegenwartsgesellschaft kein Kapitalismus mehr sei, hätte Heimann viel besser anführen können, daß ihr im Prozeß der sozialen Reform neue Institutionen zugeführt wurden, die dem ganzen System eine andere Entwicklungslogik induzierten als dem Kapitalismus des 19. Jahrhunderts, wie ihn Marx beschrieben hatte.

III.5. Leistungen und Kosten des Wirtschaftssystems

Die Leistungen des Wirtschaftssystems liegen auf der Hand: Es hat durch sein Prinzip, Verwendung des Überschusses für Expansion, einen gewaltigen Produktionsapparat geschaffen, der sich immer mehr vergrößert und einen ständig wachsenden Güterausstoß zu verzeichnen hat. Es hat durch Fortschritte im medizinisch-technischen und im pharmazeutischen Bereich die Sterblichkeit rapide vermindert. Es ermöglichte – entgegen den Befürchtungen der Malthusianer – durch agrotechnische und chemische Neuerungen die Versorgung der rasch wachsenden Bevölkerung. Es hat in der westlichen Hemisphäre Wohlstand für alle geschaffen, oder jedenfalls die ökonomischen Voraussetzungen dafür. Das Wirtschaftssystem bringt den historischen Sieg über Hunger und (vermeidbare) Krankheit, mehr noch: es verheißt das Ende aller Knappheit, die »Wirtschaft des Überflusses« (vgl. Heimann 1963, S. 22f.).

Aber das ist nur die eine Seite des Prozesses, denn diese unbestreitbaren historischen Errungenschaften des Wirtschaftssystems forderten ihren Preis: »man the producer has lost what man the consumer has gained ...« (Heimann 1957, S. 56f.). Der Preis besteht zunächst einmal in der Transformation des produktiven Menschen in ein Objekt des Arbeitsmarktes und der Natur in ein Objekt des Grundmarktes. Die Arbeit wird aus ihren ursprünglichen kulturellen und sozialen Zusammenhängen herausgelöst und damit entfremdet. Der Wert des Menschen bemißt sich nach seiner wirtschaftlichen Nützlichkeit, d.h. daran, wieviel Produkteinheiten von einer Arbeitseinheit abhängen. Eine partielle Gegentendenz stellt die Entwicklung des Arbeitsrechts dar, das die Arbeit vor schrankenloser Ausbeutung und Verfügbarkeit schützt und ihr damit einen Teil ihrer Würde zurückgibt. Das ändert nichts daran, daß die Arbeit in der industriellen Arbeitswelt, zumal unter den Bedingungen der Automation, ihren schöpferischen Charakter eingebüßt hat.

Doch selbst im Konsumbereich haben die gigantischen Leistungen des Wirtschaftssystems ihre Schattenseiten. Der Verbraucher ist nicht frei; er ist der Manipulation der Werbung ausgesetzt, sein Sozialprestige hängt maßgeblich von der Masse und Qualität seiner Güter ab. »Aber auch die Freizeit ist ... mechanisiert, um uns in rascher und reichhaltiger Abwechslung alle Emotionen von Se-

xualleben, Verbrechen, Krieg und Religion als Unterhaltungsstoff vorzuführen, und den Sinn für die Größe und Tragik des menschlichen Lebens zu zerstören« (Heimann 1957 a, S. 41).
Die Wurzel des Übels liegt – entgegen Marx – nicht in der Gesellschaftsordnung, sondern in der Technik begründet. Eine Umwälzung der Eigentumsverhältnisse hebt die Entfremdung in der Arbeit und die Sinnleere des Konsumentendaseins nicht auf. »Wir wissen nun, daß es nicht an der einen oder anderen Eigentumsorganisation liegt, wenn die Arbeit der Menschen entfremdet ist, sondern an der wissenschaftlichen Technik, die sich um die menschliche Gestaltung der Arbeit, um die Erfüllung des persönlichen Lebens in ihr nicht kümmert, sondern in ihrer Entwicklung ihrer eigenen Zweckmäßigkeitslogik folgt« (Heimann 1964, S. 171).
Die technische Struktur im Sinne einer Humanisierung der Arbeit zu verändern, dazu sieht Heimann wenig Chancen. Er beobachtet gerade in den westlichen Demokratien eine fatalistische Ergebenheit gegenüber der technischen Entwicklung, die »willenlos in die neuen Techniken hinein(treiben)« (Heimann 1957 a, S. 41).
Maßstab für Heimanns Kritik am Wirtschaftssystem ist das (neu-)humanistische Menschenbild der frei und allseitig sich entfaltenden Persönlichkeit, wie es auch und gerade vom frühen Marx geteilt wurde. Der Arbeiterbewegung und dem Sozialismus weist er nach Lösung der sozialen Frage die Aufgabe zu, sich nicht mit materiellen Errungenschaften zu begnügen, sondern für ein selbstbestimmtes Menschsein außerhalb und innerhalb der Arbeitswelt zu kämpfen (vgl. Heimann 1964, S. 173).
Heimanns Kritik am Wirtschaftssystem ist aber keine romantisierende und blindwütige Kulturkritik. Das Bild der kulturellen Wirtschaft, das Heimann zeichnet, in der wirtschaftliches Handeln noch in das soziale und kulturelle Leben eingebettet war, fällt alles andere als idyllisch aus. Die unentfremdete Arbeit wurde mit periodischen Hungersnöten, Seuchen, Kindstötung, Greisentötung und primitiven Lebensverhältnissen bezahlt (vgl. Heimann 1963, S. 14-21) – ein hoher Preis für die kulturelle Wirtschaft. Die Leistungen des Wirtschaftssystems werden gewürdigt. Hinter der Kritik Heimanns am Wirtschaftssystem steht die Frage, ob es angesichts der erreichten Erfolge nicht möglich und sinnvoll ist, seiner Dynamik eine andere Richtung zu geben, zumal er – sollte sich die bisherige Entwicklung fortsetzen – neue Risikopotentiale

aufsteigen sieht: Verelendung der Dritten Welt, Wirtschaftskrise, ökologische Gefährdung und soziale Desintegration (vgl. dazu das folgende Kapitel zur Prognose und Programmatik Heimanns).

III.6. Prognose und Programmatik

Zunächst sei kurz definiert, was die Kategorien »Prognose« und »Programmatik« bei Heimann bedeuten. »Prognose« ist nicht als ein Aussagensystem mit dem Inhalt zu verstehen, daß die zukünftige Entwicklung so und nicht anders verlaufen wird. Es geht Heimann vielmehr darum, mögliche *Risikopotentiale* aufzuzeigen, die in der eigendynamischen Entwicklung des Wirtschaftssystems angelegt sind.[12] Wenn hier von »Programmatik« die Rede ist, so beinhaltet dies nicht einen kasuistischen Entwurf von so und nicht anders zu treffenden Maßnahmen, sondern lediglich von alternativen Entwicklungsperspektiven zum Wirtschaftssystem.

Was die *Risikopotentiale* anbetrifft, so sieht Heimann deren vier: (1.) Verelendung der »unentwickelten Länder«, (2.) Wirtschaftskrise, (3.) ökologische Gefährdung sowie (4.) Denaturierung des Menschen zum »homo oeconomicus« und soziale Desintegration.

(ad 1.) Die soziale Frage in den westlichen Nachkriegsgesellschaften ist durch das System der sozialen Reform im großen und ganzen gelöst. Zwar sieht Heimann gewisse Probleme für Gruppen, die nicht konfliktfähig sind (vgl. Kap. III.3.), aber auch diese sind im Rahmen eines expandierenden Wirtschaftssystems jedenfalls grundsätzlich lösbar. Aber eine neue soziale Frage viel größeren Ausmaßes bahnt sich in den »unentwickelten Ländern« der Dritten Welt an.

12 Das Wirtschaftssystem hat zwar für die westliche Nachkriegsgesellschaft das uralte Problem von Hunger und Krankheit gelöst. Aber es liegt für Heimann in der Natur des geschichtlichen Prozesses, daß die Lösung alter Probleme neue Probleme schafft: »Gerade weil die Probleme der Vergangenheit in dem neuen Bau gelöst sind, entstehen in ihm neue arteigene Spannungen und Gefahren, die vorher nicht sichtbar waren« (Heimann 1958, S. 165). Diese sichtbar zu machen, ist eine Hauptaufgabe historisch-soziologischer Zeitdiagnostik, auch für Heimann.

Die historischen Wurzeln dieses Übels liegen im kolonialen Imperialismus begründet. Nicht Ausbeutung oder Unterdrückung hält Heimann in diesem Zusammenhang den Kolonialmächten vor, sondern ihre wirtschaftliche Abstinenz, die man modern als »Investitionsstreik« bezeichnen könnte. Das Kapital der industriellen Metropolen hat, außer für das Transportwesen und Erschließung der Rohstoffe, in die Kolonien nicht investiert, obwohl hohe Profitraten winkten – aus rassischen Vorurteilen, wie Heimann meint (vgl. Heimann 1963, S. 218). Hätten sie investiert, dann hätte sich, so Heimann, ein ähnlicher Prozeß sozialer Reformen abspielen können wie in den entwickelten Ländern. Da die Kolonien, von ihrer Funktion als Rohstofflieferanten abgesehen, aus der Ökonomie der Mutterländer ausgegrenzt wurden, erfuhren sie keine wirtschaftliche Entwicklung. Da sie industriell unentwickelt sind, treten sie auf dem Weltmarkt lediglich als Exporteur eines oder weniger Rohstoffe in Erscheinung, wogegen die entwickelten Industrieländer eine breit gefächerte Palette moderner Fertigwaren anbieten. Sie sind damit in der schwächeren Position. Und »auf einem unregulierten Markt diktiert der stärkere Teilnehmer die Austauschbedingungen« (Heimann 1963, S. 212). »Der Weltmarkt setzt den Imperialismus in verwandelter Form fort, weil der Imperialismus die produktiven Kräfte in den Kolonien vernachlässigt und dadurch die Bedingungen gesetzt hat, unter denen die ehemaligen kolonialen Länder jetzt am Weltmarkt teilnehmen müssen« (Heimann 1963, S. 223).
(ad 2.) Das zweite große Risikopotential der westlichen Nachkriegsgesellschaft sieht Heimann in einer *nachfrageinduzierten Wirtschaftskrise*. Das Wirtschaftssystem führt durch den ihm eigenen Expansionismus zur steten Steigerung der Produktion. Umgekehrt ist stetes Wachstum auch Voraussetzung für ein weitgehend störungsfreies Funktionieren des Wirtschaftssystems. Voraussetzung für kontinuierliches Wachstum ist eine kontinuierlich ansteigende Nachfrage. Aber sind, von den Bedürfnissen der Konsumenten der westlichen Industriestaaten her gesehen, dem Wachstum nicht Grenzen gesetzt? Schon jetzt in der Nachkriegsgesellschaft sieht Heimann die wirtschaftlichen Bedürfnisse als weitgehend gesättigt an. Bedürfnisse müssen künstlich durch Reklame geschaffen werden, um das Wachstum in Gang zu halten. »Ich bin aber überzeugt davon, daß es nicht auf die Dauer so gehen kann ... Früher oder später werden die Menschen der ewig

neuen und immer lautstärkeren Anpreisungen der Reklame überdrüssig werden. Das wäre die große Absatzkrise« (Heimann 1964, S. 171). Heimann befürchtet also eine neue große Wirtschaftskrise durch eine wachsende Kluft zwischen Produktion und den Bedürfnissen der Verbraucher.[13]

(ad 3.) Als drittes großes Risikopotential der westlichen Nachkriegsgesellschaft läßt sich bei Heimann die *ökologische Gefährdung* sowie die destruktive Kapazität der Technik ausmachen. Er beklagt, daß der Rhein »von Jahr zu Jahr schmutziger, und das heißt doch auch giftiger« wird (Heimann 1964, S. 172). Ebenso prangert er die »Verpestung« der Luft an: »In Dortmund und in anderen Städten des Ruhrgebietes wachsen die Kinder in verpesteter Luft auf, genauso wie in Los Angeles ... Und die Luft wird immer schlimmer verpestet, weil die Industrie immer weiterwächst« (Heimann 1964, S. 173; ähnlich Heimann 1965, S. 516). Heimann konstatiert, daß in der Entwicklung der Technik die destruktive Dimension immer stärker gegenüber der produktiven die Oberhand gewinnt: »Zwar ist die zerstörerische Seite stets in den technischen Neuerungen zugegen gewesen und wurde vom Militär stets voll ausgenutzt, aber das große Übergewicht war immer auf der produktiven Seite, wie man aus dem gewaltigen Aufstieg der materiellen Wohlfahrt trotz der kriegerischen Verwüstungen sehen kann ... Aber das ist heute nicht mehr der Fall. Die ›friedlichen Nutzungen der Atomkraft‹ existieren kaum irgendwo außer in den frommen Phrasen der Regierungsbeamten ...« (Heimann 1963, S. 56). Und an anderer Stelle heißt es: »Die Industrie ist das Mittel, Hunger und Krankheit zu besiegen, und ist dadurch, was sie auch sonst in sich bergen mag, vor jedem menschlichen Forum gerechtfertigt. Aber sie ist in einem noch umfassenderen Sinn das Mittel zur Macht, zerstörend sowohl als auch schaffend, militaristisch sowie auch friedlich. Das Übergewicht zwischen den beiden Verwendungen ist in aller Vergangenheit auf der Seite der Produktion gewesen ... Jetzt zum ersten Male scheint die gesamte Atomindustrie aus Todesangst vor der Atomindustrie der anderen Seite vom Militär beschlagnahmt zu sein« (Heimann 1963, S. 81). (Hier klingt bereits Ulrich Becks These an, daß ab einem bestimmten Punkt der technisch-industriellen Ent-

13 Diese Befürchtung Heimanns hat sich nicht bestätigt; treffender in dieser Sache ist die Analyse Freyers (vgl. Kap. VI.4.).

wicklung die Risiken stärker als die Wohlfahrt zunehmen; vgl. Beck 1986, bes. S. 17).

(ad 4.) Ein viertes Risikopotential der westlichen Nachkriegsgesellschaft verortet Heimann im geistigen Überbau des Wirtschaftssystems, dem »*Vernunftglauben*«[14], und im westlichen Individualismus.

Die moderne westliche Gesellschaft ist in ihrem Selbstverständnis eine individualistische Gesellschaft, d. h. »ein System, in welchem das Individuum in seiner Interessenverfolgung den obersten Platz beansprucht« (Heimann 1955 a, S. 109), ein System frei und souverän handelnder Individuen. Diese Vorstellung beruht auf einer Selbsttäuschung über die gesellschaftliche Wirklichkeit. Der individualistische Anspruch zerbricht schon an den Strukturen der modernen westlichen Gesellschaft: Technik, Markt und Bürokratie. »Die straffe Disziplin der Maschine läßt den arbeitenden Individuen keinen Raum für schöpferische Freiheit«, ausgenommen die »Arbeit des Erfinders, Ingenieurs und technischen und finanziellen Organisators« (Heimann 1955, S. 18). »Die Allgegenwart des Marktkampfes produziert einen neuen leistungshungrigen und dadurch standardisierten Menschentyp, einen Menschen, der nur in Quantitäten denkt, weil er nur an Mitteln interessiert ist. Die Verwandlung der Gesellschaft in einen großen zusammenhängenden Markt, die Herrschaft kommerzieller Erwägungen sogar über kulturelle, künstlerische und gelehrte Arbeit und Veröffentlichungen pervertiert das geistige Leben und entmenschlicht und kollektiviert den Menschen der modernen Gesellschaft, der doch angeblich in den Märkten nichts als die materiellen Mittel für seine geistige Selbstverwirklichung suchen soll. Der Individualismus zerstört die Individualität« (Heimann 1955, S. 23 f.). – Der Prozeß der Bürokratisierung komplettiert das Eingespanntsein des Individuums in »anonyme soziale Prozesse« (Heimann 1955, S. 25).

Abgesehen davon, daß der Individualismus schon aufgrund der strukturellen Realitäten der modernen Gesellschaft zum Scheitern

14 »Vernunftglauben« im Sinne Heimanns ist dadurch gekennzeichnet, daß die Menschen nicht an »ein Gebot einer höheren Macht« »glauben«, sondern annehmen, »daß der Mensch die Antworten auf die Fragen seines persönlichen und sozialen Lebens in seinem eigenen voraussetzungslosen Denken finden kann« (vgl. Heimann 1955, S. 3).

verurteilt ist – eine individualistische Gesellschaft auf der geistigen Grundlage des Vernunftglaubens kann keinen Bestand haben. Das liberale Prinzip der prästabilisierten Harmonie unter der Bedingung freien individuellen Handelns ist weder historisch noch logisch haltbar. Das Gegenteil trifft zu: »Wenn der Mensch die Gemeinschaft als Mittel für seine privaten Zwecke aufbauen soll, dann ist Ausbeutung und nicht Solidarität die rationale Politik« (Heimann 1955, S. 35). »Ein System, in dem die Freiheit als oberster Wert erscheint, wird leicht in eine Herrschaft der Freiheit für die starken Individuen, Klassen und Rassen ausarten« – physische, intellektuelle, finanzielle und militärische Unterschiede vorausgesetzt, »aber sie bestehen immer« (Heimann 1955, S. 34). »Die Nutznießer von Ausbeutung und Bedrückung sind daran interessiert und darauf festgelegt, sie zu bewahren; ... Entsprechend werden die Opfer versuchen, die Last abzuwälzen oder das ganze Gebäude umzustürzen, ohne es zu zerstören. Das ist die wahre Logik der individualistischen Gesellschaft« (Heimann 1955, S. 34). Eine individualistische Gesellschaft in letzter Konsequenz – das ist aus Sicht von Heimann ein Chaos aus Unterdrükkung, Ausbeutung, Konflikt und Instabilität in Permanenz.

Wenn dem nun so ist, wie kann dann die moderne westliche Gesellschaft der Gegenwart überhaupt existieren? Heimanns Diagnose: Es handelt sich bei ihr um keine rein individualistische und rationalistische Gesellschaft. Gewiß befindet sich die christliche Religion seit Jahrhunderten in der Defensive und wird mehr und mehr zurückgedrängt, aber ihre nach wie vor existierenden »Restbestände« (Heimann 1955, S. 46) prägen nach wie vor, wenn auch mehr oder weniger latent, das Denken und Handeln der Menschen mit.[15] »Die westliche Gesellschaft – mögen viele ihrer gegenwärtigen Mitglieder das auch leugnen – ist eine christliche Gesellschaft in dem Sinne, daß die von allen ihren Mitgliedern benutzten Denk- und Lebensformen durch die Interpretation der

15 Der Vernunftglaube hat sich ursprünglich aus der Religion entwickelt und von ihr »sehr viel mehr« Denkelemente übernommen, als er wahrhaben will (Heimann 1955, S. 9 f. und 46-48). Z. B. die rationalistische Denkfigur von einer Selbstbeschränkung der Herrschaft aus Eigennutz, etwa um Aufständen und dgl. vorzubeugen, will Heimann so nicht gelten lassen. Sie ist für ihn nichts anderes als eine Verkleidung christlicher Grundwerte in Kategorien des Rationalismus und des Selbstinteresses (vgl. Heimann 1955, S. 42-46).

christlichen Botschaft entscheidend geprägt und von denen anderer Gesellschaften verschieden sind« (Heimann 1958, S. 160). Die Religion ist – anders als das rationale Prinzip – von maßgeblicher integrativer Funktion für die Gesellschaft: »sie eint die Menschen durch gemeinsamen Glauben an übergreifende Mächte, und sie diszipliniert die Menschen durch die sozialethischen Lehren, die aus den obersten Glaubenssätzen abgeleitet werden« (Heimann 1958, S. 158). Das heißt, daß »die weiße Menschheit in ungleich höherem Grade, als ihr bewußt und oft angenehm ist, von ihrem christlichen Erbe lebt ...« (Heimann 1955, S. 10).
Aber der Prozeß der Säkularisierung ist noch nicht zu Ende. Er schreitet weiter voran, und nicht zuletzt die modernen Sozialwissenschaften, welche die Religion als »irrational« und dgl. brandmarken, treiben diesen Prozeß vorwärts. Das vierte große Risikopotential, das Heimann sieht, besteht also darin, daß das christliche Erbgut, das nach wie vor das gesellschaftliche Leben zusammenhält, aufgelöst wird und eine entsolidarisierte, desintegrierte Gesellschaft übrigbleibt.
Wir haben die vier großen Risikopotentiale der westlichen Nachkriegsgesellschaft aus der zeitdiagnostischen Sicht Eduard Heimanns aufgezeigt: Drohende Verelendung der Dritten Welt, Wirtschaftskrise, ökologische Gefährdung und soziale Desintegration durch Religionsverlust. Das Wirtschaftssystem birgt jedoch nicht nur zunehmende Risikopotentiale in sich, seine Expansion verliert auch mehr und mehr ihren ursprünglichen Sinn. Seine Expansion ist so lange sinnvoll, wie Hunger, Armut und Knappheit herrschen und es unbefriedigte Bedürfnisse gibt. Heimann sieht eine »Wasserscheide« erreicht. Die »echten« Bedürfnisse sind befriedigt, es werden nun »unechte oder künstliche Bedürfnisse« eingeführt (Heimann 1963, S. 316).[16] Kriterium, ob »echte« oder »unechte« Bedürfnisse vorliegen, ist der »Umfang der Reklame«. »Das Auftreten der Reklame als eines unabhängig konstituierten Wirtschaftszweiges«, wie es neuerdings zu beobachten ist, wertet Heimann als Indiz dafür, daß ihre Funktion inzwischen weniger darin besteht, der Konkurrenz die Kundschaft zu entlocken, als künstlich Bedürfnisse zu schaffen, die der Konsument von sich aus eigentlich nicht hat, um damit den Absatz sicherzustellen.

16 Die »echten« und »künstlichen Bedürfnisse« Heimanns erinnern an die »wahren« und »falschen Bedürfnisse« Herbert Marcuses.

Wenn das Wirtschaftssystem sinnlos geworden ist und wachsende Risiken enthält, dann hat es auf die Dauer keine Zukunft mehr. Die *programmatische Alternative* muß grundsätzlich darin bestehen, den Überschuß alternativen Verwendungen zuzuführen, anstatt ihn zwecks wirtschaftlicher Expansion zu reinvestieren. Heimann schlägt die folgenden vor:

(1.) Beseitigung der Restbestände an Armut in der westlichen Welt, vor allem der Slums.

(2.) Entwicklungshilfe für die Dritte Welt.[17] Wie eine solche Hilfe erfolgen soll, darüber läßt sich Heimann nur sehr allgemein aus: »Die wünschenswerteste Hilfe wäre eine Kombination von kurzfristigen Maßnahmen zur Sicherung des Mindestunterhalts mit langfristigen Entwicklungsprojekten, die das Lebensniveau heben und durch ein reichhaltiges Produktionsprogramm stetiger machen sollen« (Heimann 1963, S. 225), also Soforthilfe und gezielte Investitionshilfen. Außerdem plädiert Heimann für einen von den Industrieländern gespeisten Fond, aus dem Länder subventioniert werden, »deren Mindestbedarf die Marktlage des Jahres nicht deckt« (ebenda).

(3.) Sollte es die Lage erfordern, so wäre ein Teil des Überschusses für zusätzliche Rüstungsanstrengungen zu entrichten. »Dies ist der unerwünschteste aller Auswege, aber wer«, so Heimann auf dem Höhepunkt des Kalten Kriegs 1961, »könnte ihn in diesen Tagen außer acht lassen« (Heimann 1963, S. 321).

(4.) Eine alternative Verwendung des Überschusses könnte in verstärkter Subventionierung der Kultur bestehen, z. B. von Opern (vgl. Heimann 1963, S. 320, 322).

(5.) Das Schulwesen ist zu fördern: »bessere Schulen mit besseren Lehrern«, »mehr und bessere öffentliche Schulen« (Heimann 1963, S. 322).

(6.) Es bedarf auch zusätzlicher Anstrengungen im Wohnungsbau, »anständige Behausung für die Armen, Wohnungen, die bei gegenwärtigen Kosten für sie unerschwinglich sind« (Heimann 1963, S. 322).

(7.) Schließlich könnte der Überschuß für die Bekämpfung von

17 Heimann sieht hier allerdings das Problem, daß es kaum seriöse Regierungen gibt – »Machthaber, die ehrlich genug sind, um Geld nicht zu unterschlagen, und fachkundig genug, um es für die Zwecke zu benutzen, für die es erhoben wurde« (Heimann 1963, S. 321).

Umweltschäden verwendet werden, die der Staat mit Steuergeldern in Angriff nehmen muß, da die Vergiftung der Umwelt nicht in die betriebliche Kostenkalkulation eingeht und so kein ökonomischer Anreiz für die Privatwirtschaft zur umweltverträglichen Produktion besteht (vgl. Heimann 1964, S. 172 f.).

Heimanns Programmatik bezweckt nicht nur Gefahrenabwehr, sie verfolgt auch ein positives Ziel: »die Verbürgerlichung, den bürgerlichen Konformismus und Materialismus, die Fremdbestimmung in einem immer üppigeren und immer unpersönlicheren Konsum, die Macht der anonymen Dämonien über die Gestaltung unseres Lebens zu brechen und den Menschen in seine Souveränität einzusetzen« (Heimann 1964, S. 173). Im Mittelpunkt steht dabei Heimanns altes Herzensanliegen: die Humanisierung der Arbeitswelt. »Das Arbeitsleben des Menschen unter voller Rücksicht auf seine technische Leistung neu zu beleben ist eine große kulturelle Aufgabe« (Heimann 1963, S. 329).

Die Perspektive, die Heimann entwickelt, ist also die Rückkehr vom Wirtschaftssystem zu einem neuen »vollgerundeten Gesellschaftssystem« mit einer »kulturellen Wirtschaft«, aber mit den ökonomischen und technischen Errungenschaften des Wirtschaftssystems.

Wie ist es um die Erfolgschancen dieses Programms bestellt? Heimann macht sich keine Illusionen; er ist sich bewußt, daß er bei keiner relevanten gesellschaftlichen Gruppe auf Unterstützung rechnen kann, weder bei der Geschäftswelt noch bei der Arbeiterschaft (vgl. Heimann 1963, S. 324). Hoffnung bereitet ihm jedoch die christliche Tradition. Für das Christentum ist das menschliche Leben eine Angelegenheit »religiöser Dignität« und »religiöser Verantwortung«[18], und daraus entspringt eine historisch einmalige Reformfähigkeit des christlichen Abendlandes (sobald die Würde des Menschen bedroht ist), die es im zweiten nachchristlichen Jahrtausend immer wieder zu grundlegenden Reformen befähigt haben, zuletzt im späten 19. und frühen 20. Jahrhundert in Gestalt des »Systems der sozialen Reform«.

18 Heimann 1963, S. 330. Vgl. zum Zusammenhang zwischen christlicher Religion und Reformfähigkeit auch Heimann 1958, S. 165f., Heimann 1954, S. 201. Die These von der einzigartigen Reformfähigkeit des christlichen Abendlandes stammt von Eugen Rosenstock-Huessy, *Die europäischen Revolutionen*, Jena 1931.

Auf diese durch die christliche Religion angelegte Reformfähigkeit setzt Heimann die Hoffnung, daß seine programmatischen Gedanken einmal Wirklichkeit werden.[19] Doch das ist Hoffnung, keine Gewißheit.[20] Ebensogut ist es möglich, daß die westliche Menschheit ihre Vitalität im Aufbau des Wirtschaftssystems, der ihr »pausenlose Anspannung« auferlegte, eingebüßt hat und sich im Strom der Eigendynamik des Wirtschaftssystems treiben läßt, ohne die Kraft zu einer grundlegenden Reform zu finden (vgl. Heimann 1963, S. 330f.). Die dritte – und schlimmste – mögliche historische Perspektive aus Sicht Heimanns am Vorabend der Kuba-Krise ist, daß die »beiden Wirtschaftssysteme ... die entsetzlichsten Erfindungen ihres Materialismus benutzen, um sich gegenseitig in die Luft zu sprengen« (Heimann 1963, S. 330), also der atomare Holocaust.

III.7. Zusammenfassung und Kritik

Im Zentrum von Heimanns Diagnose der westlichen Nachkriegsgesellschaft steht die Nachkriegsprosperität, also die Frage, wie es in den 50er Jahren zu beschleunigtem ökonomischem Wachstum und Massenwohlstand kommen konnte (besonders in den USA), obwohl doch der Kapitalismus im 19. Jahrhundert in Verelendung, Atrophie und Revolution zu versinken schien. Heimanns Analyse geht von den Grundbegriffen »Gesellschaftssystem« und »Wirtschaftssystem« aus, die sich auf die Funktion von Wirtschaft innerhalb der Gesamtgesellschaft beziehen. Im Gesellschaftssystem ist Wirtschaft nicht als autonomes Teilsystem ausdifferenziert, der Spielraum wirtschaftlichen Handelns wird vielmehr durch einen tradierten Rahmen kultureller Normen vorgegeben, der über die physische Reproduktion hinaus erwirtschaftete Überschuß wird

19 In diesem Zusammenhang muß man Heimanns Forderung der Rechristianisierung (vgl. Heimann 1955, S. 206-214) sehen, die den gesellschaftspolitischen Umbau des Wirtschaftssystems zu flankieren hat.

20 Über die aktuellen Perspektiven grundlegender Reformen des Wirtschaftssystems gibt sich Heimann keinen Illusionen hin: »Reform scheint nicht möglich zu sein, bevor die falsche Prosperität erschüttert ist und die Menschen für ihre Existenz statt für ihre Ansprüche zu zittern beginnen« (Heimann 1963, S. 329).

konsumtiv verwendet. Das Grundprinzip des Wirtschaftssystems, in dem sich Wirtschaft als autonomes Subsystem ausdifferenziert hat, ist, daß der Überschuß zur Erweiterung der Produktion verwendet wird. Es gibt zwei reine Formen des Wirtschaftssystems: Kapitalismus, in dem der Überschuß von marktwirtschaftlich konkurrierenden Einheiten mittels privater Produktionsmittel erwirtschaftet und reinvestiert wird, und Kommunismus, in welchem wirtschaftliche Expansion mittels eines einheitlichen, zentralen Plans in einem staatlich gelenkten und beherrschten Produktionssystem vonstatten geht (vgl. Kap. III.1.). Die historische Wurzel des Wirtschaftssystems sieht Heimann im Gefolge von Max Weber und Ernst Troeltsch in der protestantischen Ethik, sein historischer Durchbruch erfolgt in Gestalt des »Frühkapitalismus« im 19. Jahrhundert (Kap. III.2.).

Das auf die Institutionen Markt, Konkurrenz und Privateigentum gründende Wirtschaftssystem des Frühkapitalismus scheitert ökonomisch, es treibt einer ökonomischen und sozialen Katastrophe entgegen. Als Negation zur gesellschaftlichen Realität des Frühkapitalismus entsteht die soziale Bewegung. Ihr Druck zwingt den Staat, seine Passivität in wirtschaftlichen und sozialen Fragen aufzugeben und sozialpolitisch einzugreifen. Damit wird das kapitalistische System mit Marktwirtschaft und Privateigentum an Produktionsmitteln um die Institutionen der Sozialreform erweitert: Arbeiterschutz, Sozialversicherung, Tarifvertragssystem. Das führt zu einer Umverteilung zugunsten der Arbeiter. Arbeitszeitverkürzung, Verbot bzw. Einschränkung von Kinder- und Frauenarbeit verknappt das Angebot auf dem Arbeitsmarkt mit der Folge, daß die Löhne steigen. Die soziale Sicherung wird von den Unternehmern direkt (durch Abgaben) oder indirekt (über Steuern) mitfinanziert. Das Tarifvertragssystem induziert deutlich höhere Löhne als individuelle Arbeitsverträge. So gesehen, schmälert Sozialreform den Profit, aber eben nur bei einer statischen Sichtweise. In Wirklichkeit, so Heimann, handelt es sich bei den Strukturen der Sozialreform um eine »höchst dynamische Konstellation«: Die Arbeiterschutzgesetzgebung verstopft erstens allmählich die Quellen, die Profit allein durch schrankenlose Ausbeutung erreichbar machen. Die Profitsuche erfolgt nunmehr primär auf dem Wege organisatorischer und technischer Innovationen. Zweitens erhöht sich die Produktivität des Arbeiters, weil er bei kürzerer Arbeitszeit in besserer physischer Verfassung arbeitet. Drittens schaffen höhere Löhne und Sozialleistungen Kaufkraft, womit neue Profitquellen erschlossen werden. Durch die Institutionen der Sozialreform transformiert sich also der Kapitalismus von einer Gesellschaft der Ausbeutung und Verelendung zu einem System der Massenproduktion und des Massenkonsums. Diese Tendenz wird durch die wachstumsfördernde Funktion von Monopolen ergänzt. Die westliche Nachkriegsgesellschaft ist kein Kapitalismus mehr, sondern ein Gesellschaftstypus sui generis, das »System der sozialen Reform« (Kap. III.4.).

Aus alledem zieht Heimann den Schluß, daß für die westliche Nachkriegsgesellschaft die soziale Frage gelöst ist, (allerdings mit der Einschränkung, daß es schwer- bzw. nichtorganisierbare Interessen gibt). Indem sie die soziale Frage löst, schafft sie jedoch neue Risikopotentiale: Verelendung der Dritten Welt, Wirtschaftskrise durch Nachfrageschwäche, ökologische Gefährdung, die gesellschaftlich desintegrierenden Wirkungen von Individualismus und Rationalismus (Kap. III.6.). Als Alternative plädiert Heimann für ein Ende des Wirtschaftssystems und regt die Verwendung des wirtschaftlichen Überschusses für Entwicklungspolitik, für soziale und ökologische Reformen und kulturelle Förderung an.

Die unerwartete sozioökonomische Entwicklung der Nachkriegszeit erklärt Heimann im Kern zum einen mit einer Theorie des Monopols, die zeigt, daß Monopole wirtschaftliches Wachstum nicht verlangsamen, sondern beschleunigen, zum anderen mit einer Theorie der sozialen Reform, welche die ökonomischen Funktionen der »Institutionen der sozialen Reform« in Richtung beschleunigten Wachstums und zugleich ausgeglichenerer Einkommensverteilung analysiert. Heimanns Lösung ist in sich schlüssig und mit der Wirklichkeit (jedenfalls der 50er und 60er Jahre) stimmig, seine Diagnose mithin als erfolgreich zu bewerten.

Lediglich Heimanns Argumentation dafür, daß die westliche Gegenwartsgesellschaft nicht mehr als kapitalistisch zu qualifizieren ist, erscheint in den meisten Punkten als nicht stichhaltig (vgl. unsere Kritik in Kap. III.4.). Für seine These, wonach die westliche Gegenwartsgesellschaft kein Kapitalismus mehr sei, hätte

Heimann viel besser anführen können, daß ihr im Prozeß der sozialen Reform neue Strukturen eingefügt wurden, die dem ganzen System eine andere Entwicklungslogik vorgeben als dem Kapitalismus des 19. Jahrhunderts, wie ihn Marx analysierte (vgl. Kap. III.3.). Denn darin liegt ja gerade die Stärke von Heimanns Diagnose: Sie macht dem Leser einsichtig, daß der westlichen Gegenwartsgesellschaft, mag man sie »reformierten Kapitalismus«, »System der sozialen Reform« oder wie auch immer nennen, aufgrund neuer Strukturen eine Entwicklungslogik innewohnt, die sich von der des Kapitalismus zur Zeit Marxens radikal unterscheidet. Damit ist auch die Marxsche Prognose des Kapitalismus passé, jedenfalls solange die Institutionen der sozialen Reform (oder potentielle Äquivalente) funktionieren. (Diese Einsicht blieb dem Neomarxismus der 70er Jahre fremd). In Heimanns Denkmustern lassen sich zudem die Umwälzungen der jüngsten Vergangenheit präziser beschreiben. Nicht »der« Kapitalismus hat »den« Sozialismus besiegt, sondern ein ursprünglich kapitalistisches System, das bei Strafe seines Untergangs sozialistische Strukturen integrieren mußte, hat sich einem Modell als überlegen erwiesen, das als Antithese zum Kapitalismus des 19. Jahrhunderts entstanden war und jahrzehntelang reformunfähig in diesen antikapitalistischen Strukturen – zentrale Planung der Wirtschaft, Konzentration der politischen Macht, bürokratische Lenkung aller gesellschaftlichen Prozesse – verharrte.

Deutlich wird in Heimanns Diagnose dabei die geschichtliche Bedeutung der Arbeiterbewegung. Sie ist nicht nur in die Abgründe des Stalinismus gemündet, sondern hat im Westen Institutionen erstritten, die den sozioökonomischen Prozeß zum Wohle aller in ganz andere Richtung ausschlagen ließen als im 19. Jahrhundert oft befürchtet und erwartet. Der Sozialismus wollte Alternative zum Kapitalismus sein, er wurde zu dessen Korrektiv.

Widerspricht die neuere sozioökonomische Entwicklung mit den Schattenseiten »neue Armut«, »Zweidrittelgesellschaft« und dgl. dem schönen Bild, das Heimann von der westlichen Nachkriegsgesellschaft gezeichnet hat?

In der Diagnose ja, in der Analyse nein. Heimann hat ja die Institutionen samt ihren ökonomischen Funktionen konkret benannt, welche die Prosperität bewirkten: Arbeiterschutz, soziale Sicherung, Tarifvertragssystem. Nun wird inzwischen durch den Strukturwandel seit etwa Mitte der 70er Jahre – u. a. verschärfte

Weltmarktkonkurrenz, Mikroelektronik, Massen- und Dauerarbeitslosigkeit, Segmentierung der Arbeiterschaft, Deregulierung[21] – deren Funktionsfähigkeit beeinträchtigt (vgl. dazu Kruse 1992, bes. S. 31-35), und das vermeintlich gebannte Gespenst der sozialen Frage taucht von neuem auf. Die neuere gesellschaftliche Entwicklung widerlegt also nicht Heimanns Analyse, sondern bestätigt sie. Im übrigen hat Heimann selbst auf diese Schwachstelle des »Systems der sozialen Reform« aufmerksam gemacht, nämlich daß nicht alle Interessen effektiv organisierbar sind (vgl. Kap. III.3.).

Es zeichnet den Zeitdiagnostiker Heimann aus, daß er nicht nur die Leistungen des »Systems der sozialen Reform« zu analysieren weiß, sondern auch die Risikopotentiale erkennt, die es hervorbringt, (»gerade der glänzende Erfolg trägt in sich das neue unvorhergesehene Problem«; Heimann 1963, S. 331), u. a. die ökologische Gefährdung. Die Vision eines neuen »Gesellschaftssystems«, das den Überschuß nicht in ökonomische Expansion, sondern in eine neue Entwicklungspolitik, in soziale und ökologische Reformen investiert, war seiner Zeit voraus.

Angesichts der zeitdiagnostischen Leistungen Heimanns verwundert es, daß sein Nachkriegswerk, insbesondere die *Soziale Theorie der Wirtschaftssysteme*, so unbeachtet bleiben konnte. Von unwissenschaftlicher Kulturkritik kann hier nun wirklich nicht die Rede sein. Vielmehr ist Heimanns Diagnose der zeitgenössischen Alternative auf dem Gebiete historischer Makrotheorie, also der Modernisierungstheorie, strukturell unverkennbar überlegen:

(1.) Modernisierungstheorie sieht moderne Gesellschaften gekennzeichnet durch wirtschaftliches Wachstum, strukturelle Differenzierung, Wertewandel, Mobilisierung, Partizipation und Institutionalisierung von Konflikten (vgl. Wehler 1975, S. 16 f.). Die Nachkriegsprosperität ist in dieser Sichtweise ein Teil des Modernisierungsprozesses. Eine spezifische Erklärung ist auf diesem Abstraktionsniveau kaum möglich. Heimann begnügt sich nicht

21 Vgl. z. B. Horst Kern/Michael Schumann, *Das Ende der Arbeitsteilung? Rationalisierung in der industriellen Produktion*, München 1984; Martin Baethge/Herbert Oberbeck, *Zukunft der Angestellten. Neue Technologien und berufliche Perspektiven in Büro und Verwaltung*, Frankfurt am Main 1986; Walter Müller-Jentsch (Hg.), *Zukunft der Gewerkschaften. Ein internationaler Vergleich*, Frankfurt am Main 1988.

damit, die Nachkriegsprosperität einer allgemeinen Entwicklungsdynamik moderner Gesellschaften zuzuschreiben. Er benennt präzise und konkret die gesellschaftlichen Institutionen und ebenso die ökonomischen Funktionen, welche jene entbinden.

(2.) Modernisierungstheorie ist bekanntlich strukturlastig; für soziales Handeln, für historische Akteure hat sie keinen Platz. Nicht so Heimann. Bei ihm bleiben die Akteure nicht auf der Strecke, sondern sind eine integrale, unverzichtbare Größe, um die Entstehung der »Institutionen der sozialen Reform« historisch zu erklären. Diese Akteure werden wiederum stets im strukturellen Bedingungsgefüge ihres Handelns betrachtet. Die Auswüchse des Frühkapitalismus (Strukturebene), die wirtschaftstheoretisch schlüssig erklärt werden, rufen auf der Handlungsebene die Arbeiterbewegung hervor. Diese erkämpft die Institutionen der sozialen Reform, welche nun wiederum ein (im Vergleich zum Frühkapitalismus) ganz anderes System ökonomischer Strukturgesetzlichkeiten bewirken. Bei Heimann kommen also, anders als in der Modernisierungstheorie, Handlungs- und Strukturdimension gleichermaßen zu ihrem Recht.

(3.) Heimanns Diagnose kombiniert theoretische und historische Erklärung. Die Modernisierungstheorie kennt keine eigentliche historische Kausalität. Bei ihr wird Geschichte zu einem Datenreservoir degradiert, aus dem das geschöpft wird, was gerade in den – vorgegebenen – theoretischen Rahmen paßt. Heimann verwendet keine Entwicklungstheorie, wie sie jeder Modernisierungstheorie zugrundeliegt; bei ihm wird historische Bewegung empirisch rekonstruiert und dabei die Vielfalt und Komplexität des Geschichtlichen idealtypisch reduziert.

Es fällt auf, daß Heimanns zeitdiagnostische Fragestellung, nämlich wie es nach der sozialen Verelendung des Frühkapitalismus und den politischen Katastrophen in der ersten Hälfte des 20. Jahrhunderts zu dieser ungeahnten Nachkriegsprosperität kommen konnte, überhaupt nicht so recht in das Blickfeld der »main stream«-Soziologie der 50er und 60er Jahre geriet. Sie konnte sie, wie Heimann gezeigt hat, als empirisch-analytische *Einzel*wissenschaft auch kaum aufgreifen. Heimann hat sich – vergeblich – vehement für die Einheit der Sozialwissenschaft und gegen deren Aufspaltung in separate Wissenschaften der Ökonomie, Soziologie und Politologie eingesetzt. Die großen Probleme der Gegenwart seien komplex und mit den Mitteln fragmentierter Einzelwissenschaften nicht mehr anzugehen, geschweige denn zu lösen. Eine Auflösung der Sozialwissenschaft werde dazu führen, daß allenfalls zweitrangige Fragen wissenschaftlich bearbeitet würden, die großen Probleme aber ungelöst liegenblieben (vgl. Heimann 1955, S. 56; Heimann 1954, S. 219). Diese Einschätzung wird durch das Schweigen der »main stream«-Soziologie zur Nachkriegsprosperität bestätigt; erst Burkart Lutz (1984) gelang in den 80er Jahren eine Heimann ebenbürtige analytische Leistung in dieser Sache, aber auch, indem er die Grenzen einer soziologischen Einzelwissenschaft transzendierte und ökonomische Konzepte (»Lange Wellen«-Theorie) und historische Kompetenz einbrachte. Die Frage, die Heimanns gelungene Diagnose angesichts aktueller Herausforderungen aufwirft, ist, ob man sich nicht des Konzeptes einer integrierten Sozialwissenschaft, wie es die historische Soziologie repräsentierte, wieder stärker besinnen sollte.

IV. Alfred v. Martin und der Nationalsozialismus

Im Gegensatz zu Heimann, aber auch Alfred Weber, Müller-Armack und Rüstow (vgl. dazu Daheim 1989) ist der zeitdiagnostische Beitrag v. Martins zum Thema Faschismus/Nationalsozialismus relativ unergiebig. Nicht daß v. Martin die Katastrophe des Dritten Reiches ignoriert hätte – das Gegenteil ist der Fall –, aber er greift sie nicht unter zeitdiagnostischen Aspekten auf. Dies liegt maßgeblich in seinem wissenschaftlich-intellektuellen Selbstverständnis begründet.

Soziologie ist keine normative Wissenschaft. Zwar kommt sie ohne Werte nicht aus, »weil ohne den Begriff (und den Maßstab) des ›Wissenswerten‹ jede Wissenschaft in Uferlosigkeiten ohne Sinn sich verlieren muß« (v. Martin 1956 Einl., S. 14), aber »die normativen Fragestellungen (und Feststellungen) gehören nicht in die Soziologie« (ebenda, S. 13). Nun ist allerdings der Soziologe nicht nur Wissenschaftler, sondern auch Teil der kulturtragenden Intelligenz. Als Teil der kulturtragenden Intelligenz erwachsen dem Wissenschafter auch moralische (also nicht nur kognitive) Aufgaben:

> »(D)as Entscheidende aber ist, daß die eigentliche Aufgabe der Intelligenz weder nur eine intellektuelle noch nur eine zugleich praktisch-politische, sondern vor allem eine moralische ist. *Auch die richtigste Deutung der Zeitsituation vermag nicht weiterzuhelfen, wenn sie nicht getragen ist von einem Verantwortungsbewußtsein, das nur auf einem sittlichen Glauben an objektive Werte sicher ruhen kann*« (v. Martin 1956 k, S. 286; Hervorhebung vom Verf.).

Entsprechend begreift v. Martin Nationalsozialismus und Drittes Reich weniger als wissenschaftlich-analytische, zeitdiagnostische denn als moralische Herausforderung.

Nach der nationalsozialistischen Machtergreifung zog sich v. Martin von seinem akademischen Lehramt in das Refugium des Privatgelehrten zurück, wo er Studien über Nietzsche und besonders Jacob Burckhardt betrieb und publizierte. Dies war alles andere als eine unpolitische Tätigkeit. Bekanntlich war der Philosoph – unter tatkräftiger Mithilfe seiner Schwester Elisabeth Foerster-Nietzsche – von der NSDAP zu ihrem geistigen Ahnherrn stilisiert worden. Burckhardt wiederum als eine der »edelsten Verkörperungen der Humanitätsidee« (v. Martin 1941, S. 59) verkörperte das diametrale Gegenteil nationalsozialistischer Werte und Ideen. In seinem Buch *Nietzsche und Burckhardt* arrangierte v. Martin diese beiden gegensätzlichen Denker als idealtypische Verkörperung zweier geistiger Welten, wobei Nietzsche die herrschende nationalsozialistische Weltanschauung repräsentierte, Burckhardt hingegen das besiegte und verachtete bürgerliche Humanitätsideal. Unter dem Deckmantel geistesgeschichtlicher Forschung konnte v. Martin etwa Burckhardts Ablehnung des »Gewaltmenschentum(s)«, das dieser als »ruchlos, ja teuflisch« erachtete (v. Martin 1941, S. 17), vorstellen. Da v. Martin vorbehaltlos für den Baseler Humanisten Partei nahm, überrascht es nicht, daß dieses Buch von der NS-Presse als gegen die nationalsozialistische Weltanschauung gerichtet gebrandmarkt wurde. Immerhin konnte der Band in zweiter Auflage erscheinen, der dritten wurde das Papier verweigert (vgl. v. Martin 1947, S. 8).

Einen neuen Anlauf unternahm v. Martin in *Die Religion Jacob Burckhardts* (1942). Diese Studie versuchte neben dem Humanismus auch die Religion in ein gutes Licht zu stellen. Da sie noch schärfere Attacken gegen die nationalsozialistische Wertewelt enthielt als *Nietzsche und Burckhardt*, vor allem aber auch den totalen Staat selbst in Zweifel zog, beschlagnahmte die Gestapo die gedruckte erste Auflage; der Autor soll nur durch Zufall der Verhaftung entgangen sein (vgl. S. 35 f.).

In den ersten Nachkriegsjahren nahm v. Martin die kritische Auseinandersetzung mit den geistigen Grundlagen des Nationalsozialismus (wie er sie sah) wieder auf. Außer den Neuauflagen der beiden besagten Studien erschien »Geistige Wegbereiter des deutschen Zusammenbruchs« (1946), worin v. Martin Hegel, Nietzsche und Spengler als Marksteine der deutschen geistigen Abkehr vom Westen beschreibt. Der Philosophie Ernst Jüngers galt die Streitschrift *Der heroische Nihilismus und seine Überwindung* (1948 a). In den 50er und 60er Jahren trat das Thema Nationalsozialismus im Schaffen v. Martins gegenüber anderen Zeitfragen zurück.[1] Wiederholt hat sich v. Martin allerdings – v. a. in Leser-

1 Als hervorragender Beitrag dieser Zeit ist zu erwähnen: »Widerstandspflicht und Kollektivschuld« (1960), abgedruckt in v. Martin 1974, S. 158-170.

briefen an die Süddeutsche Zeitung – zu Wort gemeldet, wenn der nationalsozialistische Ungeist sein Haupt erhob, wenn der Widerstand gegen das NS-Regime diskreditiert wurde und überhaupt, wenn er das demokratische Prinzip verletzt sah.

Wie aber dachte der *Zeitdiagnostiker* Alfred von Martin? Das Anliegen v. Martins war, wie gesagt, mehr moralisch als zeitdiagnostisch, und eine explizite Diagnose des Faschismus/Nationalsozialismus wie etwa bei Heimann findet sich bei ihm nicht (am ehesten noch in: »Geistige Wegbereiter des deutschen Zusammenbruchs«; 1946, 1946 a). Aber jedenfalls in groben Zügen läßt sich die Zeitdiagnose rekonstruieren. Ihr liegen drei Prämissen zugrunde:

(1.) Das Dritte Reich ist ein spezifisch deutsches Phänomen, das aus spezifisch deutschen Gegebenheiten zu erklären ist (also nicht aus allgemeinen soziologischen Gesetzmäßigkeiten oder dgl.).

(2.) Das Dritte Reich samt seinen Verbrechen kann nicht einfach einer kleinen Clique angelastet werden. Die NS-Politik wurde von »unwahrscheinlich weiten Kreisen unseres Volkes« akzeptiert und mitgetragen (v. Martin 1946, S. 117).[2]

(3.) Das Dritte Reich ist kein »Betriebsunfall« der deutschen Geschichte, vielmehr die logische Konsequenz spezifisch deutscher Irrwege im geistigen Bereich.

Das deutsche Desaster ist allerdings nur bedingt historisch zu erklären; v. Martin verortet es in letzter Instanz im deutschen Nationalcharakter: »Urangelegt freilich ist im Deutschen – als ein ihn immer wieder zu einer Gefahr machendes und ihn selbst immer wieder gefährdendes Element – eine naturhafte Antipathie gegen alles ruhige Sein, gegen Gesetz und Form. Die Neigung, alles nur als ruheloses Werden aufzufassen und selber alles in dynamische Bewegung zu setzen, liegt ihm – wie Nietzsche treffend hervorhebt, ›im Gegensatz zu allen Lateinern‹ – im Blute ... Jene Neigung bricht bis auf unsere Tage immer wieder durch. Es ist die den germanischen Ursprüngen noch nahe, berserkerhafte Seite deutschen Wesens« (v. Martin 1946, S. 118).

2 »Die weitgehend prohitlerische Volksstimmung ... stellte eine Art von ›volonté générale‹ dar, die eine gewisse ›kollektive‹ Schuld konstituiert, obwohl dabei keineswegs von einer ›volonté de tous‹ und von einer persönlichen Schuld aller Einzelnen die Rede sein kann« (v. Martin 1946, S. 117).

Dennoch, die Deutschen waren nicht immer das »enfant terrible« Europas. Das Christentum zivilisierte das teutonische »eingeborene Barbarentum« (v. Martin 1946, S. 118). Deutschland war im Mittelalter »als Verwalter des heiligen, des vom sacerdotium geweihten imperium, des abendländischen, der Idee nach universalen Kaisertums wesentlicher Träger des hohen Gedankens von der politischen Versichtbarung und Verwirklichung der religiös-sittlichen Weltordnung« (v. Martin 1946, S. 117). Doch in der Reformation manifestierte sich erstmals der instabile, zum Extremen neigende Nationalcharakter der Deutschen. »Es war ja nicht von ungefähr, daß die Revolutionierung Europas, die wir Neuzeit nennen, gerade in Deutschland anhub«. Und: »Deutschland allein hatte eine *revolutionäre* Reformation« (v. Martin 1946, S. 118 f.). Luther verkörpert eine »sehr deutsche Theologie, welche das Sündenbewußtsein gar nicht genug steigern kann, um den Menschen zuerst in eine äußerste Verzweiflung zu treiben (›non satis desperasti!‹), damit er eben aus solcher letzten Tiefe der Gottverlassenheit um so gewisser in die Arme der erbarmenden göttlichen Gnade finde« (v. Martin 1953, S. 140). – Der Protestantismus bringt Deutschland zudem zwei schwere Hypotheken für die Zukunft: das »politische Untertanenprinzip« und die Emanzipation des Staates »von den universalen, objektiven Bindungen ethischen Denkens« (v. Martin 1946, S. 119).
Dennoch findet Deutschland zeitweise wieder in gesamteuropäisches Fahrwasser zurück. Der deutsche Geist des 18. und des frühen 19. Jahrhunderts ist weltbürgerlich orientiert (Goethe, Kant, Fichte). Doch seit dem 19. Jahrhundert tritt das deutsche Geistesleben aus der westeuropäischen Kultur, getragen von den Prinzipien der Freiheit, Humanität und des Naturrechts, heraus und geht seinen eigenen Weg, der es immer weiter von den Idealen der Aufklärung entfernt. Die erste Weichenstellung auf dieser verhängnisvollen Bahn erfolgt mit der Philosophie Georg Wilhelm Friedrich Hegels, in welcher »der Naturrechtsidee der Laufpaß gegeben« wird und »eine neue Staatsvergottung und Staatsanbetung einsetzt« (v. Martin 1974 d, S. 169).
»Bei Hegel – und das ist das Entscheidende – hört die göttliche Weltvernunft, der logos, auf, als das Ruhende, Allgemein- und Ewiggültige über dem panta rei zu stehen«. Und: »Durch die allgemeine, das Göttliche mit einschließende Historisierung wird alles, auch das Absolute, relativiert« (v. Martin 1946, S. 123). Das

staatliche Handeln wird der naturrechtlichen Kritik entzogen; »der ›Staatswille‹ steht als die theifizierte ›höhere Gerechtigkeit‹ über dem (angeblich nur ›subjektiven‹) Gewissen und über allem Naturrecht« (v. Martin 1946, S. 127). Hegels Weltgeist ist »ethisch völlig indifferent« und zudem geeignet, Machtpolitik zu legitimieren: »In der Weltgeschichte offenbart sich der Weltgeist; und als Wille dynamischen Werdens offenbart er sich vor allem in der politisch-kriegerischen (und also nationalen) Geschichte. Damit erhält den primären Grad metaphysischer Bedeutsamkeit *die* Geschichte, in welcher konzentrierte *Kraft* sich manifestiert und Macht sich durchsetzt« (v. Martin 1946, S. 128).

Nun geht es, so v. Martin, weniger um die Philosophie als solche als um ihre Auswirkungen in der politisch-gesellschaftlichen Praxis. Grundsätzlich vollzieht sich die politische Wirkung von Ideen darin, daß sie zunächst die »Gebildeten« erfaßt und dann weiter ins »Volk« dringt. Zum Katalysator dieses Prozesses werden die deutschen Geschichts- und Rechtswissenschaften. Für v. Martin ist es dabei wenig relevant, »inwieweit man Hegel ›kannte‹ und ›verstand‹ (oder ihn im einzelnen sogar erweisbar falsch interpretierte)« (v. Martin 1946, S. 132). Entscheidend ist die »Schaffung eines allgemeinen weltanschauungsmäßigen Fluidums« (S. 133): die Überhöhung des Staates, die Legitimierung staatlicher Machtpolitik, von »Annexionismus und Expansionismus«, die Abkehr von naturrechtlichen Ideen als normativem Maßstab staatlichen Handelns.

Die nächste Stufe im moralischen Niedergang des deutschen Geistes, »des entscheidenden Wegfalls jener universalen Bindungen, die – wohltätig hemmende Kräfte – dem Abgleiten des deutschen Geistes ins Un- und Außereuropäische hätten wehren können und sollen« (v. Martin 1946 a, S. 230), bezeichnet Friedrich Nietzsche. Ist Hegel lediglich ethisch indifferent, so ist Nietzsche ein offener Verächter christlicher und bürgerlicher Werte. Sein »Übermensch« kennt keine normativen Bindungen mehr. Nietzsche stilisiert mit »unmenschliche(n), sadistische(n) Bildern« (v. Martin 1946 a, S. 234), die zwar ästhetisch gemeint sind, aber potentiell wörtlich genommen werden können. Eine solche Wirkung entfaltet Nietzsche, »als die Zeit reif wurde für Faschismus und Nationalsozialismus«. Seine Ideen werden »zur Ideologie einer Avantgarde, deren Motto ›Revolution von rechts‹ hieß« (als Repräsentanten nennt v. Martin Ernst Jünger; vgl. 1946 a, S. 235).

Den Tiefpunkt in der moralischen Dekadenz des deutschen Geistes repräsentiert für v. Martin der Philosoph Oswald Spengler. Hatte Nietzsche noch die Illusion, den Nihilismus zu überwinden und eine geistige Wiedergeburt unter neuen werthaften Vorzeichen einzuleiten, so ist bei Spengler »(a)ller Glaube an objektive Werte ... einem nihilistischen Historizismus zum Opfer gefallen« (v. Martin 1946 a, S. 237). Im Winter der Zivilisation (im Spenglerschen Sinne) ist für Werte kein Platz; was bleibt, ist Tapferkeit als letzte Tugend, Tapferkeit als Selbstzweck ohne Wertbindung, die sich in der Expansion zu bewähren hat. Darin wiederum ist Spengler typisch deutsch: »Wo der Deutsche seine christliche Erziehung und seine klassische Formung abwirft (und beides sitzt ihm nie fest genug am Leibe), dann kommt ein (ihm natürliches) Nichtanerkennenwollen von Grenzen und Schranken zum Vorschein, da wird er irgendwie (religiös, philosophisch, politisch) – totalitär« (v. Martin 1946 a, S. 239).
Die programmatische Konsequenz v. Martins aus alledem ist, daß es mit dem deutschen Sonderweg ein- für allemal ein Ende haben muß und Deutschland in die westliche Wertegemeinschaft zurückzukehren hat – und zwar nicht als Großmacht, sondern ohne Ambitionen im internationalen Kräftespiel (vgl. v. Martin 1947 a, S. 476). Außerdem plädiert v. Martin später für einen »gesunden« politisch-gesellschaftlichen Zustand, der zugleich »geordnet« und »frei« ist.[3]
Man kann v. Martins Diagnose über Nationalsozialismus/Drittes Reich, soweit wir sie zu rekonstruieren in der Lage waren, in fünf Sätzen zusammenfassen: (a) Die Hitlerdiktatur war nur möglich, weil eine breite Akzeptanz in der Bevölkerung bestand. (b) Diese

3 »Auf eine allgemeinste Formel gebracht, läßt sich sagen, das Gesellschaftsleben sei dann gesund, wenn es ›geordnet‹ und zugleich ›frei‹ ist – geordnet: in dem Sinne, daß es orientiert ist an (sittlichen und sozialen) Werten; frei: in dem Sinn, daß (auf der materiellen Grundlage eines existenznotwendigen Maßes an Sicherheit) der Einzelne über genügenden äußeren Bewegungsspielraum verfügt, um seine Persönlichkeit nach jeder Richtung und in größtmöglichem Ausmaß entfalten zu können, und daß ihm nicht verwehrt wird, den inneren Bindungen seines Gewissens zu folgen. Wo Ordnung oder Freiheit (in solchem Sinne) fehlt oder diese beiden Säulen der Gesellschaft gar miteinander dahinstürzen, da sind die Komponenten einer Krisenentwicklung gegeben« (v. Martin 1956 a, S. 12).

Akzeptanz war nur möglich, weil das nötige Wertebewußtsein fehlte. (c) Das fehlende Wertebewußtsein war Folge einer geistigen Verirrung der deutschen Intelligenz, die auf das gesamte deutsche Volk abstrahlte. (d) Diese geistige Verirrung ging von Hegel, Nietzsche und Spengler aus. (e) Im deutschen Nationalcharakter ist eine Neigung zu extremen politischen Ausbrüchen angelegt.

Daran sind grundsätzlich zwei Kritikpunkte festzumachen. Erstens: v. Martins Begriff des »Nationalcharakters«, den er als blutsmäßig (und nicht geschichtlich) angelegt sieht, ist mit heutigem Wissenschaftsverständnis nicht zu vereinbaren.[4] Zweitens: Seine Kausalanalyse der Entstehung des Dritten Reiches (soweit von einer solchen überhaupt die Rede sein kann), erscheint zu sehr auf die geistige Dimension verengt; politische und ökonomische Determinanten werden vernachlässigt. Ansonsten ist v. Martin allerdings um ein differenziertes und ausgewogenes Verhältnis von »Realfaktoren« und »Idealfaktoren« bemüht.[5] Insofern ist anzunehmen, daß das, was man aus seinen sozialphilosophischen Schriften rekonstruieren kann, nicht die »ganze« Zeitdiagnose ist, sondern daß sich sein Erkenntnisinteresse aus bestimmten *subjektiven* Motiven auf die geistige Ebene konzentrierte. Der »Verrat der Intellektuellen« (J. Benda) in Deutschland hat ihn sehr betroffen, wie überhaupt dieser Gruppe sein bevorzugtes Forschungsinteresse gilt (vgl. dazu auch Kap. v.4.). Insofern handelt es sich bei v. Martins Diagnose des Nationalsozialismus, soweit rekonstruierbar, vermutlich um eine *Partial*diagnose.

Wir haben, gemäß der Thematik unseres Projekts, einen Beitrag unter zeitdiagnostischen Gesichtspunkten analysiert, der nicht als Zeitdiagnose gedacht war. Gedacht war er als Wahrnehmung des moralischen Wächteramtes, das den Intellektuellen, insbesondere der kulturtragenden Intelligenz zufällt.[6] Darin stecken die Stärken und der Reiz der Schriften v. Martins über die historischen und geistigen Wurzeln des Nationalsozialismus. Die radikale Kritik,

4 »Nationalcharakter« muß nicht per se eine unwissenschaftliche Kategorie sein. Sie ist dann diskutabel, wenn man ihn als Produkt säkularer kollektiver Erfahrung begreift (Beispiel: Norbert Elias' *Studien über die Deutschen*, 1989).

5 Dies wird auch in v. Martins Diagnose der westlichen Nachkriegsgesellschaft deutlich werden; vgl. Kap. v.

6 Vgl. zu den Begriffen »Intellektuelle« und »kulturtragende Intelligenz« Kap. v.4..

die v. Martin an »Friedrich ›dem Großen‹, de(m) Urgroßvater der Katastrophe von heute«, an Bismarck, der »Macht vor Recht« stellte, an den Nationalliberalen (»die Freiheit verratend an ›die Einheit‹, d.h. an die Macht«), am deutschen Bürgertum überhaupt übt (vgl. v. Martin 1947 a, S. 470-473), wirkt im Vergleich zum bedächtig-differenzierten, unentschiedenen Friedrich Meinecke (*Die deutsche Katastrophe*, 1946) erfrischend. Sie kann, indem sie die Kontinuitäten zwischen deutschem Kaiserreich und Drittem Reich betont[7], als Vorläufer kritischer Geschichtsbetrachtung der 70er Jahre à la Wehler angesehen werden. Worum es v. Martin ging, wird vielleicht am besten deutlich, wenn man sich Ralph Giordanos These von der »zweiten Schuld« der Deutschen vergegenwärtigt. Diese Metapher bezieht sich auf den Tatbestand, daß die Verbrechen des Dritten Reiches (»erste Schuld«) nach 1945 nicht aufgearbeitet, sondern verdrängt und verleugnet wurden (vgl. Giordano 1990, S. 11 ff.). Hingegen war es v. Martins Anliegen, daß der nationalsozialistische Schmutz nicht unter den Teppich der Geschichte gekehrt wurde, um schnellstmöglichst zur Tagesordnung überzugehen. Vielmehr sollte eine radikale Kritik der geistigen Grundlagen des Nationalsozialismus den Boden für eine geistige Neubesinnung bereiten. Dieses Anliegen erscheint angesichts der Verbrechen im Dritten Reich und der Verdrängung danach voll begründet und gerechtfertigt, auch wenn aus unserer heutigen Perspektive Hegel und Nietzsche vielleicht nicht als die geeigneten Objekte anzusehen sind. Vor allem ist zu betonen, daß v. Martin »als einer der wenigen deutschen Hochschullehrer freiwillig wirklich in die innere Emigration (ging), die so viele Unberufene später für sich in Anspruch nehmen sollten« (Papcke 1991, S. 187). Die eigentliche Bedeutung seiner Beiträge zum Thema Drittes Reich/Nationalsozialismus liegt nicht im zeitdiagnostischen Bereich, sondern darin, daß er (v. a. in *Nietzsche und Burckhardt* und *Die Religion Jacob Burckhardts*) unter erheblichem persönlichem Risiko mit viel Mut und Geschick das Banner der Humanität hochgehalten hat.

Ist v. Martins Beitrag zum Nationalsozialismus, indem er moralisch und weniger zeitdiagnostisch gehalten ist, ein Zeichen wis-

7 »Von der Verpreußung und Militarisierung Gesamtdeutschlands bis zu Hitler: das war Eine Linie antiliberalen, ›östlichen‹ Kurses« (v. Martin 1947 a, S. 476).

senschaftlicher Minderwertigkeit? Wir meinen nein, selbst wenn man einen kritisch-rationalistischen Standpunkt zugrunde legt. So wie v. Martin für die Humanität gegen ihre (wirklichen oder vermeintlichen) Verächter Partei ergriff, so verteidigte Popper in gleicher sozialphilosophischer Manier die »offene Gesellschaft« gegen ihre (wirklichen oder vermeintlichen) »Feinde« Platon, Hegel und Marx (vgl. Popper 1980). Auch René König, um eine zweite hochkarätige Autorität zu bemühen, hat gefordert, daß der Soziologe sein moralisches Engagement einzubringen habe, wo die »menschliche Würde« auf dem Spiel steht.[8] Eben dies hat v. Martin getan, und König hat ihm dafür Beifall gezollt (vgl. König 1957). Es wäre verfehlt, wissenschaftliche Analyse und moralisches Engagement gegeneinander auszuspielen, und nicht weniger abwegig wäre es, v. Martins (moralischen) Beitrag zum Nationalsozialismus als Zeichen wissenschaftlicher Unzulänglichkeit auszulegen.

8 »Die Soziologen könnten ihrer Aufgabe nur schlecht gerecht werden, wenn sie moralische Leisetreter wären, wenn sie nicht wie in der Vergangenheit so auch in Gegenwart und Zukunft allen Wertentscheidungen entgegenzutreten bereit wären, die die menschliche Würde verletzen ...« (König 1962, S. 14).

v. Auf dem Weg zur »nachbürgerlichen« Gesellschaft – Alfred v. Martins Diagnose der westlichen Nachkriegsgesellschaft

Während Heimann die »Institutionen der sozialen Reform«, ihre historische Entwicklung und ihre sozioökonomische Wirkung in das Zentrum seiner späten Zeitdiagnose rückt, wählt v. Martin das Bürgertum zum Leitthema seiner gegenwartsdiagnostischen Überlegungen.[1] Dabei geht es nicht um die separate Beschränkung auf die Geschichte einer Klasse, sondern v. Martin stellt sie in den großen Zusammenhang der Entstehung und Entfaltung der industriekapitalistischen Gesellschaft samt der ihr eigenen Lebensformen und Handlungsmuster. Denn die moderne Welt, wie sie sich seit der Neuzeit herausgebildet hat, ist aus Sicht v. Martins ganz wesentlich Vergegenständlichung bürgerlichen Handelns, so wie – und das ist für v. Martin das eigentliche Problem – die modernen Strukturen die Werte, Verhaltens- und Handlungsmuster des bürgerlichen Menschen grundlegend verändern. So gesehen kann man die Gegenwartsgesellschaft im Sinne v. Martins als »*nachbürgerliche Gesellschaft*« bezeichnen.[2]

Die kultursoziologische Diagnose des Freiheitsraums und Sozialcharakters des modernen (nachbürgerlichen) Menschen, den die rationalisierte und bürokratisierte Gesellschaft hervorbringt, steht ganz in der Tradition der deutschen historischen Soziologie (vgl. Kap. I.). Das gilt auch für v. Martins zweiten thematischen Schwerpunkt, die Lage und Zukunft des Kapitalismus. Seine diesbezüglichen Überlegungen gehören neben der Diagnose Heimanns zu den letzten Mustern bürgerlicher Kapitalismustheorie

1 Mit der Geschichte des Bürgertums hatte sich v. Martin, von Haus aus Historiker, bereits im Zusammenhang mit der Renaissance beschäftigt (vgl. bes. v. Martin 1932). Er plante, wie bereits erwähnt (Kap. I.), als großes Alterswerk eine »Soziologie des Bürgertums«, die aufgrund eines Augenleidens nicht mehr zustande kam. Seine Beiträge in Aufsatzform sind daher eher fragmentarisch, lassen aber zumindest die große Linie bürgerlicher Entwicklung erkennen.

2 Auf diesen Begriff gehen wir auf S. 114 f. näher ein.

in den deutschen Sozialwissenschaften[3], die dann bald darauf zu einer zwischenzeitlichen Domäne des Neomarxismus wurde.

Die vorliegende Darstellung von v. Martins Diagnose der westlichen Nachkriegsgesellschaft geht wie folgt vor: Zunächst behandelt sie Entstehung und Aufstieg der neuzeitlichen bürgerlich-kapitalistischen Gesellschaft (v.1.). Es folgt die Peripetie dieser Entwicklung im 20. Jahrhundert (v.2.), die neue Lebensformen und eine Veränderung des Sozialcharakters hervorbringt (vom »bürgerlichen Menschen« zum »organisation man« oder »nachbürgerlichen Menschen«) (v.3.). Anschließend geht es um die Chancen intellektueller Aktivität in der nachbürgerlichen Gesellschaft (v.4.). Der sozialstrukturellen Diagnose über den Klassencharakter der westlichen Nachkriegsgesellschaft wenden wir uns in Kap. v.5. zu. Danach werden die weiteren Entwicklungsperspektiven der westlichen Nachkriegsgesellschaft aus der Sicht v. Martins thematisiert (v.6.), bevor Zusammenfassung und Kritik (v.7.) dieses Kapitel beschließen.

v.1. Die Entstehung der bürgerlich-kapitalistischen Dynamik der Neuzeit

Die Geschichte der kapitalistischen Dynamik ist untrennbar verknüpft mit der Entfaltung des okzidentalen Bürgertums. Es tritt seit der Renaissance in zwei Typen in Erscheinung: dem *Unternehmer* und dem *Intellektuellen*.[4] Der Intellektuelle ist das kulturelle Pendant des Wirtschaftsbürgers; seine Funktion ist die Kritik von Kultur und Gesellschaft, seine potentielle Bedeutung liegt in der möglichen Beeinflussung der »öffentlichen Meinung« (vgl. v. Martin 1962, S. 417). Trotz diverser Divergenzen und Spannungen[5] sind die beiden bürgerlichen Typen »verbunden durch ana-

3 Sie schließen damit an die einschlägigen Arbeiten Werner Sombarts, Max Webers, Franz Oppenheimers, Emil Lederers, Joseph Schumpeters, Eduard Heimanns und Alfred Müller-Armacks an.

4 Dabei sieht v. Martin vom Kleinbürgertum (Handwerk, Beamte) ab, das aus seiner Sicht kein dynamisches, sondern konservativ-traditionales Element darstellt (vgl. v. Martin 1962, S. 444, Anm. 2; v. Martin 1969 a, S. 139 f.).

5 Das Verhältnis von Unternehmer und Intellektuellem in der neuzeitlichen Geschichte – näher ausgeführt in v. Martin 1948, S. 148-158 – hat

loge Struktur, ähnlichen Freiheitsanspruch und entsprechende gemeinsame Front gegen die solche Freiheit negierenden Feindmächte« (v. Martin 1962, S. 424; vgl. mit Beispielen auch v. Martin 1974 e, S. 180).

Das okzidentale Bürgertum bringt zwei spezifische Qualitäten in die Welt ein: Individualismus als eine von der Gruppe losgelöste Antriebskraft des Handelns, und Rationalismus als »– von traditionalen Bestimmungsgründen gelöste – zweckrationale Methode des Denkens, Sichverhaltens und Handelns« (v. Martin 1962, S. 418). Die Wurzeln des modernen okzidentalen Bürgertums macht v. Martin in zwei historischen Epochen aus: Renaissance und Reformation.

Die Renaissance markiert den ersten Ausbruch aus der relativen Statik des Mittelalters. Erstmals vollzieht sich hier der Übergang von der »vita contemplativa« zur »vita activa«. Damit führt das Renaissance-Bürgertum eine Eigenschaft ein, die ein unabdingbares Merkmal des modernen Wirtschaftsmenschen darstellt: den individualistischen Aktivismus. Noch nicht zu eigen ist dieser Epoche die Norm asketischer Lebensführung; »ihr Lebensideal ist ein wesensmäßig ästhetisches, also innerweltliches und ganz un- und antiasketisches. Sie sucht die Fülle des Lebens, der Kultur und der Bildung zu umfassen und hält, auch gegenüber der Wirtschaft, an dem ›homo mensura‹ des Mittelalters fest« (v. Martin 1951, S. 40). Das unternehmerische Gewinnstreben ist noch kein Selbstzweck, sondern Mittel zum guten Leben.

v. Martin so zusammengefaßt: »Wohl lagen beidemal individualistisch-›freiheitliche‹ Aspirationen vor, indem auf der einen Seite der aufsteigende erwerbstätige Mittelstand von den Einengungen durch Zunftstatuten und Zunftmoral freikommen und auf der anderen Seite die neue weltliche Bildungsschicht der Humanisten von geistig-wissenschaftlicher Bevormundung durch den Klerus sich emanzipieren wollte; doch war von Anfang an die Spannung zwischen dem ideellen Anliegen des Studien- und Bildungsinteresses, an Hand der wiedererweckten klassischen Antike und dem materiellen Interesse, einem freien, d. h. auch sozialmoralisch völlig unbehinderten Erwerbsstreben nachgehen zu können, – die Spannung also zwischen den rein zweckrationalen Strebungen des Wirtschaftsbürgertums und der durchaus eigenständig sich entwickelnden wertrationalen Leitidee des Bildungsbürgertums – viel zu stark, als daß da von einem Verhältnis ideologischen Trabantentums die Rede sein könnte. Bürgerlich ist ... jedes in seiner, je ganz anderen und heterogenen Art« (vgl. v. Martin 1974 a, S. 16 f.).

Der Aktivismus ist also nicht die einzige Voraussetzung bürgerlichen Unternehmertums. Die zweite ist das spezifisch kapitalistische Gewinnstreben, das Askese mit dem Prinzip verbindet, durch Konsumverzicht akkumulierte Ressourcen neu zu investieren (v. Martin 1951, S. 43). Hier sieht v. Martin wie Max Weber die Reformation als hervorragenden Faktor im Spiel. Eine Schlüsselfigur ist auch für ihn Calvin, der »den reinen Konsumentenstandpunkt der bisherigen christlichen Ethik« verläßt, das kanonische Zinsverbot verwirft, die Produktivkraft des Geldes und des Kredits anerkennt und »Leistung« zu »religiös-moralischen Ehren« bringt. Bei Calvin sind die Werke Früchte des Glaubens, bei seinen Nachfolgern Kennzeichen des Gnadenstandes, bei John Wesley, dem Begründer des Methodismus, schließlich Bedingung der Gnade (vgl. v. Martin 1951, S. 40-42).
Doch v. Martin warnt auch davor, die Bedeutung des Protestantismus für die bürgerlich-kapitalistische Dynamik zu überschätzen (vgl. v. Martin 1956 d, S. 82). Es gibt schon vor der Reformation in Europa ein starkes Bürgertum, und es hat sich ein bürgerliches Selbstbewußtsein herausgebildet, das sich legitimiert durch Tüchtigkeit, die sich wiederum manifestiert in selbsterworbenem oder entsprechend vermehrtem Kapital. Der entscheidende Faktor ist nicht zuletzt die Existenz eines *solchen* Bürgertums überhaupt.[6] Wohl aber wird die protestantische Religion in ihrer calvinistisch-puritanischen Ausprägung quasi zum adäquaten geistigen Überbau, der die Triebkraft der bereits bestehenden bürgerlich-kapitalistischen Dynamik verstärkt und ihr zum Durchbruch verhilft, indem er das Askeseprinzip religiös überhöht und zur »zweiten Natur« des bürgerlichen Menschen werden läßt (vgl. v. Martin 1951, S. 45 f.). Die asketische Lebenshaltung prädisponiert zum zweckrationalen Handeln.

6 Die soziologische Grundlage bürgerlicher Entwicklung ist die Stadt: »Das Bürgertum ist ein Produkt der Stadt. Sie begünstigt eine Mobilität, in der personale Freiheit und wachsende objektive Möglichkeiten sich entwickeln konnten: im Gegensatz zu der Fülle von Hemmungen, welche in ländlichen, auf den (konservativen) Grundwert der Dauer hin angelegten Verhältnissen Bindungen an den Boden und an autoritative Tradition, an Naturschranken und an Gruppengemeinschaft oder Herrschaft geschaffen hatten. Die Emanzipation von solchen irrationalen Bindungen löste rationale Denk- und Handlungsweisen aus« (v. Martin 1969 a, S. 138).

Die Renaissance bringt also Individualismus und Aktivismus in die Geschichte ein, die Reformation lenkt via asketische Lebenshaltung bürgerliches Handeln in zweckrationale Bahnen. Im 18. Jahrhundert hat sich der bürgerliche Mensch endgültig seiner religiösen Eierschalen entledigt. Der »homo religiosus« ist zum »homo oeconomicus« transformiert (vgl. v. Martin 1951, S. 53).

V.2. Die »Peripetie« bürgerlicher Entwicklung

Die bürgerliche Entwicklung ist bestimmt durch das Zusammenwirken zweier Prozesse: der *Individualisierung* als Emanzipation des einzelnen Menschen von der Gruppe und – in Abkehr von der Tradition – der *Rationalisierung* aller Verhältnisse nach Maßgabe der Kategorien »Vernunft« und »Zweckmäßigkeit« (vgl. v. Martin 1965 a, S. 17).[7] Damit erschließt sich das Bürgertum neue Möglichkeiten zur Gestaltung der Welt: die »Mobilisierung der Rechtsverhältnisse« (personale Freizügigkeit, Ungebundenheit des Eigentums) und die Beherrschung der Umwelt durch Wissenschaft und Technik. Das Verhältnis von Rationalität und Individualismus, den beiden grundlegenden Qualitäten der bürgerlich-kapitalistischen Gesellschaft, ist dabei kein statisches, sondern verändert sich – notwendigerweise – im Verlauf der historischen Entwicklung. Am Anfang steht die Dominanz des Individuums: »Im Verlaufe jener Geschichtsepoche, die sich als ›Neuzeit‹ abgrenzte gegen das ›Mittelalter‹, errang sich die wirtschaftlich und kulturell führende (bürgerliche) Schicht ein ungewöhnliches Maß von Freiheit, das ihr weitreichende individuelle Entfaltungsmöglichkeiten sicherte und auf dieser Basis eine Fülle schöpferischer

7 Rationalität ist also eine zunächst spezifisch bürgerliche Qualität, Rationalisierung ein genuin durch bürgerliches Handeln in Gang gesetzter Prozeß: »Die Rationalisierung des Gesellschaftslebens setzte auf derjenigen Stufe der sozialen Entwicklung ein, auf der das Bürgertum tonangebend zu werden begann und seine städtisch orientierte Geistigkeit einesteils die Geltung von Traditionen und anderenteils die Auswirkung subjektiver Triebhaftigkeit zurückdrängte, um neuen – dem Individuum dienenden rationalen – Möglichkeiten den Weg zu bahnen« (v. Martin 1965 d, S. 90).

und oft genialer Leistungen entstehen ließ« (v. Martin 1965 a, S. 16f.). In dieser Phase ist rationales Handeln zunächst ein Hilfsmittel des Individuums zur optimalen Realisierung seiner Interessen. Die Rationalität bleibt dabei dem Individuum untergeordnet, »rationale Organisation, gleich, ob auf politischem, wirtschaftlichem oder kulturellem Gebiet, ist nur dessen verlängerter Arm (wie des zunächst absolut regierenden Fürsten so des privaten Unternehmers, des geistigen Einzelarbeiters usw.)« (v. Martin 1965 a, S. 17f.).

Es liegt in der Logik dieses Prozesses, daß sich rationales Handeln in Strukturen objektiviert: als Wirtschaftsbetriebe, als staatliche Institutionen und dgl.. Was dies soziologisch bedeutet, faßt v. Martin wie folgt zusammen:

> »Doch einmal entstanden, entfalten alle Gebilde ein Eigenleben, das in um so höherem Grade nach eigenen Gesetzmäßigkeiten verläuft, je größer die Einheiten sind oder werden, und je mehr ihre Verwaltungsbedürfnisse und wirklichen oder vermeintlichen Lebensinteressen in die Hand von rein organisatorischen Kräften – Beamten oder Angestellten (von den höchsten bis zu den niedersten) – zu liegen kommen. In diesem Maße also hört die Rationalisierung auf, von den personhaften Interessen eines ›Kürwillens‹ gelenkt zu werden, und nimmt sie institutionellen Charakter an. Institutionen statt Personen werden nun die Träger staatlicher, wirtschaftlicher, auch wissenschaftlich-technischer Macht und maximierter Machtkonzentration« (v. Martin 1965 d, S. 93).

Dieser Strukturwandel wirkt dann wiederum auf das handelnde Subjekt zurück und führt dazu, »dem sich so souverän dünkenden Individuum das Mark der Freiheit aus den Knochen (zu) saugen« (v. Martin 1956 a, S. 16).

»Die Peripetie bürgerlicher Entwicklung« setzt also da ein, »wo die fortschreitende Rationalisierung – sachlichen Notwendigkeiten folgend – aufhört, ein bloß individuellen Zwecken dienendes Mittel zu sein und – eine eigene, autonome Dynamik entwickelnd – ihrerseits zum maßgeblichen Faktor wird« (v. Martin 1962, S. 426). Den Umschlag von der Vorherrschaft des handelnden Individuums zur Dominanz der von ihm hervorgebrachten Strukturen datiert v. Martin um den ersten Weltkrieg (vgl. v. Martin 1962, S. 426; v. Martin 1965 a, S. 17). Damit aber setzt ein neuer Strukturtypus moderner Gesellschaft ein, den man als »nachbürgerliche Gesellschaft« bezeichnen kann[8] und der die westliche Nachkriegsgesellschaft bereits wesentlich bestimmt.

v.3. Die nachbürgerliche Gesellschaft

Was sind die Strukturmerkmale dieser nachbürgerlichen Gesellschaft?

Grundlegend für die nachbürgerliche Gesellschaft ist der Prozeß der Rationalisierung. Rationalität hat aufgehört, ein bloß individuellen Zwecken dienendes Mittel zu sein. Sie hat sich zu einem umfassenden autonomen Prozeß aufgeschwungen, der unabhängig vom Willen der Individuen abläuft, der seine eigene Dynamik entwickelt, welche, von Enklaven abgesehen, alle Lebensbereiche erfaßt – ein Prozeß, der »mit der Gewalt objektiver Zwangsläufigkeit und eines psychologischen Imperativs« wirkt (v. Martin 1962, S. 426). Das in der nachbürgerlichen Gesellschaft »leitend gewordene Prinzip läßt sich (als) die konsequent zu Ende gedachte Rationalisierung bezeichnen« (v. Martin 1962, S. 427).

Der Prozeß der Rationalisierung schlägt sich besonders in drei Bereichen nieder: Produktion (Technisierung), gesellschaftliche Lebensformen (Bürokratisierung) und Moral (von der »substantiellen« zur »funktionellen Moral«).

Im Bereich der Produktion ist die nachbürgerliche Gesellschaft durch eine Eigendynamik der technischen Entwicklung be-

8 Der Terminus »nachbürgerliche Gesellschaft« taucht als solcher bei v. Martin nicht auf, lediglich gelegentlich variiert als »nachbürgerlich« o. dgl. Er entspricht aber durchaus der Sichtweise v. Martins. Die bürgerliche Gesellschaft sieht er durch die Qualitäten von Rationalität und Individualität bestimmt: »Nur solange diese spannungsvolle Synthese sich hält, ist aber von bürgerlicher Gesellschaft zu sprechen«, wogegen die westliche Nachkriegsgesellschaft »wegen dieses Zurücktretens des individuellen Faktors nicht mehr als (schlechthin) bürgerlich zu bezeichnen ist« (v. Martin 1962, S. 418). Der Münchener Kultursoziologe polemisiert gegen diejenigen, »die das Ende des bürgerlich-individualistischen Zeitalters nicht wahr haben wollen« (v. Martin 1961, S. 656). Und an anderer Stelle heißt es: »Unsere Gesellschaft hat keine spezifisch bürgerliche Struktur mehr« (v. Martin 1962, S. 443). Oder: »Wo weniger individuell als rationell gewirtschaftet wird, wie es heute in zunehmendem Maße der Fall ist, so ist schon der Weg eingeschlossen zu einer nachbürgerlichen Wirtschaftsweise« (v. Martin 1974 e, S. 175).

stimmt. Technik ist nicht mehr Mittel zum Zweck, sondern Selbstzweck. Sie wird nicht mehr von den Erfindungen einzelner vorangetrieben, sondern durch ein wachsendes Heer wissenschaftlich geschulter Fachkräfte, die typischerweise im »team work« arbeiten (vgl. v. Martin 1962, S. 426f.).

Die Bürokratisierung verwandelt die ehemaligen Selbständigen in Abhängige, in Angestellte und Beamte. Wie überhaupt, sieht v. Martin auch hier die Entwicklung in den USA, dem »einstigen Musterland der Bürgerlichkeit« (v. Martin 1962, S. 445), als prototypisch an: Zu Anfang des 19. Jahrhunderts machten die Selbständigen vier Fünftel der Gesamtbevölkerung aus; schon 1940 hatte sich dieses Verhältnis umgekehrt (den aktuellen Stand beziffert er auf 87% Abhängige; v. Martin 1962, S. 427). Die Bürokratisierung der Gesellschaft wird durch die Bevölkerungsvermehrung begünstigt.[9]

Paradigmatisch für die Bürokratisierung der Gesellschaft steht die Entwicklung in der wirtschaftlichen Sphäre. Hier haben die großen Kapitalgesellschaften das freie Unternehmertum weitgehend verdrängt. Die Monopolisierung vermachtet die Märkte und läßt »der unabhängigen Unternehmung des ›freien Mannes‹ kaum noch eine Chance. Während unter den führenden amerikanischen Geschäftsleuten der ersten Hälfte des 19. Jahrhunderts nahezu die Hälfte aus den unteren Schichten stammte, ist inzwischen der ›american dream‹ ein anachronistischer Wunschtraum geworden« (v. Martin 1962, S. 431). Unternehmensleitung ist nunmehr »technische Angelegenheit«, »Verwaltungssache« (ebenda); Schumpeters schöpferischer Unternehmer gehört der Vergangenheit an. Die Leitung obliegt einem Führungskollektiv.

Vergleichbare Tendenzen zeigen sich auch im Bereich des Staates. Auch hier tritt das Individuum hinter Kollektivitäten zurück. Die Zunahme staatlicher Funktionen führt zu einer Ausweitung der Staatsbürokratie, deren effektive demokratische Kontrolle immer schwieriger wird. Das Parlament sieht v. Martin »zum offiziellen Schauplatz politischer Vordergrundsdemonstration herabgesunken«. Die eigentliche Macht liegt bei »Lobbies« und »Interessenverbänden«, »wo sich die wirklich entscheidenden Vorgänge ab-

9 »Wie hätte, bei so schnellem Bevölkerungswachstum, der größte Teil der zusätzlichen Menschenmenge anders als in abhängigen Stellungen unterkommen sollen?« (v. Martin 1965 a, S. 20).

spielen«. Die Bürokratisierung des politischen und gesellschaftlichen Lebens erstickt das demokratische Interesse an Politik (vgl. v. Martin 1962, S. 440 f.; auch v. Martin 1965 d, S. 108 f.).[10] Auf der kulturellen Ebene konstatiert v. Martin, sich an ein Begriffspaar Karl Mannheims anlehnend, die Verdrängung »substantieller Moral« durch »funktionelle Moral«.[11] Die »substantielle Moral« als »eigentliche« Moral beruht auf »bestimmten (qualitativen) Gehalten«, die emotional oder traditional begründet sind. Dagegen ist die »funktionelle Moral« lediglich am »reibungslosen ›Funktionieren‹ von Zweckeinrichtungen« orientiert (vgl. v. Martin 1956 d, S. 89 f.). Die wachsende Bedeutung funktioneller Moral beschreibt v. Martin wie folgt:

> »Und nun vollzieht sich – infolge der immer stärkeren funktionellen Durchrationalisierung und Durchtechnisierung unserer Gesellschaft und unserer Kultur, in Verbindung mit ihrer Demokratisierung und Vermassung – auch auf dem Gebiete der Moralität ein Prozeß, der die substantiellen Gehalte zunehmend neutralisiert, also praktisch ausschaltet, und das ganze Schwergewicht auf Verhaltensweisen verlagert, die einem optimalen Funktionieren von Zweckinstitutionen dienen« (v. Martin 1956 d, S. 90). »Maßstäbe sittlicher Ordnung werden zunehmend irrelevant in den durch den Rationalisierungs- (also den Bürokratisierungs- und Technisierungs-) Prozeß geschaffenen, völlig heteronomen Zusammenhängen; in ihnen ist für sie kein Raum mehr ...« (v. Martin 1956 a, S. 19 f.).

Dieser Prozeß von der substantiellen zur funktionellen Moral

10 Alfred v. Martins Sichtweise von Staat und Politik ist wesentlich von den Erfahrungen der Adenauer-Ära geprägt, was besonders in folgendem Satz deutlich wird: »Wo schließlich eine Regierung – mag sie auch formal auf liberal-demokratischem Wege zustande gekommen sein –, auf eine kompakte Majorität sich stützend, über die oppositionelle Minderheit wie über die öffentliche Meinung achtlos und achtungslos hinweggeht, da ist auch die Kritik unabhängiger Geister, welche die öffentliche Meinung für eine lebendige Demokratie zu gewinnen versuchen, von vornherein zur Wirkungslosigkeit verurteilt, und ein Gefühl der Ohnmacht lähmt alles demokratische Bewußtsein« (v. Martin 1962, S. 441).

11 Mannheim hat in seinem Exilwerk *Mensch und Gesellschaft im Zeitalter des Umbaus* (1940) die Begriffe »funktionelle« und »substantielle« Rationalität geprägt (Mannheim 1958, S. 61-67).

steht im Zusammenhang damit, daß die »Einzelbereiche des Lebens und der Kultur zunehmend sich autonom machen – d. h. aus dem sozialen und moralischen Gesamtsinngefüge herausfallen und sich gegeneinander isolieren« (v. Martin 1956 d, S. 78). In moderner soziologischer Sprache ausgedrückt: Die Subsysteme der nachbürgerlichen Gesellschaft werden zunehmend selbstreferentiell, und damit »ist die Prädisposition gegeben für die Ausbildung von Sondermoralen, die nur nach einem Sondernutzen fragen und nach der Zweckgemäßheit von Mitteln, aber weder nach ihrer sittlichen Erlaubtheit noch nach dem Sinn der mit ihrer Anwendung verfolgten Zwecke« (v. Martin 1956 d, S. 78). Die Aushöhlung substantieller Moral wird verstärkt durch moderne Propagandatechniken (vgl. v. Martin 1956 d, S. 90).
Mit diesen Prozessen, insbesondere mit der Bürokratisierung, geht eine tiefgreifende Veränderung des Sozialcharakters einher – zum »entindividualisierten, ›außengeleiteten‹ (nachbürgerlichen) Typ« (v. Martin 1965 d, S. 104). Als prototypisch sieht v. Martin auch hier die Wirtschaft an. An die Stelle der »selbständigen Unternehmer-Persönlichkeit«, die v. Martin idealtypisch in den großen Industriekapitänen des 19. Jahrhunderts verkörpert sieht, tritt der »organisation man«. Die »heutige Generation« unterzieht sich nicht mehr dem freien Wettbewerb, sondern »drängt« in die Großorganisationen, »um in ihnen die Stufenleiter der Hierarchie emporzusteigen« (v. Martin 1962, S. 431). Sozialer Aufstieg vollzieht sich nicht mehr durch »reine Tüchtigkeit«, sondern auch »Dienstalter« und »persönliche Beziehungen« sind gewichtige Faktoren (ebenda). Daraus erwächst eine bürokratische Mentalität, die gekennzeichnet ist von Konformismus, nachlassendem Aktivismus und Sekuritätsbedürfnis (Ausnahme: die gesellschaftlichen Eliten). Das dem nachbürgerlichen Menschen »vorschwebende Wunschbild ist eine Verbindung von möglichst wenig Arbeit und Anstrengung und möglichst hohem ›Lebensstandard‹: das summum bonum eines Optimums an Statik« (v. Martin 1962, S. 433) – ein auffälliger Kontrast zu »puritanisch-dynamischem Arbeitsethos und -pathos« (ebenda). Der nachlassende Aktivismus manifestiert sich nicht nur in der Arbeitssphäre. »Die – früher spontanen – Betätigungen des homo ludens sind größtenteils abgelöst durch ein Zuhören und Zuschauen bei (automatisch frei Haus gelieferten) für die Massennachfrage mechanisch reproduzierten Darbietungen von Spezialisten« (v. Martin 1962, S. 434).

Dem bürokratisierten, administrierten korrespondiert der konsumorientierte Menschentyp. Solange die Chance des Aufstiegs zur Unabhängigkeit bestand, lag es dem bürgerlichen Menschen nahe, alle Kräfte zur Erreichung dieses Ziels einzusetzen. Da diese Chance kaum noch besteht, eröffnet sich als Äquivalent, den »persönlichen Geltungsdrang« zu befriedigen, die Konsumsphäre, also der demonstrative Konsum (v. Martin 1962, S. 433). Eine weitere typische Eigenschaft des nachbürgerlichen Menschen ist seine Außengeleitetheit (hier folgt v. Martin David Riesmans *The Lonely Crowd*; vgl. u. a. v. Martin 1965 a, S. 22, v. Martin 1965 d, S. 104).

In der nachbürgerlichen Gesellschaft sind auch die Chancen einer »tätigen individuellen Sittlichkeit«, also eines wertrationalen Handelns, sehr eingeschränkt. »Bei dem mehr oder weniger unpersönlichen Charakter, den in einer technisierten und bürokratisierten Welt Funktionen zwangsläufig besitzen, hat das alte bürgerlich-humane, auf individueller Basis ruhende Ethos kaum mehr reale Möglichkeiten, sich zur Geltung zu bringen« (v. Martin 1961, S. 656).

Der entindividualisierte nachbürgerliche Mensch ist nicht nur ein Produkt der rationalisierten Gesellschaft, sondern auch Bedingung für ihr reibungsloses Funktionieren. Nur ein genormter, funktional handelnder, manipulierbarer Mensch ist ein geeignetes Objekt rationalisierter Organisation und Planung:

> »Und je rationaleren Charakter die Struktur einer Gesellschaft annimmt, um so mehr wird man überall den Zufall auszuschalten suchen. Was man da braucht, ist die von der individuellen Person getrennte (objektive) Leistung als solche und der unbedingt manipulierbare Mensch, das heißt derjenige, der durch grundsätzliches Absehen von allem Individuellen auf seine reine Funktion reduziert ist« (v. Martin 1965 d, S. 96).

In einer Welt der Meßbarkeit und »Rechenhaftigkeit« hat Individualität keinen Platz mehr. Die Rationalisierung der Gesellschaft vollendet sich in der Entpersönlichung des Menschen.

Entgegen dem Selbstverständnis des Westens, eine Gesellschaft der Freiheit zu sein, wird also durch die ihr eigenen Strukturen der Freiheitsraum des Individuums beschnitten. »Das Übermaß von institutionell organisierter, sachlich-unpersönlicher Ordnung engt unvermeidlich den äußeren Bewegungsspielraum des einzelnen Menschen zunehmend ein« (v. Martin 1956 h, S. 247). Dies gilt nicht nur für Betriebe, Verwaltungsorganisationen etc., auch in den politischen und gesellschaftlichen Interessenverbänden ist eine unentrinnbare Dialektik am Werk:

»Das Dilemma aber ist, daß der Abhängige (der in unserer Gesellschaft immer mehr den Regelfall darstellt) seine persönliche Freiheit nur schützen kann, indem er sich organisiert, seine Interessen also ›vertreten‹ läßt durch eine körperschaftliche Gruppe, und daß eben die Organisationen – indem sie sich (zwangsläufig) zu ›Apparaten‹ auswachsen, die eine Eigenmacht entwickeln (und entwickeln müssen, wenn sie (auch Freiheits-)Interessen wirksam vertreten sollen) – ihrerseits zu Gefährdungen der Freiheit werden. Darin liegt die Tragik des Schicksals beschlossen, das wie der repräsentativen Demokratie so den Gewerkschaften und jeglichem Selbstschutz heute beschieden ist« (v. Martin 1956 b, S. 49 f.).

Fazit: Die Zeit des bürgerlichen Individualismus ist vorbei. »Die Rationalisierung und Funktionalisierung aller Verhältnisse ist nun einmal gegenwärtiges Schicksal« (v. Martin 1961, S. 656).

Bleibt noch zu erwähnen, daß v. Martin die Rationalisierung nicht nur historisch-soziologisch auf bürgerliche Mentalität zurückführt, sondern – und das verleiht dem Alterswerk des Spätmandarins eine unerwartete feministische Note – sekundär auch anthropologisch mit der Natur des Mannes in Verbindung bringt (vgl. v. Martin 1956 d, S. 78-80):

»Typisch männlichen Geist atmet die Durchrationalisierung unserer (zunehmend technifizierten) Daseinsordnung und unserer (radikal intellektualisierten) Geistigkeit ... Und dazu gesellt sich, als die irrationale Komponente der Entwicklung, ein nicht minder den Mann kennzeichnendes prononciert willensmäßiges und aktives Element, verbunden mit einem ideologischen Kult dieses starken – in der Gewalttätigkeit gipfelnden – Willens« (v. Martin 1956 d, S. 79).

»In allen Tendenzen zu abstrakter Planung, als der modernen Weise, zu okkupieren, zu annektieren und zu unterdrücken, ist etwas von der Neigung des typischen Mannes, Dinge und Menschen unter seine Gewalt zu bringen – sie zu ›vergewaltigen‹: indem er nämlich, irgendeinen technokratischen Nutzeffekt im Auge, rücksichtslos und überall organisiert, auch wo das nur ruinös wirken kann« (vgl. v. Martin 1956 d, S. 80).

Die latente Kulturkrise der nachbürgerlichen Gesellschaft hat in-

sofern auch einiges mit der »einseitige(n) und hypertrophische(n) Entwicklung des spezifisch männlichen Elements in Gesellschaft und Kultur« (v. Martin 1956 d, S. 78) zu tun.
Unter methodischen Gesichtspunkten sei noch folgendes angemerkt: (a) Alfred v. Martins Beschreibung der modernen nachbürgerlichen Gesellschaft bezieht sich auf deren fortgeschrittenste Region, die USA. (b) Die Analyse versteht sich als idealtypisch sowohl in ihrer Kontrastierung zur bürgerlichen Gesellschaft als auch in Konzentration auf ihre zugespitzt modernsten Erscheinungen: »nur solche methodische Überpointierung, an Hand einigermaßen extremer Realisationsformen, läßt die das sonst völlig unübersichtliche Bild ordnenden großen Linien hervortreten« (v. Martin 1962, S. 433). (c) Die empirische Grundlage wird nicht recht deutlich, da v. Martin nach Art der historischen Soziologen oft keine Quellenangaben macht. So wird nicht ganz klar, woher er sein Wissen über die moderne amerikanische Gesellschaft bezieht. Jedenfalls hat er Werke von Charlotte Lütkens (*Staat und Gesellschaft in Amerika*, 1929), David Riesman (*The Lonely Crowd*, 1950), C. Wright Mills (*White Collar*, 1951), Vance Pakkard (*The Status Seekers*, 1959) rezipiert.[12]

v.4. Die Krise des Intellektuellentums

Obwohl v. Martin den Terminus selbst kaum benutzt, kann man die Lage der Gegenwart als »Kulturkrise« qualifizieren, insofern »Maßstäbe sittlicher Ordnung zunehmend irrelevant (werden) in den durch den Rationalisierungs- (also den Bürokratisierungs- und Technisierungs-)Prozeß geschaffenen, völlig heteronomen Zusammenhängen; in ihnen ist für sie kein Raum mehr ...« (v. Martin 1956 a, S. 19 f.). Diese Kulturkrise steht nun in engster Beziehung mit dem Niedergang des Intellektuellentums in der nachbürgerlichen Gesellschaft, denn es ist ja gerade Angelegenheit der Intellektuellen, Grundwerte zu artikulieren und ihnen gesellschaftlich zur Geltung zu verhelfen.
Dem Begriff des Intellektuellen ist der (nicht identische) Begriff der »Intelligenz« oder »Intelligenzschicht« vorauszuschicken.

12 Dies geht insbesondere aus v. Martins Rezension von Packards *The Status Seekers* hervor (vgl. v. Martin 1960).

Die Intelligenzschicht, die man mit Bildungsschicht gleichsetzen kann, differenziert v. Martin idealtypisch in »technische« und »kulturtragende Intelligenz«. Jener »(ist) der Intellekt ein Mittel zur (wirtschaftlichen oder politischen) Machtsteigerung im Dienste praktischer Zwecke, die von der Existenzsicherung über die Erhöhung des Lebenskomforts bis zur Erringung der Macht um ihrer selbst willen reichen«. Dieser geht es um »Erhöhung oder wenigstens Erhaltung menschlichen Seinsniveaus« (v. Martin 1956 i, S. 250).
Anders als »Intelligenz« ist der Begriff des »Intellektuellen« nicht an die Bildungsschicht geknüpft. Zu den Intellektuellen gehört, »wer von geistigen Impulsen angetrieben wird, von geistigen Anliegen erfüllt ist und, nach welcher Richtung auch immer, sich geistig engagiert fühlt« (v. Martin 1965 f, S. 185). Die Grundhaltung des Intellektuellen ist bestimmt durch eine Gesinnung, welche an geistige Werte glaubt, unabhängig von der Frage ihrer etwaigen funktionalen Nützlichkeit (vgl. v. Martin 1965 f, S. 204). In diesem Sinne können auch Menschen außerhalb der Bildungsschicht Intellektuelle sein, faktisch aber konzentriert sich das Intellektuellentum auf die kulturtragende Intelligenz.[13] Zum »sozialen Faktor« wird der Intellektuelle, »wenn er nicht beim bloßen Denken als solchem stehen bleibt, sondern, von ethischen Energien befeuert, im Sinne geistiger Werte, deren allgemeine (also soziale) Bedeutsamkeit ihm gewiß ist, auf die Gesellschaft einzuwirken sucht« (v. Martin 1965 f, S. 192), wobei seine effektive gesellschaftliche Relevanz von der Resonanz abhängt.
Historisch beginnt das Intellektuellentum in der Renaissance. Im Mittelalter war die Frage nach Ordnung und Sinn der Welt noch durch »glaubensmäßig fixierte Tradition« gelöst. Die Prozesse der Individualisierung, Liberalisierung und Mobilisierung schaffen die sozialen Voraussetzungen des freien Intellektuellen. Einen besonders günstigen sozialen Nährboden stellt die aristokratisch-großbürgerliche Gesellschaft dar, in der »aristokratische Kultiviertheit« mit »bürgerlicher Freiheitlichkeit und Gebildetheit« koexistiert (v. Martin 1956 k, S. 278). Prototypisch ist hier die Renaissance:

»In ihr verbindet sich eine liberale Atmosphäre mit sublimiertem Genußsinn, der empfänglich ist für alles künstlerisch und

13 Zur Definition des Intellektuellen vgl. auch v. Martin 1974 e, S. 173.

geistig Bedeutende. Diese Menschen sind noch nicht derart extravertiert, d. h. noch nicht so ausschließlich auf die ›Welt‹ (als die Sphäre von Reichtum und Macht) hin orientiert, daß nicht ein aus dem Finanzkapital aufgestiegener Fürst wie Lorenzo Magnifico noch die Muße fände und den inneren Drang verspürte, in seiner Villa Careggi die Edelsten der Intelligenz seiner Zeit um sich zu sammeln zu platonischen Gesprächen, d. h. zur Beschäftigung mit den ewigen Ideen, zur Besinnung auf das in allem Wechsel der Weltdinge geistig Bleibende, Göttliche« (v. Martin 1956 k, S. 278 f.).

Weniger günstige Bedingungen bietet hingegen ein rein bürgerliches, protestantisches Milieu. Schon »mit dem Aufstieg einfacherer, mittelständischer Schichten aber kam (in religionssoziologischem Zusammenhang mit asketischen – puritanischen und pietistischen – Bewegungen im Protestantismus) ein anderer Geist empor, für den auch Bildung und Kunst, überhaupt alle Weltkultur ... zu verwerfen war« (v. Martin 1956 k, S. 279). Der Vorrang von Leistungswerten vor Seinswerten bestimmt auch die Zeit des »Hochkapitalismus« im 19. Jahrhundert.

Wie aber steht es nun um ein unabhängiges Intellektuellentum und seine sozialen Ausstrahlungschancen in der nachbürgerlichen Gesellschaft?

Voraussetzung für autonomes Intellektuellentum ist wirtschaftliche Unabhängigkeit. In der nachbürgerlichen Gesellschaft ist jedoch das Abhängigendasein typisch. Insofern ist die Sozialstruktur der nachbürgerlichen Gesellschaft unabhängigem Intellektuellentum abträglich.

In der nachbürgerlichen Gesellschaft bemißt sich Sozialprestige vornehmlich nach der Einkommenshöhe. M. a. W.: Es zählen materielle und nicht geistige Werte. Der Intellektuelle zeichnet sich aber gerade dadurch aus, daß er ideelle Werte vor persönliche materielle Vorteile stellt (vgl. v. Martin 1965 f, S. 223). Damit aber läßt sich in der nachbürgerlichen Gesellschaft keine gesellschaftliche Anerkennung erwerben (vgl. v. Martin 1965 f, S. 235), und das macht das Intellektuellendasein unattraktiv.

In der bürokratisierten Gesellschaft ist unbequeme Unabhängigkeit nicht gefragt, »überall will man, statt Persönlichkeiten mit Sondervorzügen, den fungiblen und dabei anpassungsfähigen und anpassungswilligen Typus« (S. 232). Die konformitätsfördernden Werbe- und Psychotechniken bewirken ein übriges.

Die nachbürgerliche Gesellschaft ist also kein günstiger sozialer Nährboden unabhängigen Intellektuellentums. Doch das ist nicht alles. Auch die Resonanzchancen des Intellektuellen sind gering. Die Machtträger empfinden ihre Kritik als störend und versuchen sie auszuschalten.[14] »Die Masse« ist an Freiheit wenig interessiert; ihr geht es vornehmlich um »die unbehinderte weitere Steigerung des materiellen Status« (v. Martin 1965 k, S. 231). Die Bürokratien wissen mit den Äußerungen der Intellektuellen wenig anzufangen. Kritik stört den glatten Ablauf bürokratischer Vorgänge, und Werte sind mit den Regeln bürokratischer Systeme schwer vermittelbar.

Es besteht also wenig Nachfrage nach intellektueller Kritik. Die besteht hingegen nach Fachwissen. Der Prozeß der Technisierung vergrößert das Heer der technischen Intelligenz, und er vermehrt vor allem die gesellschaftliche Relevanz ihres Fachwissens. Auch die kulturtragende Intelligenz vermehrt sich »im Zusammenhang mit der demokratischen Verbreiterung der Bildung«, aber mit der Folge, »daß ihr Durchschnittsniveau notwendig sinken mußte«, was zu einem weiteren Prestigeverlust führt (vgl. v. Martin 1965 f, S. 234).

Mit der Bürokratisierung wächst eine weitere Spezies heran, die den Intellektuellen zu verdrängen droht: der Funktionär. Dieser ist, anders als der Intellektuelle, nicht geistigen Werten, sondern den Interessen seiner Institution verpflichtet.

Die kulturtragende Intelligenz, soweit sie sich nicht »dem Geschmack eines immer mehr fluktuierend werdenden Großstadtpublikums« anpaßt, zieht sich unter diesen Umständen in »esoterische, private kleine Kreise zurück, womit sie sich selbst isoliert und sich aus allen echten gesellschaftlichen Beziehungen löst« (v. Martin 1956 k, S. 282). Die Ausstrahlungskraft auf die Gesellschaft kann dann nur sehr gering sein.

Fazit: Die nachbürgerliche Gesellschaft ist ein ungünstiger Nähr-

14 »Natürlich macht ... der unabhängige Kritiker bei allen offiziellen Stellen ... sich unbeliebt; und sie werden ihn, der ihnen unbequem, ein Ärgernis ist, unter Druck zu setzen suchen und bemüht sein, jede auf Unabhängigkeit Wert legende Kultureinrichtung, etwa den Rundfunk oder das Fernsehen (durch öffentliche Subventionen und durch Hineinregieren) in ihrer Freiheit zu beschränken und zum Instrument zu machen« (v. Martin 1965 f, S. 224 f.).

boden intellektueller Aktivitäten und Wirkungsmöglichkeiten.[15] In großer historischer Perspektive gesehen, geht der wissenssoziologische Prozeß von geistlichem »Heilswissen« über wertrationales verweltlichtes »Bildungswissen« zum technischen, zweckrationalen Wissen der technischen Intelligenz, das die nachbürgerliche Epoche charakterisiert und bestimmt (vgl. v. Martin 1956 i, S. 255).[16] »Das Wissen wird nun gewertet als sachdienliches Mittel, um unbeschränkte Herrschaft zu gewinnen – über ›die Natur‹ und über die Menschen« (v. Martin 1956 i, S. 255). In einer Zeit, in der »der Maßstab der (geldwertlichen) Leistung und ihres äußeren Erfolges Alleingeltung gewinnt«, erscheint das Bildungswissen der kulturtragenden Intelligenz als »geistiger ›Luxus‹«, als letztendlich gesellschaftlich überflüssig (vgl. v. Martin 1956 i, S. 257).
Dagegen beharrt v. Martin auf der Notwendigkeit eines unabhängigen, werttragenden, kritischen Intellektuellentums. Er hält es für unabdingbar als geistiges Gegengewicht gegen politische und ökonomische Macht und gegen technokratische Selbstherrlichkeit. »Gerade in einer durchtechnisierten Welt ist als erhaltender Faktor ein geistiges Gegengewicht ... vonnöten, soll der Mensch ein eigenwertiges, selbstzweckliches Wesen sein und bleiben und nicht zum bloßen Mittel werden, um das Funktionieren eines Kollektivmechanismus' aufrechtzuerhalten« (v. Martin 1965 f, S. 236). Ohne die Intellektuellen als »sozialer Faktor« droht ein Verlust an Menschlichkeit.
Unklar bleibt allerdings, wie unter den von v. Martin beschriebenen Strukturbedingungen der nachbürgerlichen Gesellschaft ein starkes und wirkungsvolles Intellektuellentum gedeihen kann. Der Münchener Kultursoziologe beschränkt sich auf die Forderung einer »›freien‹, d. h. außer- und überberuflichen Bildung im Humboldtschen Sinn ..., welche Geistigkeit um ihrer selbst willen pflegt« (v. Martin 1965 f, S. 236).

15 Spielräume intellektueller Entfaltung gibt es natürlich dennoch, solange kein »Meinungs- und Glaubensmonopol« besteht (vgl. v. Martin 1961, S. 660).

16 »Man kann die geistige Dominanz des ›Heilswissens‹ und die metaphysische Ausrichtung philosophischen Nachdenkens als typisch für die vorbürgerliche Stufe, die Tendenz zum ›Leistungswissen‹ einerseits, zu einem säkularisierten ›Bildungswissen‹ andererseits als typisch frühbürgerlich und die Konzentration auf ›Herrschaftswissen‹ als spät- und nachbürgerlich klassifizieren« (v. Martin 1965 g, S. 241).

V.5. Die »Legende von der ›überwundenen‹ Klassengesellschaft«[17]

Die Frage nach dem Klassencharakter der Nachkriegsgesellschaft – der zweite zeitdiagnostische Schwerpunkt des späten Alfred v. Martin – beschäftigte auch die deutsche Nachkriegssoziologie; auf diesem Feld erbrachte sie im Zeichen der Dominanz empirischer Sozialforschung ihre wichtigsten theoretischen Beiträge (Geiger 1949, König 1949, Schelsky 1953, Dahrendorf 1957). Dabei wurde überwiegend die Auffassung vertreten, daß die Gegenwart nicht mehr als kapitalistische Klassengesellschaft qualifiziert werden könne. Theodor Geiger (1949) sah die Klassengesellschaft im »Schmelztiegel«, und Schelsky prägte den berühmten Begriff der »nivellierten Mittelstandsgesellschaft«, zu der sich die dichotomische Klassengesellschaft des 19. Jahrhunderts entwickelt habe (Schelsky 1953). Lediglich Dahrendorf (1957) warnte davor, die klassengesellschaftliche Komponente zu unterschätzen. Welchen Standort nahm v. Martin ein?

Kommen wir zunächst zur Begrifflichkeit: v. Martin arbeitet mit einem an Marx angelehnten Klassenbegriff. Primäres Kriterium ist der Besitz bzw. Nichtbesitz von Produktionsmitteln. Ferner postuliert er, über Marx hinausgehend, daß die betreffenden »Bevölkerungsteile ... durch ihre ökonomische Lage (und das ihr entsprechende Bewußtsein) wie durch unübersteigbare Barrieren voneinander getrennt sind« (v. Martin 1956 B, S. 134). Das Schichtungsbild der Gegenwart wird komplettiert durch »Stände«, die aus vorindustriellen Zeiten in der kapitalistischen Klassengesellschaft überlebt haben. Es handelt sich dabei um das Bauerntum sowie um den »alten« Mittelstand. Die Angestellten stellen eine Schicht sui generis zwischen Stand und Klasse dar, indem sie sich der objektiven Lage nach in der Nähe des Proletariats befinden, ihrem Bewußtsein nach aber einen eigenen Stand bilden.

In puncto »Klassengesellschaft« unterscheidet v. Martin den europäischen Normalfall und den »amerikanischen Sonderfall«. In Europa herrschten namentlich im 19. Jahrhundert Verhältnisse, welche die Kriterien des Klassenbegriffs voll erfüllen: eine Scheidung von Produktionsmittelbesitzern und abhängigen Nichtbe-

17 Vgl. v. Martin 1965 a, S. 28.

sitzern, ein durch ständische Traditionen verfestigtes Bewußtsein und materiell wie bewußtseinsmäßig bedingte schwer überwindbare soziale Schranken. Anders verhielt es sich in den USA: Auch dort gab und gibt es gewaltige ökonomische Unterschiede, aber keine verfestigte Sozialstruktur. Aufstiegsschancen waren gegeben, die Arbeitsmarktsituation stellte sich günstiger dar als in Europa, ein proletarisches Klassenbewußtsein bildete sich nicht heraus. Aufgrund der Traditionslosigkeit gibt es keine ständischen Bewußtseinsbarrieren. Zudem tritt der Interessengegensatz zwischen Kapital und Arbeit hinter anderen Konfliktlinien zurück (etwa: Stadt/Land, Einheimische/Fremde; vgl. v. Martin 1956 B, S. 134-145).

Alfred v. Martin bestätigt, daß die Gegenwartsgesellschaft gegenüber dem Kapitalismus des 19. Jahrhunderts wichtige Wandlungen erfahren hat. So hat sich, wie noch Marx selbst erkannte, die Eigentumsstruktur verändert. Mit dem Aufstieg der Großunternehmen, namentlich der Aktiengesellschaften, kommt es zur Trennung von Eigentum und Leitung (v. Martin 1965 c, S. 56 f.).[18] Der soziale Stellenwert des Besitzes sinkt. »In einer Ära der Weltkriege, Inflationen, Vertreibungen« garantiert Besitz keine Sicherheit mehr (v. Martin 1965 c, S. 57 f.). Darüber hinaus unterliegt die Verfügungsfreiheit über Besitz rechtlichen Beschränkungen. Vor allem aber: »An die Stelle des (viel oder wenig) Habens ist immer mehr das (beruflich qualifizierte) Können getreten« (v. Martin 1965 c, S. 58). Berufliche Leistung ist für den sozialen Status wichtiger als der Besitz, und Maßstab dafür ist das Einkommen (v. Martin 1956 B, S. 148). – Die technische Entwicklung hat entgegen der Marxschen Erwartung nicht zu einer Vereinheitlichung der Arbeiterschaft geführt, sondern zu ihrer Differenzierung. Die materielle Lage der Arbeiterschaft hat sich, entgegen dem Verelendungstheorem, verbessert – aufgrund des wachsenden Bedarfs an

18 Allerdings sieht v. Martin »ungeachtet der formalen Trennung« eine nach wie vor bestehende »faktische Verfilzung ... zwischen Herrschaftsfunktion und Besitzinteresse, indem die verfügungsmächtigen und angestrengt arbeitenden Manager zusammenhalten mit den kapitalstarken Inhabern von Aktienpaketen« (v. Martin 1961, S. 650). Insofern bestehe ein »informelle(s) Condominium (also eine faktische Machtteilung) zwischen den Großfunktionären, die mit der tatsächlichen Verfügung über die Produktionsmittel betraut sind, und den dominierenden Kapitalgebern« (v. Martin 1969 a, S. 144).

qualifizierter und hochqualifizierter Arbeit, des wachsenden Einflusses der Gewerkschaften und der Auswirkungen der Massenproduktion (vgl. v. Martin 1965 c, S. 59-61). Die Gefahr der Arbeitslosigkeit ist gesunken, die Mobilitätschancen hingegen sind gestiegen. Das revolutionäre, utopische Bewußtsein in der Arbeiterschaft ist geschwunden. Als »tiefgreifendste(n) Einschnitt in der sozialen Entwicklung seit Marx« beurteilt v. Martin die Einführung des Tarifvertragssystems. »Dadurch wurde dem bürgerlichen Eigentumsmonopol durch das Arbeitskraftmonopol ein Paroli geboten« (v. Martin 1965 c, S. 70-72). Damit wurde der Klassenkampf entschärft und »veralltäglicht« (ebenda). Hinzu kamen Institutionen der Mitbestimmung.

Soweit gesehen, ist der Beitrag v. Martins keineswegs originell. Diese Tendenzen wurden auch von Geiger, König und Schelsky erkannt. Bemerkenswert ist hingegen die *Interpretation*. Geiger, König und Schelsky deuteten diese Tendenzen dahingehend, daß die traditionelle kapitalistische Klassengesellschaft in Auflösung begriffen sei. Schelsky (1953) fügte die These hinzu, daß sich ein neuer Gesellschaftstypus herauskristallisiere: die »nivellierte Mittelstandsgesellschaft«. Ganz anders v. Martin. Auch er würdigt die modernen gesellschaftlichen Tendenzen als historisch bedeutsame Prozesse, zeigt aber auf, daß im Rahmen gewandelter Institutionen der Grundsachverhalt kapitalistischer Klassengesellschaft, Antagonismus der ökonomischen Interessen und Herrschaftsverhältnis im Betrieb, nach wie vor bestehe.

So wird durch die Änderung der Eigentumsstrukturen mit der Trennung von Kapital und Unternehmensleitung das »sozial Entscheidende« nicht tangiert: »Die wesentlichen Momente des Klassengegensatzes bestehen nach wie vor: die Zweiteilung in Planende und Anordnende ›oben‹ und Gehorchende, Ausführende ›unten‹, und mit dem Herrschaftsverhältnis der latente Interessenkonflikt« (v. Martin 1965 c, S. 59).

Die Differenzierung der Arbeiterschaft bedeutet keineswegs, daß sie keine Klasse mehr darstellt: »Sie kann, auch in ihrer jetzigen, in sich geschichteten Gestalt, da, wo das Gegensatzverhältnis zur Oberklasse sich aktualisiert, als geschlossene und kraftvolle Aktionseinheit auftreten« (v. Martin 1965 c, S. 61).

Auch die unbestreitbaren sozialen und materiellen Fortschritte der Arbeiterschaft heben den Klassencharakter nicht auf: »Relative Existenzsicherheit und ein nicht ungünstiger Lebensstandard genügen dem Arbeiter nicht, um für ihn den Klassengegensatz verschwinden zu lassen« (v. Martin 1956 c, S. 63). Denn der ist letztlich entscheidend bedingt durch das Herrschaftsverhältnis, das nach wie vor besteht.

Ferner sprengen auch erhöhte Mobilitätschancen nicht die Grundstrukturen der kapitalistischen Klassengesellschaft. Gewiß bedeuten sie, daß für den einzelnen Arbeiter »die Klassenzugehörigkeit den Charakter unentrinnbarer Schicksalshaftigkeit« verliert (v. Martin 1965 c, S. 65). Die Klasse als solche wird damit nicht aufgehoben; sie wird lediglich von einer »geschlossenen Gruppe« zu einer mehr »offenen Gruppe«. »Das Wesentliche ist, daß dadurch die Klasse nicht aufhört zu bestehen« (v. Martin 1965 c, S. 65).

Die Arbeiterschaft besteht also als »Klasse an sich« fort, aber auch als »Klasse für sich«. Gewiß geht der Arbeiterschaft inzwischen der revolutionäre Geist und die utopische Hoffnung ab. Aber besagt dies, daß ihr Klassenbewußtsein gänzlich abhanden gekommen ist? Mittels Hermann Schmalenbachs Begriff des »Bundes« gelangt v. Martin zu einer anderen Diagnose.

»Bund« beschreibt in Ergänzung zu »Gemeinschaft« und »Gesellschaft« (F. Tönnies) eine Sozialform, welche (anders als »Gemeinschaft«) nicht organisch-naturwüchsig entstanden ist, sondern aus Enthusiasmus für eine Sache, eine Idee, einen Führer begründet wird (vgl. Schmalenbach 1922). Die heroische Zeit der Arbeiterbewegung ca. 1870-1914 war eine »bündische« Phase: Sie war geprägt von charismatischen Arbeiterführern, massenwirksamen Ideen (sozialistische Gesellschaft, die das volle Menschsein verwirklicht) und chiliastischer Heilserwartung. Doch die Soziologie lehrt, daß es sich bei »Bund« stets um eine »transitorische Gesellungsform« (v. Martin 1956 B, S. 157) handelt. Ebendies gilt auch für die »bundähnliche Kampfgenossenschaft« der Arbeiterbewegung: »Eine solche Unmittelbarkeit und Lebendigkeit (Spontaneität) des Zusammenhaltens – die ohnehin zunächst Sache einer Elite ist, von ihr aus aber beispielhaft und suggestiv weiterwirkt – beschränkt sich naturgemäß im wesentlichen auf die eigentliche Kampfzeit« (ebenda). Danach tritt der »kämpferische Elan« für die Idee zurück gegenüber dem konkreten, individuellen ökonomischen Interesse. Nur ist dies keineswegs per se als Indiz dafür zu werten, daß es kein Klassenbewußtsein oder – mehr noch – keine Klassengesellschaft mehr gibt. Vielmehr haben, so v. Martin, die Arbeiterbefragungen[19] gezeigt, daß die Grundvorstellung einer in zwei Klassen geteilten Gesellschaft nach wie vor allen Arbeitern eigen sei, gerade auch den Hochqualifizierten. Zwar seien Züge von Resignation und Fatalismus gegenüber der Unternehmermacht nicht zu übersehen: »Doch auch ein Bewußtsein gemeinsam zu tragender Fatalität ... kann Solidarität auslösen« (v. Martin 1965 c, S. 70).

Selbst die staatliche Anerkennung des Tarifsystems, so wichtig es ist, stellt keineswegs eine Überwindung, sondern lediglich eine »Institutionalisierung« (Th. Geiger) des Klassengegensatzes dar. »(D)ie Institutionalisierung einer Spannung setzt logischerweise deren Fortbestehen voraus; der Kampf geht weiter, wenngleich nun nach bestimmten Spielregeln« (v. Martin 1965 c, S. 70 f.).

Das Fazit v. Martins: »Die Klassengesellschaft befindet sich ›im Schmelztiegel‹ (Theodor Geiger), doch der Klassengegensatz besteht weiter« (v. Martin 1956 B, S. 161).

An der These eines Fortbestehens der Klassengesellschaft hält v. Martin auch auf Betriebsebene fest. Seine betriebssoziologische Analyse setzt sich mit zwei Positionen auseinander: zum einen mit dem unternehmerischen Leitbild einer Betriebsgemeinschaft, zum anderen mit dem Konzept der amerikanischen Betriebssoziologie (Elton Mayo) eines »social engineering«, welches innerbetriebliche Konflikte auf dem Wege der Organisation und der Psychologie lösen möchte.

Das moderne Arbeitsverhältnis ist, im Gegensatz zur patriarchalisch, persönlich, gemeinschaftlich geprägten Beziehung zwischen Handwerksmeister und -gesellen der vorindustriellen Zeit, ein »typisch rationale(s) Arbeitsverhältnis, das in die Formen eines bürokratisierten Herrschaftsverhältnisses eingespannt und in eine Atmosphäre der Anonymität gebannt ist« (v. Martin 1956 B, S. 51 f.). Zweckrationalität[20], bürokratisch organisierte Herrschaft, Anonymität, dazu die rasche Fluktuation und funktionale

19 Dabei bezieht sich v. Martin besonders auf die Forschungen von Heinrich Popitz, Hans-Paul Bahrdt, Ernst August Jüres und Hanno Kesting (*Das Gesellschaftsbild des Arbeiters*, Tübingen 1957).

20 »Ein ›do ut des‹-Verhältnis wie der – auf Geldrechenhaftigkeit beruhende – Arbeitsvertrag ist seiner ganzen Wesensart nach nicht auf ein im Geiste der Gemeinschaftlichkeit aufzubauendes Verhältnis hin angelegt« (v. Martin 1956 B, S. 57).

Differenzierung[21] sind aber mit dem Anspruch einer Gemeinschaft (im Sinne von Tönnies) unvereinbar. Die Idee einer »Betriebsgemeinschaft« wird damit zu einer unternehmerischen Ideologie, welche die real bestehende Klassenspaltung verdecken soll. »›Betriebsgemeinschaft‹ (oder ›Werksgemeinschaft‹) ist also ein ideologischer Begriff: ein Ausdruck, der suggestiv wirken soll auf den, der geneigt ist, seine Arbeit als ›fremdbestimmt‹ und seine Einordnung als im fremden Interesse gelegen anzusehen« (v. Martin 1956 B, S. 58).

An dem ideologischen Charakter von »Betriebsgemeinschaft« ändern auch Maßnahmen betrieblicher Sozialpolitik wie »Werkwohnungsbau, Werkfürsorge, Sportvereine« nichts. »Denn die Motive solcher betrieblichen Wohlfahrtspolitik lassen sich samt und sonders zurückführen auf die Profit- und Machtziele eines (wenn auch ›wohlverstandenen‹) Werksegoismus; hinter all den dabei verfolgten Zwecken ... steht das Bestreben, die Freiheit des Arbeiters (über das durch die sachlichen Anforderungen intensiver Betriebsrationalisierung gerechtfertigte Maß hinaus) zu beschränken und ihn in jeder Weise vom Betrieb abhängig zu machen« (v. Martin 1956 B, S. 58 f.).

Im Rahmen der zweckrationalen Organisation des modernen Betriebes kann allenfalls »ein gewisses Gruppenselbstbewußtsein (... etwas wie ›Betriebsstolz‹ beim Arbeiter) sich entwickeln; doch ein eigentliches (mit Hingabefähigkeit gepaartes) Verbundenheitsgefühl, wie es echter Gemeinschaft eigen ist, kann es da nicht geben« (v. Martin 1956 B, S. 57). Die einzige Chance, etwas von wirklicher Gemeinschaftlichkeit in den modernen Betrieb einzuführen, sieht v. Martin darin, den großbetrieblichen Produktionsprozeß in kleine Arbeitsgruppen zu gliedern (vgl. v. Martin 1956 B, S. 59).

Auch Mayos Konzept einer sozialpsychologisch gesteuerten innerbetrieblichen Harmonie stößt bei v. Martin auf Ablehnung.

21 »Der Betrieb ist selber nichts als eine vielschichtige Organisation ... eines rationellen Zusammenwirkens von Technik, Buchhaltung und Verwaltung. Verteilte Funktionen, die in einem Funktionszusammenhang stehen, sind zu einer Leistungseinheit verbunden, die im Dienste eines Zweckhandelns steht. Entsprechend ist das zwischenmenschliche Verhältnis innerhalb der Organisation ein ›dienstliches‹ ...: die Einzelmenschen treten sich im Rahmen der Organisation als ›Funktionäre‹ gegenüber« (v. Martin 1956 B, S. 57).

Der reale Klassengegensatz wird hier zu einer propagandistisch bedingten individuellen Abirrung bagatellisiert. Mayos Konzept ist aus den spezifisch amerikanischen Verhältnissen zu verstehen, wo es »eine Klassengesellschaft, so wie wir in Europa sie kennen, nie gegeben hat und bis heute nicht gibt« (v. Martin 1956 B, S. 65). Es ist noch am ehesten für amerikanische Verhältnisse anwendbar. Im übrigen wird hier aus der »Auffassung der Soziologie als Krisentheorie der Gesellschaftsstrukturen ... eine an der Oberfläche haften bleibende Symptomdiagnose und Symptomtherapie« (v. Martin 1956 B, S. 65, Anm. 116).

v.6. Prognose und Programmatik

Auch für die absehbare Zukunft der Industriegesellschaft sieht v. Martin zwei Determinanten als unabänderlich an: Die eine besteht in sozialer Herrschaft, sei es durch »privatwirtschaftliche(s) Leitungspersonal« oder eine »staatliche Wirtschaftsbürokratie« (v. Martin 1965 a, S. 29; vgl. auch v. Martin 1961, S. 648). Die zweite Determinante liegt in der Rationalisierung aller Lebensbereiche, wobei nicht absehbar ist, »ob die Tendenz zur rationalen Versachlichung bis zur letzten Konsequenz ihrer immanenten Logik oder nur bis zu einem existentiell sinnvollen Punkte gehen« wird (vgl. v. Martin 1961, S. 655). Es kann nur darum gehen, Herrschaft möglichst zu minimieren – der Spielraum ist nicht groß – und in einer rationalisierten Gesellschaft größtmögliche Freiheitsräume zu bewahren. In diesem Rahmen bewegt sich die Programmatik v. Martins.

Herrschaft ist unvermeidbar, aber sie muß auf das notwendige Maß minimiert werden, durch Arbeitsrecht und gewerkschaftliche Gegenmacht, die nicht durch Partnerschafts- oder Mitbestimmungsideologien unterlaufen werden darf.[22] Soziale Herrschaft muß zweitens so erträglich wie möglich gemacht werden, indem sie versachlicht wird durch »unbedingte

22 »Mögen die Kampfformen noch so sehr sich gemildert haben und weiter mildern, das grundlegende Verhältnis bleibt immer das eines ›Oben‹ und ›Unten‹. Seine Verwischung (ob von der ›Partnerschafts‹- oder der ›Mitbestimmungs‹-Ideologie her) bedeutet Schwächung oder Selbstschwächung einer Vertretung der Arbeiterinteressen ...« (v. Martin 1965 a, S. 37).

Objektivierung der gesamten Betriebs- und Unternehmensführung: eine strenge Rationalität, welche eigenwillige und vielleicht willkürliche Einwirkungsmöglichkeiten ausschließt«, durch »streng rationale Legitimierung des Vorgesetzten durch sachverständige Kompetenz«, durch »komplette Loslösung von einer überkommenen und irrationalen Orientierung an privaten Eigentums- und Profitinteressen und die konsequente Ausrichtung am Interesse nicht der Unternehmer oder Kapitalgeber, sondern des Unternehmens als solchen« (v. Martin 1965 a, S. 38 f.). Zu einer Versachlichung bestehender Herrschaftsverhältnisse zählt v. Martin auch, »die vielfach unmäßig hohen Einkünfte der Spitzenmanager« und »die hohen arbeitslosen Einkommen von Großaktionären« zu beschneiden (v. Martin 1965 a, S. 39).

Rationalisierung bringt notwendig Großorganisationen hervor, Großorganisationen führen zwangsläufig zur Einschränkung des individuellen Freiheitsspielraums. Es kann nur darum gehen, diese Einschränkungen auf das unvermeidbare Maß zu beschränken, und zwar dadurch, »daß zunächst die freiheitsichernden Errungenschaften der rechtsstaatlichen und personschützenden Entwicklung sorgfältig gepflegt werden, auch wo sie dem glatten Funktionieren des Verwaltungsapparates im Weg und seinen Machtaspirationen unbequem sein mögen; daß ferner unvermeidbare Unfreiheiten so tragbar gemacht werden wie eben möglich...« (v. Martin 1965 a, S. 34).

Wichtig dabei ist, daß die unvermeidlichen Zwänge nicht zur Tugend stilisiert werden:

> »Natürlich ist kein Wort darüber zu verlieren, daß das Organisierenmüssen und das Sichanpassenmüssen in einem früher nicht gekannten Umfang eine heutige Not, die nicht abzuwenden ist, darstellt; ein kritischer Punkt aber ist da erreicht, wo aus diesen Nöten Tugenden gemacht und Organisation und Anpassung a priori als per se erstrebenswert gepriesen werden...« (v. Martin 1956 d, S. 80).

Rationalisierung ist im übrigen nicht nur nachteilhaft für die Persönlichkeit, insofern »persönliche ›Freiheit‹ auch als Willkür verstanden werden kann«, wie umgekehrt »rationale Sachlichkeit auch Objektivität bedeutet« (v. Martin 1965 a, S. 19 f.).

Eine Rückkehr von der Gesellschaft zur Gemeinschaft ist nicht möglich: »Gemeinschaft kann es fortan nur noch geben in der

Form von Enklaven innerhalb einer zunehmend noch rationaler gestalteten Gesellschaft« (v. Martin 1965 d, S. 91).

Mit Großorganisationen geht die Konzentration von Macht einher. Auch dies ist unvermeidlich. Es gibt hier im Prinzip nur zwei Alternativen: die totalitäre Gesellschaft, in der sich alle Macht in der Hand eines omnipotenten Staates konzentriert, oder eine pluralistische Gesellschaft mit rivalisierenden Machtblöcken, die sich gegenseitig ausbalancieren. Nur in der letztgenannten Konstellation ist Freiheit möglich.[23] So lag historisch eine wichtige Quelle abendländischer Freiheit darin, daß (anders als im cäsareopapistischen Byzanz) ein dauernder konflikthafter Dualismus von Staat und Kirche bestand, der es zu keiner Monokratie kommen ließ. Im Spannungsfeld rivalisierender Machtblöcke sieht v. Martin in der modernen Gesellschaft den Ort, wo Freiheit gedeihen kann.[24] Das setzt aber voraus, daß das Prinzip des Konflikts bejaht wird: »Konflikte freilich muß in Kauf nehmen, wer Freiheit will« (v. Martin 1965 a, S. 35).

Für eine Bewährung des Konfliktprinzips sieht v. Martin drei unabdingbare Voraussetzungen: a) ein annäherndes Gleichgewicht der Konfliktparteien (vgl. v. Martin 1961, S. 660), b) einen geregelten Weg der Konfliktaustragung und c) die Bereitschaft und Fähigkeit zum Kompromiß (vgl. v. Martin 1956 B, S. 64). Die Anwendung des Konfliktprinzips beinhaltet die Absage an die Illusion eines sozialtechnischen Perfektionismus.

Das größte Risiko für die Zukunft wird, so v. Martin, aus der Kombination von Vermachtung, Technisierung und Werteverlust erwachsen. Schon Technik für sich genommen ist risikobehaftet – »es gibt den Fortschritt auch zur technisch perfekten Herbeiführung der perfekten Katastrophe« (v. Martin 1965 d, S. 101), aber

23 »Freiheit ... findet ja doch immer nur da Raum, wo mehrere, mindestens aber zwei Potenzen von annähernd gleicher Gewichtigkeit miteinander konkurrieren und sich gegenseitig in Schach halten ...« (v. Martin 1961, S. 659).

24 Als »Beispiele solcher Verhältnisse von Macht und Gegenmacht« nennt v. Martin: »die mindestens potentiell gegensätzlichen Tendenzen der verschiedenen großen Bürokratien von heute, wie Staatsverwaltung, unabhängige Justiz, Parlament, Parteien und Fraktionen, Arbeitgeberschaft und Gewerkschaft, innerhalb der Unternehmung ... die Organisation der Leitung und die der Arbeitnehmer« (v. Martin 1961, S. 660).

das Gefahrenpotential wächst rapide, wenn Technik von (nicht wertgebundenem) Machtstreben mißbraucht wird.[25]

Alfred v. Martins Prognose und Programmatik der westlichen Nachkriegsgesellschaft ist nicht bestimmt von kühnen Visionen revolutionärer Veränderung oder herrschaftsfreier Gesellschaft (wie etwa bei der Frankfurter Schule). Sie ist geprägt durch das Wissen um die Unvermeidlichkeit und Determinationskraft bestehender Strukturen, dem Bewußtsein dessen, was erreicht wurde und der Sorge, ob dies auch für die Zukunft Bestand haben wird. Das klingt besonders aus seinem Schlußwort über »Die Krise des bürgerlichen Menschen« (1962) heraus:

> »Unsere Gesellschaft hat keine spezifisch bürgerliche Struktur mehr. Doch indem diese pluralistische Gesellschaft sich der Absorption durch eine totale Staatlichkeit zu erwehren und ihre Eigenständigkeit gegenüber dem Staat zu wahren wußte, blieb sie fähig, selbständiges, nicht von einer monokratischen Staatsgewalt dirigiertes und auf Schritt und Tritt kontrolliertes Leben in Wirtschaft und Kultur zu entfalten. Den Untergang dieser Möglichkeit zu verhüten, bleibt die erhaltende Aufgabe des die bürgerliche Gesellschaft überlebenden bürgerlichen Menschentyps« (v. Martin 1962, S. 443 f.).

Bleibt noch abschließend zu bemerken, daß trotz der aus Sicht v. Martins wenig erbaulichen Zukunftsperspektiven des westlichen Kapitalismus auch der Sozialismus keine Alternative darstellt: »(D)ie fortschreitende Rationalisierung, Bürokratisierung, Technisierung ist zwangsläufig, ist bitteres und unerbittliches Schicksal; und der Sozialismus – weit entfernt, es abwenden zu können – wird es nur vollenden« (v. Martin 1956 h, S. 247).[26]

25 Alfred v. Martin ist nicht grundsätzlich antitechnisch eingestellt: »Und wie sie (Technik, V. K.) Werken der Zerstörung, einer militanten Weltrevolution oder einem Weltkrieg mit Atombomben dienen kann, so kann sie auch aufbauende und völkerverbindende Werke des Friedens schaffen« (v. Martin 1956 e, S. 121). Damit aber Technik sich positiv auswirke, muß sie aus Sicht v. Martins in eine sittliche Wertordnung integriert sein.

26 Die Parallelen zu Max Webers Anschauung des Sozialismus sind unübersehbar.

v.7. Alfred v. Martins Diagnose der westlichen Nachkriegsgesellschaft – Zusammenfassung und Kritik

Die zeitdiagnostische Priorität liegt bei v. Martin insgesamt auf der kultursoziologischen Ebene, auf seiner Soziologie des Bürgertums bzw. der kulturellen Wurzeln bürgerlich-kapitalistischer Dynamik, deren sozialer Träger das Bürgertum ist. Diese kulturellen Wurzeln liegen neben dem Protestantismus (Max Weber) in der Renaissance, in welcher erstmals nach der relativ statischen, kontemplativen mittelalterlichen Welt der Aktivismus als unabdingbares Merkmal des modernen Wirtschaftsmenschen zum Durchbruch gelangt (Kap. v.1.). Das moderne okzidentale Bürgertum tritt in zwei Typen in Erscheinung, dem Unternehmer und dem Intellektuellen, die bei allen Divergenzen und Spannungen die für diese Klasse charakteristischen Eigenschaften verkörpern: Individualität und Rationalität. Indem sich bürgerliches Handeln in Strukturen (Staat, Betrieb etc.) objektiviert, die, je größer sie werden, desto stärker ihre Eigengesetzlichkeiten annehmen, bringt es einen gesellschaftlichen Bedingungsrahmen hervor, der den ursprünglichen dynamischen bürgerlichen Typus samt seinen Handlungs- und Verhaltensweisen umprägt (Kap. v.2.). Es entsteht – als »Peripetie« setzt v. Martin den ersten Weltkrieg an – die nachbürgerliche Gesellschaft der Gegenwart, die prototypisch in den USA verwirklicht ist. Ihr charakteristisches strukturelles Merkmal ist die Großorganisation, deren Binnenstrukturen menschliches Handeln präformieren und einen neuen Persönlichkeitstypus hervorbringen: den nachbürgerlichen Menschen, gekennzeichnet durch soziales Aufstiegsstreben im Rahmen der Organisation (nicht durch selbständige wirtschaftliche Tätigkeit), Konformismus, Sekuritätsbedürfnis und Konsumorientierung (Kap. v.3.). Mit den Prozessen der Technisierung und Bürokratisierung geht der Aufstieg der technischen Intelligenz sowie des Funktionärstums einher, wogegen die kulturtragende Intelligenz an Prestige einbüßt und gegenüber der Autorität der technischen Intelligenz nur noch geringe Resonanzchancen besitzt (Kap. v.4.).

Entgegen der Theorie von der »nivellierten Mittelstandsgesellschaft« beharrt v. Martin auf dem Fortbestehen antagonistischer kapitalistischer Klassenstrukturen, da die neueren gesellschaftlichen Entwicklungstendenzen – Differenzierung der Arbeiterschaft, Verbesserung ihrer materiellen Lage, Entstehung neuer Mittelschichten, Mobilitätschancen, Mitbestimmung, Trennung von Eigentum und Unternehmensleitung etc. – nichts an den Grundstrukturen kapitalistischer Klassengesellschaften – nach wie vor bestehende private Verfügungsgewalt über Produktionsmittel, Herrschaftsverhältnis im Betrieb – änderten. Dabei betont er jedoch, daß sich der Klassengegensatz abgeschwächt hat, und zwar besonders durch die Einführung des Tarifvertragssystems, das den Klassenkonflikt »institutionalisiert« (Th. Geiger), durch das »Arbeitskraftmonopol«, das dem »bürgerlichen Eigentumsmonopol« »Paroli bietet«, und durch »Veralltäglichung des Klassenkampfes«, welche das revolutionäre Bewußtsein in der Arbeiterschaft dämpft (Kap.v.5.). Auch die absehbare Zukunft sieht v. Martin bestimmt durch die Prozesse der Bürokratisierung und Technisierung, die für Individualismus und Gemeinschaft kaum Raum lassen werden. Neue Freiheitsräume entstehen durch die Konkurrenz sich ausbalancierender, daher nicht omnipotenter Großorganisationen (z. B. Unternehmerverbände/Gewerkschaften). Dabei setzt v. Martin nicht auf eine – freiheitsfeindliche – sozialwissenschaftlich vermittelte sozialtechnische Steuerung, sondern auf die Austragung von Konflikten, und zwar in geregelten Bahnen zwischen antipodischen, aber kompromißfähigen Großorganisationen (v.6.).

Zunächst ist festzuhalten, daß, ungeachtet des sozialphilosophischen Engagements, der soziologische Gehalt in v. Martins Nachkriegswerk beträchtlich ist.

Dies zeigt sich schon im Grundgedanken der kultursoziologischen Gegenwartsdiagnose: Bürgerliches Handeln vergegenständlicht sich in den Prozessen der Individualisierung und Rationalisierung, wobei letzterer via Bürokratisierung zu einer Umbildung des aktivistischen, individualistischen bürgerlichen Sozialcharakters führt. Diese Denkfigur ist nicht nur eminent soziologisch, sie steht klar in der geistigen Tradition Max und Alfred Webers und ist – als Handlungs-Strukturtheorie – späteren (strukturlastigen) modernisierungstheoretischen Konzepten überlegen.

Alfred v. Martin versucht, die moderne Dynamik über bürgerliche Mentalität, bürgerliches Handeln zu erfassen, da er darin das treibende Element erblickt. Vielleicht ist zu ergänzen, daß Rationalisierung und Bürokratisierung bereits in Gestalt von Verwaltung und Militär des absolutistischen Staates in die Welt traten und daß, unabhängig vom Bürgertum, auch die permanente innerstaatliche Konkurrenz in Europa die Rationalisierung vorantrieb, weil wirtschaftliche Prosperität und effektive Organisation politisch-militärische Stärke verbürgten.

Leider sind v. Martins Analysen zum Bürgertum eher fragmentarisch geblieben; der theoretische Ansatz ist vielversprechend, und angesichts v. Martins ausgewiesener Kompetenz (als gelernter Historiker) zur bürgerlichen Geschichte, insbesondere der Renaissance, wäre die geplante, aber nicht realisierte »Soziologie des Bürgertums« vermutlich ein bedeutendes historisch-soziologisches Werk geworden. Der Theorierahmen ist jedenfalls auch für heutige Geschichte und Soziologie des Bürgertums interessant.

Die sozialstrukturelle Diagnose v. Martins will zeigen, daß in der westlichen Nachkriegsgesellschaft trotz gravierender Wandlungen der kapitalistische Klassengegensatz fortbesteht, wenn auch in abgeschwächter Form. Sie zeichnet sich durch analytische Schärfe und differenziertes Urteilsvermögen aus. Originell und beachtlich dabei ist, wie v. Martin das Schwinden proletarischen Klassenbewußtseins mit dem Konzept des »Bundes« erklärt. Die revolutionäre Arbeiterbewegung ist eine bündische Bewegung. Bündische Bewegungen aber sind transitorisch, sie münden notwendigerweise in gesellschaftliche Formen (im Tönniesschen Sinn), ähnlich wie charismatische Herrschaft nur ein vorübergehender Zustand ist und in bürokratische Formen übergeht. Damit wird der Wandel im Arbeiterbewußtsein entdramatisiert, er kann nicht mehr als Begründung für ein Nicht-mehr-Bestehen kapitalistischer Klassenstrukturen herhalten.

Selbst heute, über 30 Jahre später, sind, vielleicht mit einer Ausnahme[27], kaum gravierende zeitdiagnostische Irrtümer v. Martins

27 Anscheinend hat v. Martin angenommen, daß die Dynamik der bürgerlich-kapitalistischen Entwicklung aufgrund schwindender Individualität und zunehmender Rationalisierung nachläßt: »Während das Heraustreten des Individuums Bewegung, Dynamik, Unruhe bedeutet, und dies um so mehr, je wirksamere rationale Mittel es in seiner Hand und in seiner Gewalt hält, hat Rationalisierung – in dem Maße,

bzgl. der westlichen Nachkriegsgesellschaft auszumachen. Auch seine Skepsis gegenüber wissenschaftlich vorbereiteter sozialtechnischer Steuerung hat sich bestätigt (vgl. Beck/Bonß 1989, bes. S. 17). Sein Eintreten für das Konfliktprinzip (statt sozialtechnischer Steuerung) erscheint konsequent. Nüchtern und abgeklärt registrierte er die Unvermeidlichkeit von Herrschaft und Rationalisierung in der modernen Gesellschaft, was ihn von sozialistischen Utopien Abstand nehmen ließ (obwohl seine sozialstrukturellen Analysen – etwa über »Betriebsgemeinschaft« – beinahe marxistisch anmuten). Dies hat dem Werk wenig Charisma verliehen, aber sich in der Diagnose bewährt.

So wie v. Martins Nachkriegswerk sich pauschaler wissenschaftslogischer Zuweisung nach Art von »Geschichts- und Sozialphilosophie« oder »Kulturkritik« entzieht, so sperrig erweist es sich gegenüber gewohnten politisch-weltanschaulichen Rastern. Grundsätzlich ist v. Martin bürgerlich-liberal eingestellt: er hat sich die Werte der Freiheit, der Persönlichkeitsentfaltung und der Menschlichkeit zu eigen gemacht. Indem er Werte verficht, die von der gesellschaftlichen Entwicklung überholt werden, gerät er mit seiner Skepsis gegen Rationalisierung, Bürokratisierung und Technisierung in eine konservative Position (vgl. Lepsius 1979 a, S. 828). Indem er diese Werte aber auch für den Arbeitermenschen einfordert und auf dem klassengesellschaftlichen Paradigma beharrt, nähert er sich unversehens marxistischen Denkmustern. Wenn (und soweit) v. Martin dennoch heute als anachronistisch erscheinen mag, dann vor allem deswegen, weil, in den Worten Max Webers (1973, S. 214) ausgedrückt, »das Licht der großen Kulturprobleme weitergezogen (ist)« und die »Kulturprobleme«

in dem die individuellen Momente eliminiert werden – (wenigstens relative) Stabilisierung zur Folge« (v. Martin 1969 a, S. 144). Und: »In einer gewandelten Gesellschaft, die nun vorwiegend aus Abhängigen besteht und schon damit nicht mehr bürgerlichen Charakter trägt ..., sinkt, generell gesehen, die Arbeitsdynamik« (v. Martin 1969 a, S. 145). Hier fällt v. Martin dem gleichen Irrtum wie Sombart zum Opfer, der die kapitalistische Dynamik zu sehr an bürgerlicher Mentalität festmacht und aus einem bürgerlichen Mentalitätswandel vom aktivistischen Unternehmer zum Rentier auf sozioökonomische Stagnation schließt (vgl. Sombart 1987 III, 2, S. 1013 f.) – dabei verkennend, daß die kapitalistische Dynamik vor allem in den Strukturen angelegt ist (wie man auch von Heimann und Freyer lernen kann).

v. Martins – also Freiheitsraum, Sozialcharakter, Persönlichkeit – nicht mehr diejenigen des nachbürgerlichen Menschen sind.

VI. »Industrielle Gesellschaft« als »Schwelle der Zeiten« – Hans Freyers Diagnose der westlichen Nachkriegsgesellschaft

Unsere Darstellung von Freyers Diagnose der westlichen Nachkriegsgesellschaft soll ausgehen von der – nicht geleisteten – Diagnose zum Thema Faschismus/Nationalsozialismus.

VI.1. Wie interpretiert man einen Soziologen, der sich im Dritten Reich kompromittiert hat? Einige methodische Vorüberlegungen

Fragt man nach Freyers Diagnose des Faschismus/Nationalsozialismus, so ist festzustellen, daß sich das Haupt der Leipziger Schule, ganz im Gegensatz zu den 30er Jahren, nach dem Krieg nicht explizit mit diesem Thema befaßt. Mehr noch: Er versucht es gezielt zu umgehen. Darauf deutet seine Begrifflichkeit hin; die Zeit des Dritten Reichs fällt bei ihm unter »Epoche der Weltkriege«, und die interessiert ihn vorrangig unter dem Gesichtspunkt, daß in ihr der technische Wandel beschleunigt vorangetrieben wurde (vgl. z. B. Freyer 1961, S. 501-508).
Warum beschäftigte sich Freyer nicht zeitdiagnostisch (oder moralisch) mit dem Nationalsozialismus?
Der Grund wird von Freyer nicht explizit genannt, liegt aber auf der Hand. Freyer war zu tief in dieses dunkle Kapitel deutscher Geschichte verstrickt, als daß er unbefangen, geschweige denn mit moralischem Anspruch wie von Martin über diese Angelegenheit hätte sprechen können. Freyer entwickelte in den 20er Jahren und danach (in unserem heutigen Verständnis) rechtsradikales Gedankengut mit Affinitäten zur NS-Ideologie, wie schon die zentralen Begriffe »Volk«, »Volksgemeinschaft«, »Volkswerdung« andeuten.[1] Er war – jedenfalls zeitweise – ein Sympathisant der NSDAP

1 Freyer profilierte sich in den 20er Jahren als ein Vordenker im rechts-

und des NS-Regimes.[2] Und Freyer sind, was die Diagnose der nationalsozialistischen Bewegung und des Führerstaats angeht, schwere Irrtümer unterlaufen.[3]
Freyers Verstrickung in Nationalsozialismus und Drittes Reich zieht die Aufmerksamkeit der Freyer-Diskussion auf sich.[4] Unser Thema, Freyers Zeitdiagnostik nach 1945, gerät damit weniger ins

intellektuellen Spektrum (v. a. *Der Staat*, 1925). »Volk« war für ihn die soziologische Grundeinheit, Ziel war die »Volksgemeinschaft«, und als Katalysator für den Prozeß der »Volkswerdung« war »der Führer« vorgesehen – also alles typisch rechtsradikale Topoi (vgl. dazu Muller 1987, Giere 1967, Gielke 1983).

2 Dies weist das Schrifttum der Jahre 1933/34 zweifelsfrei aus (vgl. Muller 1986, S. 301-303).

3 In *Revolution von Rechts* (1931) stilisiert er die NS-Bewegung zum politischen Träger der kommenden geschichtlichen Stufe der »Volksgemeinschaft« und versieht damit in hegelianisierender Manier eine verbrecherische Clique quasi mit den Weihen des Weltgeistes. In einer Phase, als das deutsche Bürgertum zwischen Bewunderung und Abneigung gegenüber den Nazis schwankte, warf Freyer – und zwar bewußt (vgl. Muller 1987, S. 204 f.) – sein ganzes Gewicht als angesehener konservativer Wissenschaftler zugunsten der braunen Partei in die Waagschale. Abgesehen von der Fehleinschätzung der Nazi-Bewegung kolportierte Freyer die Illusion einer »Volksgemeinschaft«, welche die klassengesellschaftlichen Realitäten ignorierte. Sie überschätzte die Handlungsmöglichkeiten des »Führers« gegenüber Strukturgesetzen sozialen Wandels. Vor allem fehlte die leiseste Einsicht, daß Macht auch mißbraucht werden kann.

4 Dabei sind grob zwei Grundpositionen zu unterscheiden. Die eine Seite zählt Freyer zur »geistigen Wegbereitung für den deutschen Faschismus« (Schäfer 1990, S. 122) und konzentriert sich darauf, diese zu dokumentieren (vgl. Giere 1967, bes. S. 200-204, König 1969, Gielke 1981, Schäfer 1990, Hoyer 1990). Die Gegenposition hebt demgegenüber Freyers wissenschaftliche Leistungen und persönliche Integrität hervor, spielt seine Nähe zum Nationalsozialismus eher herunter und deutet seinen Wechsel nach Budapest 1938 als »innere Emigration« (Papalekas 1980, Linde 1981, Schelsky 1981). Eine Synthese dieser Positionen gelingt Jerry Z. Muller in seiner Freyer-Biographie *The Other God That Failed* (1987). Anstatt Freyer in ein starres, statisches Schema einzuordnen (als geistige Wegbereitung des Dritten Reichs oder als innere Emigration), arbeitet er die Dynamik der intellektuellen Entwicklung Freyers heraus, die Erlebnisse, Vorstellungen und Ziele, die ihn in die Nähe des Nationalsozialismus führten, aber auch die Erfahrungen, die ihn seit 1934/35 zunehmend auf Distanz gehen ließen.

Blickfeld der sozialwissenschaftlichen Diskussion.[5] Mehr noch: Nimmt man Überlegungen von Gerhard Schäfers Aufsatz »Wider die Inszenierung des Vergessens« zum Maßstab, dann kann die Rekonstruktion der Nachkriegs-Zeitdiagnose Freyers als »Rehabilitierung« eines Wissenschaftlers erscheinen, der sich »durch die Mitwirkung im deutschen Faschismus gründlich diskreditiert()« hat (Schäfer 1990, S. 122)[6], womit die Legitimität unseres Unternehmens in Frage gestellt wäre. Wie also geht man mit einem Soziologen um, der sich im Zusammenhang mit dem Dritten Reich kompromittiert hat? Wir wollen hier, ohne uns systematisch mit anderen Positionen auseinanderzusetzen, unseren eigenen Interpretationsansatz zu Freyer explizieren:

(1.) Es reicht nicht aus, Freyers rechtsradikale Irrwege zu dokumentieren, sondern eine Sozialwissenschaft, die sich gern auf Max Weber beruft und bezieht, muß verstehbar machen, aufgrund welcher Umstände und Erfahrungen ein an sich integrer und intelligenter Mann wie Freyer in die Nähe des Nationalsozialismus geriet.[7]

(2.) Wer Freyers Denken und Handeln der 20er und 30er Jahre beurteilen will, der sollte auch die Fakten einbeziehen, die dagegen sprechen, den Leipziger Soziologen zu sehr in die nationalsozialistische Ecke zu drängen: (a) Freyer war nie Mitglied der NSDAP oder einer ihrer Unterorganisationen. Das zeigt, daß er bei aller zeitweisen Nähe zur NSDAP und den Berührungspunkten seiner Soziologie zur Naziideologie stets eine gewisse Distanz gehalten und sich mit der braunen Bewegung nie voll identifiziert hat. Er war immer um eine gewisse Unabhängigkeit gegenüber den Nazis bemüht[8]; (b) Freyer wurde – zumindest zeitweise – vom SD überwacht (vgl. Muller 1987, S. 305); er wurde also auch von den Nazis nicht als einer der Ihren angesehen[9]; (c) Freyer ging

5 Bezeichnend dafür René Königs Nekrolog (König 1969), der Freyers Spätwerk kaum erwähnt.

6 So bewertet Schäfer jedenfalls die Edition von Freyer-Schriften durch Elfriede Üner (vgl. Schäfer 1990, S. 122).

7 Das ist in hervorragender Weise Jerry Z. Muller in seiner Freyer-Biographie (Muller 1987) gelungen.

8 Die Unterschiede zwischen Freyer und der nationalsozialistischen Ideologie betont auch sein Schüler Ernest Manheim: »Freyer's program of sociology is not of the Nazi hue« (Manheim 1948, S. 373).

9 Dafür sprechen auch andere Indizien; so die zurückhaltenden bis nega-

– nach einer Solidarisierungsphase – ab 1934/35 mehr und mehr auf Distanz zum Nazi-Regime, wie aus seinen Schriften der späteren 30er Jahre hervorgeht[10]; (d) Freyer war, bei aller Rechtslastigkeit seines Gedankenguts, eine liberale Persönlichkeit; er verstand sich argumentativ und differenziert mit Gegenpositionen auseinanderzusetzen[11], auch etwa mit Karl Marx, und das noch während des Dritten Reichs.[12]

(3.) Die zeitdiagnostischen Irrtümer Freyers weisen auf analytische Mängel und Schwächen hin, die herauszuarbeiten sind.[13] Gravierende analytische Fehler schließen nicht aus, daß auch diskutable, möglicherweise noch heute bedeutsame Elemente im Schrifttum dieser Zeit vorhanden sind. Eine Auffassung, Freyers

tiven Rezensionen seiner Arbeiten in der Nazipresse (vgl. Muller 1987, S. 295-297) und die Einstufung der Zeitschrift *Volksspiegel*, für die Freyer zunächst mitverantwortlich zeichnete, durch die NS-Reichsstelle zur Förderung des deutschen Schrifttums als »nicht unverdächtig und nicht zu empfehlen« (Muller 1986, S. 305).

10 Schon in *Pallas Athene* (1935), das als eines der NS-freundlichsten Werke Freyers gelten kann, finden sich etwa auch folgende Sätze: »Aber Politik ist keine Zusammenrottung, auch kein Surrogat für Arbeit, auch keine Rattenfängerei mit einer Pfeife, die auf große Kinder abgestimmt ist. Und wo sie bloß das ist, ist kein Gott in ihr, und ihre Taten machen nicht Geschichte. Ja selbst ein glückhafter Eroberer, dem die Dinge zufliegen, und dem unter den Händen wie durch pure Zauberei ein Reich zusammenwächst, kann, tiefer gesehen, ein bloßer Staubaufwirbler und ein Scharlatan sein, dem nicht einmal seine Mutter die Krone glaubt« (Freyer 1935, S. 58). Vgl. zur Interpretation der späteren Schriften Muller 1987, S. 290-305.

11 Vgl. dazu beispielhaft seine *Soziologie als Wirklichkeitswissenschaft* (1930).

12 Vgl. das Interview von Earle Edward Eubank mit Freyer (in: Käsler 1985, S. 101-110), in dem der Amerikaner notiert: »Freyer selber halte derzeit eine Vorlesung über Marx und lasse auch Arbeiten über Marx schreiben« (ebenda, S. 104).

13 Die Fehlerquellen in Freyers Zeitdiagnose der 20er und frühen 30er Jahre dürften vor allem diese sein: Überschätzung des Führertums gegenüber Strukturgesetzen moderner industriekapitalistischer Gesellschaften; fehlende Sensibilität für Machtmißbrauch, nicht zuletzt aufgrund seiner Geringschätzung der westeuropäischen Geistestradition; Projektion von Wunschvorstellungen auf die gesellschaftliche Wirklichkeit (etwa wenn er die NS-Bewegung als politischen Träger einer neuen Volksgemeinschaft stilisierte).

Werk sei durch seine NS-Nähe wissenschaftlich pauschal diskreditiert, ist als undifferenziert und heuristisch verfehlt zurückzuweisen.
(4.) Erst recht ist es abzulehnen, Freyers Nachkriegswerk aufgrund seiner »Fehltritte« der 20er und 30er Jahre voreilig und ungeprüft zu verwerfen. Vielmehr ist zu fragen, wie Freyer seine Irrtümer geistig-intellektuell verarbeitet hat. Irrtümer diskreditieren nicht pauschal; sie können zu Korrekturen von Fehlern anhalten, neue geistige Impulse und Energien auslösen, das analytische Vermögen schärfen, kritischer und sensibler gegenüber Fallstricken und Abwegen machen, mit denen nun einmal jede zeitdiagnostisch orientierte Theoriebildung zu rechnen hat. Freyers Nachkriegswerk ist jedenfalls begrifflich und theoretisch-konzeptionell ein Neuanfang, das sich von seinen wichtigsten Theoremen der 20er Jahre verabschiedet.
Fazit: Anstatt das Lebenswerk eines Wissenschaftlers aufgrund eines Irrtums, und sei er noch so gravierend, pauschal zu diskreditieren und zu verwerfen, sollte man besser möglichen produktivitätsfördernden Wirkungen dieses Irrtums nachgehen, und in diesem Sinne wenden wir uns nun Freyers Diagnose der westlichen Nachkriegsgesellschaft zu.

VI.2. Freyers begriffliche Bestimmung der Gegenwartsgesellschaft

Wie bei Heimann und v. Martin wollen wir uns bei Freyer zunächst dem begrifflichen Zugang zur Gegenwartsgesellschaft widmen, der sich bei ihm komplexer gestaltet. Drei Dimensionen sind zu unterscheiden:
(a) material-strukturtheoretisch (statisch): »technisches Zeitalter«, »industrielle Gesellschaft«, »Industriekultur«;
(b) formal-prozeßtheoretisch: »Schwelle«, »Fortschritt«;
(c) material-prozeßtheoretisch: »Machbarkeit der Sachen«, »Organisierbarkeit der Arbeit«, »Zivilisierbarkeit des Menschen«, »Vollendbarkeit der Geschichte«.
Wir werden später sehen, daß sich Freyers Interesse an der Gegenwartsgesellschaft vor allem auf zwei Fragen konzentriert: (a) Wie funktioniert die industrielle Gesellschaft? (b) Wie wirken sich

Institutionen, Strukturen und Funktionen der industriellen Gesellschaft auf den Freiheitsraum und Sozialcharakter des modernen Menschen aus?

2.1. Technisches Zeitalter, Industrielle Gesellschaft, Industriekultur

»Technisches Zeitalter« besagt, (a) daß Technik zur zentralen Größe der Gesellschaft seit der industriellen Revolution aufgewachsen ist und als Angelpunkt jeder Analyse der Gegenwartsgesellschaft aufgefaßt werden sollte, und (b) daß Technik einen fundamentalen Funktionswandel gegenüber der vorindustriellen Gesellschaft erfahren hat.

Technik als solche als Mittel zur »eigenzwecklichen Umgestaltung der Umwelt« ist ein universales Phänomen und anthropologisch bedingt, »da der Mensch nicht bloß wie das eingepaßte Tier auf die Umwelt mit Instinkten reagieren kann, sondern als unspezialisiertes und instinktarmes Lebewesen sich erst mit seiner Umwelt gestaltend auseinandersetzen muß« (Freyer 1956, S. 20).

Bis zum 19. Jahrhundert erfährt die Technik keinen revolutionären Umschlag: »die technischen Mittel um 1800 unterschieden sich nicht wesentlich von denen, die die Menschen 3500 Jahre zuvor gebrauchten« (Freyer 1956, S. 21). Die Formel der vorindustriellen Technik war diese: »Der Mensch setzt sich aus seinen Bedürfnissen heraus bestimmte Zwecke. Zur Erreichung dieser Zwecke schafft er sich die geeigneten Mittel und vervollkommnet diese Mittel solange, bis er seine Zwecke vollendet erreicht« (Freyer 1956, S. 22). Mit der industriellen Revolution verändert sich die Funktion der Technik grundlegend: »vom Mittel, über das er nun verfügte, wurden seine Zwecke bestimmt, er wollte etwas, bloß weil er es konnte. Potenzen erschließen, Potenzen bereitstellen für freibleibende Zwecke, das war die neue Formel, in der die gesamte neue Technik, von der Dampfmaschine über die Elektrizität und das Erdöl bis hin zu den Kräften des Atomkerns aufgeht« (Freyer 1959, S. 34; vgl. auch Freyer 1987 a, S. 77).

Während »technisches Zeitalter« auf Technik als die Schlüsselvariable der Gegenwart rekurriert, umfaßt der Begriff »industrielle Gesellschaft« das gesellschaftliche Ganze dessen, was sich historisch seit dem Beginn der industriellen Revolution herausgebildet hat. »Industrielle Gesellschaft« impliziert dabei erstens, daß der technische Wandel mit charakteristischen Strukturen, Institutionen und Verhaltensmustern einhergeht[14] (betriebsförmige Produktion, Großbetrieb, Großorganisation überhaupt etc.). Es impliziert zweitens, daß diese Strukturen, Institutionen und Verhaltensformen für das Funktionieren der industriellen Gesellschaft unabdingbar sind, m.a.W., daß sich eine adäquate Erklärung der Gegenwartsgesellschaft keineswegs auf die Bereiche Technik und Produktion beschränken kann, so zentral sie auch sind.

Am schwersten zu rekonstruieren ist der Begriff der »Industriekultur«, der erst in den 60er Jahren auftritt. Unseres Erachtens handelt es sich, ähnlich wie bei »industrielle Gesellschaft«, um einen gesamtgesellschaftlichen Begriff, aber akzentuiert im Sinne von industrieller Gesellschaft als Lebenswelt (nicht als System).

2.2. Gegenwart als »Schwelle«

Wir kommen nun zur formal-prozeßtheoretischen Dimension der Gegenwartsgesellschaft, die Freyer mit den Begriffen »Schwelle« und »Fortschritt« bestimmt.

Der Begriff der Schwelle ist ein geschichtstheoretischer Begriff, der sich gleichermaßen von der Fortschritts- und Evolutionstheorie wie von der kulturmorphologischen Vorstellung vom Aufstieg und Fall der Kulturen absetzt.[15] Demnach gibt es in der Ge-

14 »Wenn man also von der Dynamik der technischen Entwicklung spricht, so darf man nie außer Acht lassen, daß es sich nicht nur um die technischen Mittel handelt, sondern vor allem auch um eine wesentliche gesellschaftliche Wandlung« (Freyer 1956, S. 25).

15 Die Theorie der Gegenwart als weltgeschichtliche Schwelle der Zeiten findet sich erstmals im 1951 gehaltenen Vortrag »Der Fortschritt und die haltenden Mächte« (Freyer 1987 a). Ihre klassische Gestalt erhält sie im Spätwerk *Schwelle der Zeiten* (vgl v. a. das Kapitel »Der Ernst des Fortschritts«; Freyer 1965, S. 292-331, leicht gekürzt und modifiziert als Freyer 1965 a). Vgl. auch Freyer 1963, S. 11 f., Freyer 1966 b, S. 66-70, und diverse Stellen in der *Theorie des gegenwärtigen Zeitalters* (1955). Eine profunde Analyse der Geschichtstheorie Freyers im Vergleich mit Thomas S. Kuhn und Hans Blumenberg bietet Severin Müller (1981, S. 19-30).

schichte der Menschheit – »außer und gleichsam über dem Rhythmus, der durch den Wechsel der geschichtlichen Kulturen bedingt ist« – »seltene Großereignisse, Mutationen gleichsam, Kulturschwellen, die die gesamte Existenz des Menschen auf ein neues Niveau stellen« (Freyer 1963, S. 11). Derartige Schwellen sind der Übergang zur Seßhaftigkeit, zur Hochkultur und zu den Transzendentalreligionen. Und eine solche Schwelle ist auch der Übergang von der vorindustriellen zur industriellen Gesellschaft (vgl. Freyer 1965). Die Gegenwart ist Teil dieser Schwelle, die noch nicht abgeschlossen ist.[16]

Die gegenwärtige Schwelle ist dadurch bestimmt, daß sie sich im Modus eines komplexen, eigendynamischen Fortschrittsprozesses bewegt. Fortschritt ist also keineswegs, wie meist in der Soziologie (Modernisierungstheorie) angenommen, ein universales Phänomen, sondern eine spezifisch moderne, industriegesellschaftliche Bewegungsform der Geschichte.

Es gibt die Illusion des Fortschritts. Es gibt Fortschritt als Ideologie. Es gibt aber auch ganz realen Fortschritt. Dieser beinhaltet z. B. »die Verstädterung der Wohnweise und der Lebenshaltung, die steigende Abhängigkeit aller Bedürfnisse vom Markt, die Einebnung der örtlichen und der altständischen Unterschiede, die Rationalisierung aller zwischenmenschlichen Beziehungen in und außerhalb der Arbeit, die Bürokratisierung aller Verwaltungstätigkeiten und Verbände« (Freyer 1965 a, S. 84), »Produktionssteigerung, Bevölkerungswachstum, Raumüberwindung, Mobilisierung der Menschen und der Güter, maximale Ausbeutung der Material- und Energievorräte« (Freyer 1966 b, S. 68). Dies alles beschreibt den »progrès reel«, Fortschritt als eine reale geschichtliche Bewegung, und um den geht es Freyer. (Heute nennt man das »sozialer Wandel«).

Dieser Fortschritt ist durch eine charakteristische Struktur bestimmt. Er besteht, wie wir gesehen haben, aus einem Bündel von Subprozessen. Diese dürfen nun nicht als isolierte Erscheinungen betrachtet werden: »Selbstverständlich gehen diese Prozesse nicht nur nebeneinander her, sie wirken aufeinander ein, und der spezifische Fall ist, daß sie sich gegenseitig befördern, antreiben, ver-

16 Hier grenzt sich Freyer von Spengler ab. Die industrielle Gesellschaft ist nicht die Verfallsperiode der europäischen Kultur, sondern zeigt eine neue weltgeschichtliche »Schwelle« an (vgl. Freyer 1963, S. 10f.).

stärken. Je dichter sie sich verflechten, desto mehr wird die Geschichte insgesamt zu einer vielsträhnigen, aber einsinnig gerichteten Fortschrittsbewegung ...« (Freyer 1965, S. 293).
Auch wenn eine Vielzahl von gesellschaftlichen Bereichen von diesem Fortschrittsprozeß erfaßt ist, so gilt doch: »Das Herdgebiet dieses potenzierten Fortschritts war und ist die wissenschaftlich fundierte Produktionstechnik« (Freyer 1965 a, S. 85).
Allerdings ist auch die Gegenwart nicht nur Fortschritt. Dieser Modus gilt nur »im Bereich der Technik (dies Wort im weitesten Sinne verstanden), im Bereich des Machens, des Fabrizierens und Organisierens, des Manipulierens und der Rationalisierung, ferner vor allem im Bereich der analytischen, experimentierenden Wissenschaft«. Anders verhält es sich im kulturellen Bereich, wo »die Wunderwerke der hohen Kulturen als Ausnahmen, Einmaligkeiten und Glücksfälle herausragten« (Freyer 1965 a, S. 83).[17]
Dennoch ist die Gegenwart im wesentlichen von der Fortschrittsdynamik bestimmt.

2.3. »Trends« der industriellen Gesellschaft

Freyer charakterisiert die industrielle Gesellschaft – und damit kommen wir zur material-prozeßtheoretischen Dimension – mit vier »Trends«, die sich in ihrer Entwicklung mehr und mehr durchsetzen: (1.) die »Machbarkeit der Sachen«, (2.) die »Organisierbarkeit der Arbeit«, (3.) die »Zivilisierbarkeit des Menschen« und (4.) die »Vollendbarkeit der Geschichte«.[18]
(ad 1.) *(Die »Machbarkeit der Sachen«)*: Der Umgang des Menschen in der vorindustriellen Gesellschaft ist durch die Kategorie

17 Diese Kategorisierung entspricht Alfred Webers Kultursoziologie, die u. a. Zivilisation (allgemeine Rationalisierung, Wissenschaft, Technik) und Kultur (Werte, Sinndeutung des Daseins, Philosophie, Kunst, Religion) unterscheidet, wobei jene sich im Modus des Fortschritts, diese sich in einer unregelmäßigen Auf- und Ab-Wellenbewegung bewegt (vgl. A. Weber 1920, 1927, 1931; Eckert 1970).

18 Diese »Trends« beschreiben die industrielle Gesellschaft nicht erschöpfend: »Die vier Trends, die wir gezeichnet haben, *und eine Reihe anderer, die wir hätten hinzufügen können*, konvergieren« (Freyer 1955, S. 79; Hervorhebung vom Verf.).

des »Wartens« bestimmt, d. h., er hat sich in seinem wirtschaftlichen Handeln nach den Wachstumskreisläufen und -zeiten der Natur zu richten. Dies gilt insbesondere für den Bauern, die typische soziale Spezies seit der Seßhaftwerdung des Menschen. »Seine Verrichtungen ... fügen sich, zuwartend und dann rechtzeitig, in den Tages- und Jahreslauf ein, und der Wachstumsprozeß der Pflanzen setzt einer jeden von ihnen ihre Stunde« (Freyer 1955, S. 15). Ähnlich verhält es sich mit dem Hirten, dessen Tun von »den Gesetzen der Zeugung, der Geburt und des Wachstums, der Jahreszeiten und der Wetterwolken« abhängig ist (Freyer 1955, S. 17).

In der industriellen Gesellschaft wird die Kategorie des »Wartens« durch die Kategorie des »Machens« abgelöst.[19] »Machen« ist die Herstellung einer Sache aus Stoff nach Zweckmäßigkeitsgesichtspunkten. Es erfolgt nicht unter »Wachstumsgesetze(n), deren Wirkung man geduldig abwarten muß«, sondern unter »Sachgesetze(n), denen man ungeduldig nachspüren kann« (Freyer 1955, S. 20). »Das einzige Gebot, das sein Tempo bestimmt, ist die Sorgfalt« (Freyer 1955, S. 22).

Wie erklärt Freyer den Trend vom »Warten« zum »Machen«? Eine wesentliche Komponente liegt in seiner anthropologischen Bestimmung des Menschen:

> »(E)r ist von Natur ungeduldig, und wo er für eine Naturgabe, die ihm zuwächst, auf die er aber warten müßte, ein Werk der eigenen Hand setzen kann, wartet er nicht gern, sondern wirkt lieber. Er erfährt, daß er an vielen Stellen die Natur durch eigene Machwerke ersetzen, zumindest verändern kann, und jeder Schritt auf diesem Wege ist ein Schritt zur Freiheit oder scheint es doch zu sein. Dieser Freiheitsbegriff kommt durchaus aus der Welt des homo faber ... (I)n der ganzen Geschichte der Menschheit hat dieser Freiheitsbegriff als geheimer Antrieb gewirkt« (Freyer 1955, S. 22 f.).

Der »Machbarkeit der Sachen« sind allerdings natürliche Grenzen

19 Dies ist relativ zu verstehen: Auch in der vorindustriellen Gesellschaft gibt es das »Machen«, vor allem in Gestalt des Schmieds (vgl. Freyer 1955, S. 19 f.). Ebenso gibt es in der industriellen Gesellschaft noch das »Warten«, vor allem in der Landwirtschaft. Aber typisch für die vorindustrielle Gesellschaft ist das »Warten«, für die industrielle Gesellschaft das »Machen«, und der Trend geht vom »Warten« zum »Machen«.

gesetzt: »Eine durch und durch gemachte Welt, in deren industriell hergestellten Bewohnern synthetisches Blut flösse und deren Wetter in Großklimaanlagen fabriziert würde, ist keine ernsthafte Möglichkeit der Geschichte« (Freyer 1955, S. 23). Nichtsdestotrotz breiten sich die vom Menschen gemachten Sachen aus, die wilde Natur geht zurück, der moderne Mensch schafft eine »zweite Natur«, die zunehmend die Lebenswelt des Menschen bestimmt.[20]

(ad 2.) *(Die »Organisierbarkeit der Arbeit«)*: Ähnlich tiefgreifend wie in der Produktion ist der Wandel in der Arbeitsorganisation.

Die Organisation der Arbeit hat zwei Wurzeln. Die eine ist die Arbeit des individuellen Handwerkers in der »geschlossenen Werkstatt«, in welcher jener aus einem Stoff gemäß einem gedanklichen Entwurf ein Endprodukt herstellt – »Stück für Stück in der richtigen Ordnung der Stücke« (Freyer 1955, S. 33). Das ist die »in sich organisierte« Arbeit (Freyer 1955, S. 32).

Die zweite Wurzel der Organisation der Arbeit ist das »Arbeiten zu vielen«, woraus Arbeitsteilung erwächst, also die »Gliederung und Verstrebung der Arbeitskräfte« (Freyer 1955, S. 32). Dabei wird, anders als bei der »in sich organisierten« Arbeit, die Arbeit »nicht nur in der Zeitfolge, sondern auch im Nebeneinander in ihre Teile« zerlegt (Freyer 1955, S. 33). Damit die Tendenz zur Arbeitsteilung wirksam wird, muß ein »Interesse« dahinterstehen – »die Not kann so wirken, ein Herrenwille oder das Gewinnstreben« (Freyer 1955, S. 34).

Die Arbeitsteilung ist nicht spezifisch neuzeitlicher Art, aber eine notwendige Vorbedingung der industriellen Produktionsweise, indem sie die Produktivität erhöht, die Märkte stimuliert und – vor allem – den Arbeitsprozeß maschinengerecht gestaltet. Erst wenn der Arbeitsprozeß in seine »letzten Elemente«, d. h. in einfache Bewegungen, zerlegt ist, »werden Mechanismen als Ersatz der menschlichen Arbeit erfindbar« (Freyer 1955, S. 35).

20 »Millionen großstädtischer Menschen treten die ganze Woche lang mit keinem Fuß auf wirkliche Erde, sondern auf lauter Asphalt, Linoleum, Kunststein und Hartglas. Eine Wiese, einen Felsen oder auch nur einen geschotterten Weg unter die Füße zu bekommen, das ist schon ein ›Ausflug‹. Wie rührend, zu denken, daß man aus dieser Welt ausflöge, wenn man unter staubigen Akazien Coca-Cola trinkt!« (Freyer 1955, S. 29).

Mit der Maschine tritt die Organisation der Arbeit auf eine neue Stufe. »Ihr Prinzip ist, daß nicht die Maschine als ein höher entwickeltes Werkzeug in den menschlichen Arbeitsgang, sondern daß die menschliche Arbeit, entsprechend reduziert und umgeformt, in den Maschinengang eingefügt wird« (Freyer 1955, S. 38). »Die Maschine ist also keineswegs die Fortsetzung des Werkzeugs, sondern das genaue Gegenteil zu ihm. Das Werkzeug ist von der menschlichen Arbeit her entworfen, die sich seiner bedient. Die menschliche Arbeit an der Maschine aber wird von der Maschine her entworfen. Der Maschine bedient sich der Mensch nicht, sondern er bedient sie. Er tritt unter ihr Gesetz« (Freyer 1955, S. 36).

Die maschineneigenen Elemente verstärken sich und ihre Andersartigkeit zum Menschen mit Werkzeug, indem sie miteinander verbunden werden. Sie lassen sich dann endgültig nicht mehr in Analogie zum Menschen sehen, sondern sind »System« (vgl. Freyer 1955, S. 37).

Die Organisation der Arbeit unter maschinenmäßigen Bedingungen geht nach ganz anderen Prinzipien vonstatten als in der vorindustriellen Arbeitsteilung:

> »Es heißt nicht mehr: sie (die Arbeit, V. K.) in die einzelnen Handgriffe zerlegen, aus denen sie natürlicherweise besteht, diese auf die Hände verteilen, die am geschicktesten für sie sind, und sie nach Raum und Zeit so anordnen, daß Hand in Hand greift. Sondern es heißt: den Arbeitsvorgang auf ein maschinelles System umdenken, von der Mechanik der Knochen, Muskeln, Bänder und Nerven auf die ganz andersartige der Räder und Gestänge, der Schaltungen und Chemismen, den Menschen aber dort und nur dort ansetzen, wo sein Dienst im Maschinengang vorgesehen ist: genau mit der Leistung, die darin offen gelassen ist« (Freyer 1955, S. 37f.).

Der Mensch füllt die Lücken, die das maschinenmäßig organisierte System gelassen hat. Der Fluchtpunkt der weiteren Entwicklung der organisierten Arbeit ist klar: die Vollautomatisation (vgl. Freyer 1955, S. 40f.).

(ad 3.) *(Die »Zivilisierbarkeit des Menschen«)*: Der dritte Trend, der das »gegenwärtige Zeitalter« charakterisiert, ist die »Zivilisierbarkeit des Menschen«. Damit ist folgendes gemeint: »Die Menschen werden stärker auf einen Nenner gebracht, der Typus eines Normalverhaltens breitet sich aus, das von allen erwartet und in

einem immer größeren Prozentsatz der Fälle tatsächlich eingehalten wird« (Freyer 1955, S. 48).
Zivilisierbarkeit ist anthropologisch verankert; sie hat ihre Grundlage zum einen in der Soziabilität des Menschen und in der Wirkungsweise von Institutionen, und das heißt, »daß sein Inneres bis tief hinein, sein Gefühlsleben wie sein Gedächtnis und seine Wahrnehmungswelt, von den geistigen Einflüssen der Gruppe, in der er lebt, durchdrungen ist« (Freyer 1955, S. 49). Dies alles hat sich im Laufe der Zeit zu *Institutionen*, von Gebräuchen bis zu förmlichen Gesetzen und Verboten kondensiert, die für den handelnden Menschen motivbildend wirken. Damit »wird jener mittlere Streifen geschaffen, auf den das zivilisierte Leben eingeengt ist oder sich selbst einengt. Vieles wird damit ausgegrenzt, vor allem das Unvorhersehbare, das Abenteuer, die willkürlichen und gewaltsamen Lösungen« (Freyer 1955, S. 52). In Ausnahmesituationen wie Kriegen und Revolutionen kommt es zum »Rückfall in sehr elementare Reaktionen« (Freyer 1955, S. 53).
Die andere anthropologische Grundlage der Zivilisierbarkeit des Menschen ist seine Modellierbarkeit: »Der Mensch ist ein außerordentlich modellierbares Wesen, besonders wenn er selbst keinen wesentlichen Widerstand leistet, sondern diese Modellierung sogar insgeheim will. Das ist wohl das eigentliche Geheimnis des Prozesses der Zivilisation, daß er durch den Willen, sich anzupassen, dauernd angetrieben wird, und daß er seinerseits diesen Willen immerzu nährt« (Freyer 1955, S. 58).
Gesellschaftlich hat sich Zivilisierung, so Freyer, »aus vielen Ursachenreihen ergeben: aus der immer stärkeren Verflechtung der Interessen, die den einen vom andern abhängig machte, aus der Vermehrung der Berührungsflächen erst an den Höfen, dann in den Städten, aus den abfärbenden Mustern der oberen Stände und aus dem Aufsteigen neuer Schichten in die Bereiche, in denen eine zivilisierte Mittellage des Verhaltens Bedingung des Erfolgs war oder als verpflichtender Stil empfunden wurde« (Freyer 1955, S. 58). Historisch hält sich Freyer in der Beschreibung des Zivilisationsprozesses eng an das einschlägige Werk von Norbert Elias[21] (das ja ansonsten in dieser Zeit kaum rezipiert und zitiert wurde,

21 Anders als bei Elias fällt bei Freyer allerdings die Bewertung des Zivilisationsprozesses aus: »Es scheint, daß das Schreckbild einer Zivilisation, die den Menschen vollständig durchgeformt hätte, vielen nicht

vgl. Goudsblom 1982, bes. S. 41-43). Der Zivilisationsprozeß, die zunehmende Verfeinerung der Eßgewohnheiten, der körperlichen Reinlichkeit, der Selbstdarstellung, der Affektbeherrschung und die Neudefinition der Peinlichkeits- und Schamschwellen wird zuerst vom Adel getragen. Konstitutiv ist der Übergang von der Ritterburg zum Königshof. Hier entscheidet über die individuellen Chancen nicht zuletzt der Grad der Zivilisierung. Später erfaßt der Zivilisationsprozeß das Bürgertum und auch die Arbeiterschaft. Was für den frühneuzeitlichen Adel der Königshof war, ist für den modernen Menschen die industrielle Arbeitswelt:

> »(D)as gesamte Arbeitswesen unter industriellen Bedingungen ... übt einen beständigen Zeitdruck und Sachlichkeitszwang aus. Es zwingt zum ›Zurechtkommen‹ in einem dreifachen Sinn: zum Einhalten der abgemessenen Zeiteinheiten, zum Fertigwerden mit der Sache, ohne daß man sich im geringsten versieht und vergreift, und zum Zurechtkommen mit den vielen Händen und Köpfen, die mit einem selbst Kette bilden« (Freyer 1955, S. 59).

Auch außerhalb der Arbeitswelt fördert die moderne Gesellschaft die Zivilisierung des Menschen: »Gegen eine großstädtische Verkehrsregelung mit Brachialgewalt vorzugehen, ist ebenso evident untunlich, wie wenn die Parteien im modernen Zivilprozeß bewaffnet erscheinen wollen« (Freyer 1955, S. 59).

(ad 4.) *(Die »Vollendbarkeit der Geschichte«)*: Das geistig-bewußtseinsmäßige Pendant zu den drei genannten realen Prozessen »Machbarkeit der Sachen«, »Organisierbarkeit der Arbeit«, »Zivilisierbarkeit des Menschen« ist die Vorstellung von der Vollendbarkeit der Geschichte. Ihr gedanklicher Ursprung liegt in der Utopie.

Utopien sind nichts spezifisch Modernes, so entwarf schon Platon einen utopischen Staat, und in der frühen Neuzeit ersannen etwa Campanella und Thomas Morus utopische Konzepte. Die Durchführbarkeit von Utopien setzt voraus, (a) daß das System »nach außen« isoliert ist, (b) daß das Gesetz, die Verordnung, die Verfügung Wirklichkeit bewirke, und zwar genau diejenige, die in ihnen gesetzt und verfügt wird. In den klassischen Utopien wird also erstmals Geschichte als vollendet gedacht.

minder bedrohlich anmutet als die Zerstörungen, deren die vervollkommnete Technik fähig geworden ist« (Freyer 1955, S. 48).

Eine entscheidende Zäsur im Trend, Geschichte als vollendbar zu denken und entsprechend zu handeln, stellt laut Freyer die französische Revolution dar. »Der Glaube an die Konstruierbarkeit der Verfassungen, an die Planbarkeit des nationalen Lebens und der Staatsordnung war seitdem mächtig im Fortschreiten« (Freyer 1955, S. 69). Die Revolutionäre kämpfen seit dem 19. Jahrhundert nicht mehr gegen »einzelne Mißstände und Bedrückungen«, sondern haben »den Gesamtentwurf einer neuzubauenden Gesellschaft in der Tasche« (Freyer 1955, S. 69 f.). Die »soziologische und politische Theorie« des 19. Jahrhunderts stellt in Aussicht, eine neue zweckmäßige Gesellschaftsordnung zu konstruieren, »etwa so wie die Technik auf Grund der physikalischen Erkenntnisse eine Maschine baut ...« (Freyer 1955, S. 70) – für Freyer eine »gefährliche Analogie« (ebenda).

Der Gedanke der Vollendbarkeit der Geschichte ist seit dem 19. Jahrhundert aber auch »eminent praktisch« geworden. In der politischen Auseinandersetzung wird »um den Fortschritt gekämpft wie um ein Panier, das den Sieg verbürgt, und Fortschritt heißt dabei immer: wir wissen den Plan, wir wissen die Ordnung, in der sich die Geschichte der Menschheit vollenden wird, wir repräsentieren diese Zukunft« (Freyer 1955, S. 77). Realität ist der Gedanke der Vollendbarkeit der Geschichte in dem Sinne, »daß der Raum des Planbaren und tatsächlich bereits Geplanten immerzu wächst, desgleichen die Zahl und die Macht der Kräfte, die in diesem Sinne tätig sind« (Freyer 1955, S. 78).

VI.3. Die Entstehung der industriellen Gesellschaft

Die industrielle Gesellschaft ist ursprünglich ein spezifisch europäisches Phänomen, das durch ein komplexes Zusammenspiel von Wissenschaft, Technik und Kapitalismus entstanden ist. »Das Zusammengehen dieser drei Faktoren: der Wissenschaft, der Technik und des kapitalistischen Betriebes zu einer funktionalen Einheit, in der jeder von den beiden anderen bedingt ist, aber auch antreibend auf sie einwirkt, ist ein einmaliges geschichtliches Ereignis. Auf ihm beruht die Industriekultur« (Freyer 1965, S. 186).

Die industrielle Gesellschaft wird von Freyer also nicht als ein

Stadium gesellschaftlicher Evolution begriffen, das quasi präexistent im Evolutionsprozeß angelegt ist. Vielmehr ist »das industrielle System in kleinen Landschaften, also unter ganz bestimmten politischen, kulturgeschichtlichen und religionsgeschichtlichen Bedingungen entsprungen« (Freyer 1965, S. 165). Sie beginnt auch nicht mit einem prometheischen Akt, sondern unscheinbar: »Sie läuft gleichsam unterirdisch an, tritt dann mit einzelnen Erscheinungen, die wie Vorboten wirken, ans Licht und wird, beinahe naturhaft, zur breiten Bewegung, indem sie alle Antriebe, die in ihrem Sinne wirken oder sich ihr dienstbar machen lassen, in sich hineinzieht ...« (Freyer 1965, S. 166).

So die neuzeitliche Wissenschaft, die, bevor sie ihre institutionelle Gestalt findet, von sehr unterschiedlichen Gruppen in Gang gebracht wird: von den »gelehrten Mönchen«, die beginnen, über die »kreatürliche Welt« als »Ordnungszusammenhang innerweltlicher Ursachen« nachzudenken (Freyer 1965, S. 170) und die »weltlichen Wissenschaften« nicht nur als Magd der Theologie sehen; von »Handwerkern, Feinmechanikern, Waffenmeistern, Architekten und Künstlern, die in ihren Ateliers unablässig an den tradierten Techniken ihrer Zünfte arbeiteten, sie überprüften, verfeinerten, Vergessenes wiedererweckten, Neues hinzu erprobten« (ebenda); von »platonisierenden Philosophen« wie Kopernikus, Roger Bacon, Leonardo da Vinci, Giordano Bruno, die unter sich durchaus uneins waren, aber alle zusammen »im denkenden Bewußtsein des Zeitalters die Ebenen« legten, »auf denen sich die neuzeitliche Wissenschaft entfaltet hat« (Freyer 1965, S. 171). Voraussetzung für den hier entstehenden Typus von Naturwissenschaft ist, so Freyer unter Verweis auf Gehlen, der Monotheismus, also die magische Neutralisierung der Außenwelt (Freyer 1965, S. 173), außerdem die scholastische Theologie in ihren Tiefenschichten und häretischen Abwandlungen.

Soziologisch gesehen entwickelt sich die Naturwissenschaft von isolierten Studierstuben-Experimentatoren über sich mehr und mehr verdichtende, auch internationale Dimension annehmende Netzwerke zu einem staatlich geförderten, finanzierten und geregelten Wissenschaftssystem (vgl. Freyer 1965, S. 172 f.).

In engem Zusammenhang mit dem Aufstieg der modernen Wissenschaft steht die Entwicklung der modernen Technik, die, so Freyer im Anschluß an Heisenberg, »Voraussetzung und Folge der Naturwissenschaft« ist (Freyer 1965, S. 183). Die Maschine, definiert als »Vorrichtung zur Übertragung von Kräften, die eine nutzbare Arbeit leisten« (Freyer 1965, S. 182), ist als solche kein spezifisch modernes Phänomen; auch »in den Handwerken und Bergwerken des europäischen Mittelalters, in seinen Mühlen, Sägewerken und Walkereien, in seiner Baukunst, in seinem Kriegs- und Belagerungswesen« sind bereits »zahlreiche maschinelle Elemente enthalten« (Freyer 1965, S. 182). Schon vor der Nutzung der Dampfkraft wurden seit der Renaissancezeit »Pumpen, Pressen, verbesserte Drehbänke und Webstühle, Anlagen zur Verhüttung der Erze und zur Verarbeitung der Metalle« erfunden (Freyer 1965, S. 182). Aber im Vergleich zur industriellen Entwicklung seit dem späten 18. Jahrhundert, die im Modus des Fortschritts verläuft, »hat die alte Technik doch mehr unter dem Gesetz der Konstanz der bewährten Muster gestanden als unter dem des Fortschritts« (Freyer 1965, S. 183).

Die technische Entwicklung wird durch den wissenschaftlichen Fortschritt vorangetrieben. Dies war, jedenfalls zunächst, nicht intendiert, aber neue naturwissenschaftliche Erkenntnisse »enthielten sehr bestimmte Möglichkeiten der tätigen Einwirkung auf die Natur einfach in sich« (Freyer 1965, S. 183).

Daß die naturwissenschaftlichen Erkenntnisse technisch genutzt werden, führt Freyer auf zwei Faktoren zurück: Zum einen entsteht seit der Neuzeit eine neue Bestimmung der Wissenschaft, welche diese nicht als Selbstzweck, sondern – seit Francis Bacon – als Instrument der Maximierung des Nutzens auffaßt. Zum anderen gibt es in der Neuzeit Mächte und Interessengruppen, die »am Aufbau einer mit Maschinen ausgestatteten Arbeitswelt und eines technisierten Verkehrs interessiert sind ...: die Kaufherren, die Staaten, die Unternehmer, das Anlage suchende Kapital« (Freyer 1965, S. 186).

Damit gelangt Freyer zu der Fragestellung, die seit Sombart und Max Weber die Weimarer historische Soziologie immer wieder in ihren Bann zog: »Wie ist der moderne Kapitalismus entstanden? Warum ist das abendländische Mittelalter nicht wie die ausgehende Antike aus den lebendigen Anfängen von Marktwirtschaft, Geldwirtschaft und Stadtwirtschaft, die es in beiden Fällen gab, in eine Naturalwirtschaft zurückgebildet worden?« (Freyer 1965, S. 191).

Wie Max Weber und andere historische Soziologen expliziert Freyer die Frage nach der Entstehung des modernen Kapitalismus

in die Frage, wie der kapitalistische Geist als unerläßliche Voraussetzung dieser modernen Wirtschaftsweise entstand. Neben der protestantischen Ethik führt Freyer auch die Motive an, die »im Katholizismus, in den Mönchsorden, in den Ketzerlehren und Mystikergemeinden auf Bewährung im innerweltlichen Beruf und auf die positive Bewertung der wirtschaftlichen Arbeit hindrängten« (Freyer 1965, S. 191). Religiöse Flüchtlinge machten eine weitere Gruppe aus, die für neue Wirtschaftsformen prädestiniert war, so die nichtgetauften Juden Spaniens, die protestantischen und sektiererischen Refugianten, die Opposition gegen die englische Staatskirche, welche sich in die amerikanischen Kolonien begab (vgl. Freyer 1965, S. 192).
Eine weitere wesentliche Voraussetzung des modernen Kapitalismus ist die europäische Stadt. Spezifisch an ihr ist, daß sie nicht nur Ausgangspunkt von Fernhandel ist (wie in anderen Kulturen auch), sondern zugleich Sitz intensiven Gewerbes. Hier entsteht inmitten der feudalen Welt »die erste große Form der industriellen Rationalität«: von der »Oikonomia« zur »Chrematistik« (Freyer 1965, S. 193).
Eine wichtige Bedingung ist schließlich das System rivalisierender europäischer Staaten, die in hartem Machtkampf miteinander stehen. »Es ist daher ihr Bestreben, das wirtschaftliche Potential ihres Landes und ihres Volks zu Machtzwecken zu aktivieren, das heißt praktisch: mit staatlichen Mitteln oder Hilfen über der agrarischen und handwerklichen Wirtschaft eine industriell-kommerzielle aufzubauen« (Freyer 1965, S. 194). Die merkantilistische Politik begründet und fördert Manufakturen, welche als Vorläufer der industriellen Produktionsweise die Arbeit arbeitsteilig organisieren, auf Mengensteigerung ausgerichtet sind und die Fabrikate standardisieren. Sie besorgt und hält Facharbeiter. Indem sie in Arbeitshäusern, Armenhäusern und Waisenhäusern den Kampf mit dem »Müßiggang« aufnimmt und zu disziplinierter Arbeit erzieht, legt sie die Grundlagen der modernen Arbeitsgesellschaft (vgl. Freyer 1965, S. 194-196).
Als wesentlichen sozialen Träger der industriellen Entwicklung sieht Freyer (wie auch v. Martin) das Bürgertum: »Die entscheidenden Antriebe zur kapitalistischen Entwicklung sind in den neuzeitlichen Jahrhunderten eben doch im Bürgertum entsprungen, und soweit sie vom Staat ausgingen, schlugen sie zugunsten des Bürgertums aus« (Freyer 1965, S. 204); aus ihm erwächst das

Unternehmertum , das »zum Hebel des Fortschritts« wird. Die revolutionären Bewegungen, welche die altständische Ordnung zerbrechen, ermöglichen den Zustrom freier Arbeitskräfte – »eine ebenso wichtige Voraussetzung für die industrielle Entwicklung wie die Kohlenflöze, mit denen die Maschinen geheizt werden« (Freyer 1965, S. 197, 198).
Mit der technischen Revolution der Industrialisierung und der politischen Revolution des Bürgertums verändern sich die sozialen Beziehungen grundlegend:

> »Die Abhängigkeitsverhältnisse zwischen den Menschen verloren den Charakter der persönlichen Bindung und traten einerseits unter das Gesetz des Marktes, andrerseits unter das Gesetz der hochkomplizierten sozialen Superstrukturen, die für den Einzelnen immer unübersichtlicher und undurchschaubarer wurden, je mehr er von ihnen wie in einem Netz eingefangen wurde« (Freyer 1956, S. 25).

In der Geschichte der industriellen Gesellschaft unterscheidet Freyer zwei Perioden. Die erste läßt er mit der Einführung der mit Kohle betriebenen Dampfmaschine beginnen (Freyer 1965, S. 188). Charakteristisch für sie sind die Trennung von Staat und Gesellschaft, freier Markt, freie Konkurrenz, freier Arbeitsvertrag, Schwund des alten Mittelstandes und rasches absolutes und relatives Anwachsen des Proletariats. Den Beginn der zweiten Periode markieren gegen Ende des 19. Jahrhunderts auf wirtschaftlich-technischem Gebiet die Einführung der Elektrotechnik, der Aufschwung der chemischen Industrie, der »Eintritt der flüssigen Brennstoffe in die Energiewirtschaft« (Freyer 1987 b, S. 108) sowie die komplexe Organisation des Produktionsprozesses durch »Kombination der Spezialmaschinen zu größeren Aggregaten« und »Verkettung der Arbeitsgänge« (Freyer 1965, S. 189). Sozialstrukturell und politisch-institutionell ist die »zweite Gestalt der industriellen Gesellschaft« (Freyer 1960 a, S. 82) gekennzeichnet durch das Zusammenwachsen von Staat und Gesellschaft, Interventionsstaat (insbesondere Sozialstaat), Organisation in Großverbänden, pluralistische Demokratie, Ausbau des Arbeitsrechts, Tarifvertragssystem, zunehmende Mobilität und mittelständische Nivellierung (vgl. ausführlicher Kap. VI.5.). Die zweite Gestalt der industriellen Gesellschaft setzt also etwa um die Jahrhundertwende ein. Die Dynamik ihrer Entwicklung (technisch, aber auch institutionell und sozialstrukturell) wird in der »Epoche der Welt-

kriege« rapide beschleunigt[22] und steht in der Gegenwart der 50er und 60er Jahre ausgereift da.[23]
Bei Freyer ist also ein dreifach abgestufter Gegenwartsbegriff auszumachen: Im weiten Sinne beginnt Gegenwart mit der industriellen Revolution. Gegenwart im engeren Sinne setzt ein mit dem Beginn der »zweiten Gestalt der industriellen Gesellschaft«. Im engsten Sinne ist darunter die Nachkriegsgesellschaft zu verstehen, in welcher die zweite Gestalt der industriellen Gesellschaft ihren ausgereiften Zustand erreicht.
Wie Freyer die Funktionsmechanismen der (westlichen) Nachkriegsgesellschaft sieht, wollen wir im folgenden Kapitel darstellen.

VI.4. Wie funktioniert die industrielle Gegenwartsgesellschaft?

»Die industrielle Gesellschaft westlicher Prägung ... ist ein hochkompliziertes System von sozialen Strukturen und Superstrukturen« (Freyer 1960, S. 306). Ihr auffälligstes Phänomen ist »die Vervollkommnung des technischen Produktionsapparats« (ebenda).
In der vorindustriellen Gesellschaft wird typischerweise von partikularen, weitgehend autarken (hauswirtschaftlichen) Einheiten produziert. In der industriellen Gesellschaft differenziert sich ein eigenes Wirtschaftssystem aus. »Die Gesellschaft als ganze produziert nun, und dies nicht nur in dem Sinne, daß alle einzelnen in ihr produzieren, sondern so, daß jeder, sofern er produziert, in den allgemeinen Produktionsprozeß eingeflochten ist« (Freyer 1965, S. 228).
Die Wirtschaft in der industriellen Gesellschaft ist ein dynamischer Prozeß[24], der vier Komponenten beinhaltet: »die Vervoll-

22 Die Bedeutung der »Epoche der Weltkriege« als Katalysator industriegesellschaftlicher Entwicklung findet sich ausgeführt bei Freyer 1961, S. 501-508.
23 Wir dürfen also Freyers Analyse der »zweiten Gestalt der industriellen Gesellschaft« auf die westliche Nachkriegsgesellschaft beziehen.
24 Dies erkannte, so Freyer, zuerst Hegel, von dessen Gesellschaftstheorie (in der *Philosophie des Rechts*) er in seiner Diagnose der industriellen Gegenwartsgesellschaft ausgeht.

kommnung der Produktionsmittel, die Erhöhung des Effizienzgrades der menschlichen Arbeit, die Vervielfältigung der Bedürfnisse und die Akkumulationstendenz des Kapitals« (Freyer 1965, S. 229). Gemeinsam ist ihnen, daß sie im Modus des Fortschritts verlaufen, aber nicht unbedingt kontinuierlich: »die technische Entwicklung im industriellen Zeitalter« verläuft »von jeher nicht in stetigen kleinen Schritten, sondern in Wellen, Schüben und Stößen« (Freyer 1957 a, S. 6).[25]

Triebkraft der Produktion ist der technische Fortschritt, der wiederum von der Wissenschaft in Gang gehalten wird. Insofern spricht Freyer von »dem Dreibund zwischen der Wissenschaft, der Technik und der großbetrieblichen Produktionsweise« (Freyer 1966 a, S. 161). Dabei hat sich der Charakter der wissenschaftlichen Forschung verändert. Waren es im 19. Jahrhundert »einzelne Erfinder- und Entdeckertaten«, welche der Produktionstechnik innovative Impulse gaben, so ist im 20. Jahrhundert »der Fortschritt der Forschung, besonders auf dem Gebiet der Naturwissenschaften, ... zu einem mächtigen Sachprozeß geworden, der sich in internationaler Kooperation (und in internationaler Konkurrenz) selber weitertreibt, der in großen öffentlichen oder betriebseigenen Forschungsanstalten organisiert wird, und der mit seinen theoretischen Resultaten immer zugleich neue Möglichkeiten der Naturbeherrschung, neue Möglichkeiten industrieller Produktion abwirft, ja zum großen Teil um solcher Möglichkeiten willen betrieben wird« (Freyer 1966, S. 22 f.).

Zudem wird der technische Fortschritt seit der »Epoche der Weltkriege« entscheidend durch politisch-militärische Rivalitäten vorangetrieben. So ist z. B. die Atomenergie ein Nebenprodukt der Forschung nach der Atombombe (vgl. Freyer 1965, S. 242 f.). Auch der »kalte Krieg« beschleunigt die technische Entwicklung (vgl. Freyer 1961, S. 504).

So modern die industrielle Produktion auch ist und wirkt, wertemäßig beruht sie auf vorindustriell-gemeinschaftlichen Tugenden. Sie lebt »aus einem Vorrat von gutem Willen, Zuverlässigkeit, Einfügungsbereitschaft, Selbstlosigkeit, der in vielen Jahrhunderten ›etablierter Lebensgewohnheiten‹ und eingelebter Sozialord-

25 Der »Lange Wellen«-Ansatz von Nikolai Kondratieff, Ende der 70er Jahre wiederentdeckt (vgl. Zapf 1983), war also Freyer in den 50er Jahren schon (bzw. noch) präsent.

nungen aufgesammelt worden ist. Die völlig durchrationalisierten Organisationsformen sind viel zu abstrakt, als daß sie ethosbildend wirken könnten. Alle sozialen Verhaltensweisen und Gesinnungen, auf denen sie beruhen, stammen woanders her: aus den Familien, den Nachbarschaften, den Heimaten – aus der vorindustriellen Gesellschaft« (Freyer 1987 a, S. 80).[26]

Daß die Produktion mitsamt der sie vorantreibenden Wissenschaft und Technik das Herzstück der industriellen Gesellschaft ausmachen, steht für Freyer außer Frage. Doch der Produktionsapparat, Wissenschaft und Technik *allein* garantieren keineswegs das Funktionieren der industriellen Gesellschaft. Die Produkte, die produziert werden, müssen auch abgenommen und verbraucht werden. Damit kommen wir zur zweiten zentralen Kategorie von Freyers Analyse der industriellen Gegenwartsgesellschaft: *Konsum*.

Das Problem des Konsums dessen, was produziert worden ist, löst sich zum Teil von selbst. Dies gilt für die Produktionsmittel, an denen »der Mechanismus des Verbrauchens in doppelter Weise« wirkt: »Maschinen werden dadurch konsumiert, daß sie laufen, sie verbrauchen sich selber in der Arbeit, für die sie da sind. Doch viel unersättlicher frißt an ihnen der Fortschritt, der das Lebensgesetz der Technik ist« (Freyer 1965, S. 242). Die meisten Produktionsmittel werden abgestoßen, bevor sie funktionsunfähig sind, weil sie durch modernere, leistungsfähigere Typen ersetzt werden. Noch extremer verhält es sich mit Kriegswaffen und Munitionslagern. »Sie werden außer Gefecht gesetzt und insofern ›verbraucht‹, ehe sie zum Schuß kommen: durch die Perfektibilität der Technik« (Freyer 1965, S. 242).

Und wie steht es mit dem *privaten* Konsum?

> »An sich ist der Konsum die natürlichste Sache der Welt. Der Mensch hat Bedürfnisse wie jedes Lebewesen, er muß sie befriedigen, um zu leben, und er befriedigt sie, indem er konsumiert. Das industrielle System hat in dieser Grundfigur des Lebens eine wesentliche Änderung bewirkt. Es produziert nicht von einer naturhaft gegebenen Bedarfslage aus und auf sie hin, sondern es produziert die Bedürfnisse für die Produkte, die es produziert, laufend mit. Es weckt sie, regt sie zumindest an,

26 Vgl. ähnlich Freyer 1955, S. 189. Freyer beruft sich dabei auf Untersuchungen des Industriesoziologen Elton Mayo.

und es standardisiert sie zugleich, so daß sie als Massenbedürfnisse auftreten, denn nur so werden sie für die Produktion interessant ... Der Konsum löst sich dann ebenso von seiner Naturgrundlage ab, er fällt ebenso in den Bereich der Machbarkeit und der Planung, wird ebenso zum Betätigungsfeld angewandter Wissenschaften und spezifischer Techniken wie die in industrielle Produktionsprozesse transformierten Naturprozesse« (Freyer 1965, S. 240 f.; vgl. ähnlich auch Freyer 1960, S. 309).

Was Produktion und (privaten) Konsum im Gleichgewicht hält, ist vor allem der »Seriencharakter« von beiden, wobei das Prinzip »Serie« »die Negation und Überwindung des Individuellen« bedeutet (Freyer 1965, S. 248). Die Massenproduktion der industriellen Gesellschaft ist standardisiert; damit ihr Absatz funktioniert, müssen auch die Konsumentenwünsche entindividualisiert, standardisiert werden. Wie funktioniert das? Freyer beschreibt folgende Mechanismen:

– Standardisierte industrielle Produkte sind vor allem relativ billig, (außerdem erprobt und vorrätig), wogegen »jede Extratour unverhältnismäßig kostspielig ist« (Freyer 1965, S. 251).

– Die Werbung arbeitet mit raffinierter Psychotechnik, welche an das Unterbewußtsein und das Geltungsbedürfnis appelliert (Freyer 1965, S. 247, 251 f.).[27]

– Standardisierend wirkt insbesondere der Konformitätsdruck, der von den Nachbarn, »gerade den halb und ganz anonymen«, ausgeht: »Bedürfnisse, die alle haben, werden über Nacht zur Norm, und die Güter, mit denen sie befriedigt werden, werden es auch«. So entsteht »der Normalverbraucher« als »subjektiver Gegenpol der Serienproduktion« (Freyer 1965, S. 252).

– Das Prinzip der Standardisierung wird mit dem Prinzip der Differenzierung verbunden. Damit können die einzelnen Schichten der Mittelstandsgesellschaft optimal bedient werden. Zugleich befriedigt die Differenzierung der Produktpalette das Bedürfnis, sich sozial abzuheben (vgl. Freyer 1965, S. 253).

– Die industrielle Gesellschaft bringt ein passives Menschentum hervor, das »seine Konsumpflicht ernst nehmen lernt« (Freyer 1965, S. 246).

27 In diesem Punkt bezieht sich Freyer auf David Riesmans *The Lonely Crowd* (1950) und Vance Packards *The Hidden Persuaders* (1959).

Daß diese Mechanismen des privaten Konsums überhaupt funktionieren können, ist zwei Voraussetzungen geschuldet, auf die wir in den folgenden Abschnitten eingehen, a) den Institutionen der zweiten industriellen Gesellschaft, welche die materielle und distributive Basis des Massenkonsums besorgen und b) der »Transformation des Handelns in ein Sichverhalten« (Freyer 1965, S. 269) entsprechend der »fertigen Situationsschemata und Verhaltensmuster« (Freyer 1960, S. 308), welche die Institutionen der industriellen Gesellschaft an den einzelnen Menschen herantragen.

VI.5. Der institutionelle und sozialstrukturelle Aufbau der industriellen Gegenwartsgesellschaft

Charakteristisch für das Industriesystem der Gegenwart ist nicht nur eine »enorme Steigerung des Sozialprodukts«. »Seine entscheidende Leistung« – historisch einmalig – »ist, daß es diese Gütermenge in sehr breiter Streuung verteilt« (Freyer 1960, S. 306; vgl. auch Freyer 1960 a, S. 94). Dies wiederum ist ein Ergebnis des institutionellen und sozialstrukturellen Wandels des 20. Jahrhunderts:

»Staat und Gesellschaft sind zusammengewachsen oder besser: sie haben sich ineinander verschränkt« (Freyer 1960 a, S. 83 f.).[28] Der Staat regelt immer mehr gesellschaftliche Bereiche, insbesondere auch die Wirtschaft; er zieht einen immer größeren Teil des Volkseinkommens an sich (steigende Staatsquote); er baut »die großen öffentlichen Versorgungsapparaturen« auf, »deren die Menschen bedürftig geworden sind, seit sie nicht mehr autark im eigenen Raume wirtschaften« (Freyer 1960 a, S. 84).

Die Gesellschaft hat sich in Interessengruppen, »Großverbänden« organisiert, die als solche Einfluß auf die staatliche Willensbildung und das Verwaltungshandeln nehmen. Diese Art der Einwirkung auf den Staat ist zwar problematisch, weil die staatliche Autonomie gegenüber partikularen Interessen in Frage gestellt werden

28 Dieser Prozeß des »ineinander Verschränkens« erfolgte von beiden Seiten her: »indem der Staat mit seinen gesetzlichen Regelungen und mit seiner Verwaltungstätigkeit immer mehr Bereiche des gesellschaftlichen Lebens durchsetzte – und indem die gesellschaftlichen Kräfte, zu Großverbänden organisiert, ihre Aktionen in den Staat hinein, durch ihn hindurch leiteten« (Freyer 1960 a, S. 84).

kann. Sie ist aber eine Realität, wohl unvermeidlich[29] und auch letztlich legitim, »denn in diesen Verbänden treten die großen Interessenrichtungen auf den Plan, aus denen sich das Gefüge der heutigen industriellen Gesellschaft zusammensetzt« (S. 85).

Die industrielle Gesellschaft des 19. Jahrhunderts stand im Zeichen einer rasch anschwellenden uniformen Industriearbeiterschaft, einer Klassengesellschaft mit den Hauptklassen Bourgeoisie und Proletariat und zunehmender Klassenkämpfe. Zwar ist es nicht so, »daß die gegenwärtige Gesellschaft keine sozialen Spannungen und keine Klassengegensätze in sich trüge« (Freyer 1960 a, S. 87). Aber insgesamt hat sich, so Freyer, die gesellschaftliche Entwicklung in eine ganz andere Richtung bewegt, als aus der Sicht des 19. Jahrhunderts zu vermuten war. Dies schreibt Freyer verschiedenen Faktoren zu.

Durch die sozialpolitischen Gesetzeswerke und den Ausbau des Arbeitsrechts im 20. Jahrhundert wurde »die proletarische Situation ... in wesentlichen Stücken entproletarisiert« (Freyer 1960 a, S. 88). Die Erkämpfung des Koalitionsrechts und die Entwicklung der Gewerkschaften führte zur »Institutionalisierung des Klassengegensatzes« (Theodor Geiger). Seitdem gehört das »Spannungsverhältnis« zwischen Bourgeoisie und Proletariat zu den »normalen Strukturzügen der vollentwickelten Industriegesellschaft«. Ferner wurde die Arbeiterschaft durchaus nicht homogener, wie im 19. Jahrhundert angenommen, sondern differenzierte sich aus, vor allem durch die steigende Zahl hochqualifizierter Facharbeiter.

Auch die Mittelschichten entwickelten sich anders, als im 19. Jahrhundert zu vermuten war: Bestimmte Gruppen des »alten Mittelstandes« (»einige Sparten des Handwerks und fast alle Formen des Detailhandels«) erwiesen sich als überraschend widerstandsfähig und verstärkten sogar ihren Bestand. Im Zuge der Technisierung, Rationalisierung und Bürokratisierung wuchs rasch ein »neuer Mittelstand« der Angestellten heran, »verstärkt durch das enorme Wachstum der staatlichen und kommunalen Bürokratien in den Ämtern und besonders in den öffentlichen Versorgungsbetrieben« (Freyer 1960 a, S. 89).

29 »Es gehört zur inneren Gesetzlichkeit der westlichen Demokratie im industriellen Zeitalter, daß sie sich pluralistisch aufbaut« (Freyer 1960 a, S. 85).

Charakteristisch für die Gegenwartsgesellschaft ist ferner die Tertiarisierung der Berufsstruktur. Freyer erwartet ein Absinken des sekundären Sektors (aufgrund wachsender Produktivität) und eine Ausweitung des tertiären Sektors, zum einen aufgrund einer Umschichtung der Bedürfnisse bei zunehmendem Lebensstandard[30], zum anderen, weil die Tätigkeiten des tertiären Sektors großenteils nicht technisierbar und rationalisierbar sind. (Welche Bedeutung der Computer gerade für den tertiären Sektor und seine Beschäftigungsstruktur erhalten würde, hat Freyer also noch nicht erkannt).
Die sozialstrukturelle Entwicklung des 20. Jahrhunderts hat somit Positionen geschaffen, »die in die alten Klassenbegriffe von Kapitalist und Arbeiter, von Grundbesitzer und Landarbeiter nicht aufgehen und die mit ihrer Hauptmasse einer (freilich sehr stark in sich differenzierten) Mittellage angehören« (Freyer 1960 a, S. 91). Freyer spricht von einer »sich nivellierenden Mittelstandsgesellschaft« (Freyer 1966 a, S. 162), bei der sich »die verschiedenen Einkommensarten (also die Arbeiterlöhne, die Angestellten- und Beamtengehälter, die freien Einkommen aus Handel, Gewerbe und Dienstleistungen aller Art) immer vielfältiger überschneiden und ... sich dabei die Einkommensskala als ganze in einem sehr breiten mittleren Streifen zusehends nach der Mitte hin zusammenschiebt« (Freyer 1960 a, S. 92 f.). Dieser »breite mittlere Streifen« umfaßt die Hälfte bis zu zwei Dritteln der Gesamtbevölkerung.
Kennzeichnend für die Sozialstruktur der Gegenwartsgesellschaft ist ferner »ein hohes Maß von vertikaler Mobilität«, selten dramatisch, eher in kleinen Schritten, oft auch intergenerationell. Gerade in dieser Stetigkeit wird sie erstrebbar und »für das soziale Verhalten des Einzelnen maßgeblich« (Freyer 1960 a, S. 93).

30 »Wenn sich der allgemeine Lebenstandard hebt, wächst zwar auch die Nachfrage nach Industriewaren, vor allem aber und noch viel stärker stürzt sich die Nachfrage auf die tertiären Bedürfnisse: auf die hygienischen, auf Verkehrsbedürfnisse, auf Information und Bildung, auf Sport, Vergnügen und Unterhaltung; besonders die verlängerte Freizeit wirkt in dieser Richtung« (Freyer 1960 a, S. 91).

VI.6. »Sekundäre Systeme« und »Mann ohne Eigenschaften« – Industrielle Gesellschaft als Lebenswelt

Freyers Analyse der institutionellen und sozialen Strukturen der industriellen Gegenwartsgesellschaft ist relativ konventionell, ohne originelle Akzente wie bei Heimann und auch v. Martin. Doch dieser Bereich liegt eher an der Peripherie seines soziologischen Erkenntnisinteresses. Seine »eigentliche Frage« ist:

> »Wie tief greift dieses Gesellschaftssystem mit den Institutionen, unter die es den Menschen subsumiert, mit den Verhaltensweisen, in die es ihn hineinnötigt, mit den Arbeitsformen, auf die es ihn einübt, mit den Anpassungen, zu denen es ihn zwingt, in das Innere seiner Persönlichkeit hinein?« (Freyer 1960, S. 306f.; vgl. auch Freyer 1960 a, S. 94).

Konstitutiv für die Persönlichkeitsbildung in der industriellen Gegenwartsgesellschaft ist das Leben in den »sekundären Systemen«. Was sind »sekundäre Systeme«?

Konkret meint Freyer mit sekundären Systemen z. B. den Großstadtverkehr, das moderne Versicherungswesen, den Großbetrieb, zentralisierte Verwaltung (vgl. Freyer 1955, S. 79).[31] Diese sekundären Systeme zeichnen sich durch folgende Eigenschaften aus:

– Sie sind nicht geschichtlich gewachsen, sondern konstruiert;
– sie sind vom System her konstruiert, nicht vom Menschen; sie sind »Zweckgebilde«;
– sie sind nach dem Prinzip des Kreislaufs gebaut (vgl. Freyer 1955, S. 107-111);
– sie »betreffen« den Menschen in einer bestimmten Hinsicht, nehmen ihn nicht als ganze Person;
– sie haben sich vom geschichtlichen Erbe und den natürlichen

31 Als Gegenbilder sekundärer Systeme nennt Freyer »(d)ie Ehe, die Liebe, die Freundschaft, das persönliche Treueverhältnis, der auf Kameradschaft gegründete Verband«. Für sie alle gilt, »daß ihr Zustandekommen nicht intendiert und ihr Verlauf nicht planmäßig entworfen werden kann. Sie müssen sich selbst anspinnen und erfüllen; sie reifen aus, machen ihre Wandlungen durch, bestehen ihre Krisen. Sie speisen sich bei alledem aus der ganzen Menschlichkeit ihrer Menschen, indem sie immerzu an andere Eigenschaften appellieren« (Freyer 1955, S. 84). Man kann sagen, daß »sekundäre Systeme« dem Tönniesschen Begriff der »Gesellschaft« entspricht, wie die von Freyer aufgeführten Gegenbilder logisch und sachlich der »Gemeinschaft« zuzuordnen sind.

Grundlagen gleichermaßen gelöst und bilden insofern »eine Art zweite Natur« (Freyer 1955, S. 110);
– die den sekundären Systemen adäquate Handlungsweise ist die Anpassung (Freyer 1955, S. 110).[32]

Paradigmatisch für die sekundären Systeme steht die Arbeitswelt, die durch »Hochtechnisierung« und »fortschreitende Rationalisierung« (Freyer 1960, S. 307) gekennzeichnet ist. Produktion ist typischerweise betriebsförmig als System organisiert. Die einzelnen Arbeitsfunktionen sind durch Plan festgelegt. Arbeit erfolgt also nicht als »freie Selbsttätigkeit«, sondern als möglichst exakter Vollzug vor- und fremdgeplanter Funktionen (es gibt Ausnahme-Berufsgruppen wie Ärzte, Erzieher, Künstler etc.). Dies gilt in steigendem Maße, und nicht nur für Fabriken, sondern auch »in den Büros, Ämtern und Anstalten, bis weit in die sog. freien Berufe hinein« (Freyer 1960, S. 307).

Arbeit im industriellen Betrieb ist also bestimmt durch Spezialisierung (jedenfalls »sobald sie in einem hochgradig arbeitsteiligen System vor sich geht«), durch Fremdbestimmtheit, durch ihre Subsumtion unter das Gesetz des Betriebs und den Schwund ihres Gehalts an Autonomie und Eigenverantwortung (Freyer 1957, S. 56; vgl. auch 1956 b, S. 215 f.).

Selbst Vollautomatisierung, welche die extreme Spezialisierung à la Taylor aufhebt, ändert nichts daran, »daß die Arbeitsverrichtung funktionalisiert wird und den Charakter der Fremdbestimmtheit annimmt« (Freyer 1960, S. 307), auch wenn sie ungleich höhere intellektuelle und ethische Anforderungen als beim ungelernten Arbeiter stellt (vgl. Freyer 1957 a, S. 7).

In vieler Hinsicht ist das Leben in der Arbeitswelt für das Leben

32 Methodisch sind »sekundäre Systeme« als Modell zum Zweck der Gegenwartsanalyse zu verstehen. Das Modell entwickelt Freyer, indem er die eingangs beschriebenen »Trends« (Machbarkeit der Sachen, Organisierbarkeit der Arbeit, Zivilisierbarkeit des Menschen, Vollendbarkeit der Geschichte) gedanklich vollendet und verbindet. Sein analytischer Wert liegt darin, daß es eine Entwicklung antizipiert, die »schon allerorten aufleuchtet ..., an manchen Stellen ... sogar rein – unheimlich rein – verwirklicht« ist (Freyer 1955, S. 79). Insofern »(ist) dieses Modell also mehr als ein Gedankengebilde, das sich unter Zugrundelegung bestimmter Definitionen und Axiome konstruieren läßt, auch mehr als ein Grenzfall, auf den das Weiterdenken laufender Entwicklungsreihen führt« (Freyer 1955, S. 79).

in den anderen Institutionen der industriellen Gesellschaft paradigmatisch. Ihr »soziales System«

> »ist sehr konsequent so konstruiert, daß der Mensch jeweils nur in einer Hinsicht – bald in dieser, bald in jener – von ihm betroffen wird. Mit seiner ganzen Person wird er nie angesprochen, sondern immer nur als Träger einer nach objektiven Kriterien zumutbaren Leistung oder als Träger eines schematisierbaren und organisierbaren Interesses« (Freyer 1957, S. 58).

Die Institutionen der industriellen Gesellschaft funktionieren dadurch, daß sie »an den Menschen fertige Situationsschemata und Verhaltensmuster« herantragen (Freyer 1957, S. 58). Je besser sich die Individuen den vorgegebenen Mustern anpassen, desto perfekter funktionieren die Institutionen der industriellen Gesellschaft.

Umgekehrt gilt aber auch, daß individuelles Handeln um so problemloser und erfolgreicher ist, je mehr es sich den Normen des Systems anpaßt, sich quasi »verkehrsrichtig« verhält.[33] »Verhält er (der Mensch, V. K.) sich aber unsachgemäß, so kommt er über keine Wegkreuzung oder wird überfahren« (Freyer 1957, S. 58). Aus dieser Beziehung zwischen industriegesellschaftlichen Institutionen und modernem Menschen resultiert eine »Transformation des Handelns in ein Sich-Verhalten« (vgl. Freyer 1965, S. 265–273). D.h.: »Das Normalverhalten des Menschen in seiner Umwelt wird dann gleichsam unabhängig von seiner Person« (Freyer 1960, S. 308). Motivsetzend sind nicht seine Eigenschaften, sein Charakter, sondern Institutionen und Situationen, in denen er steht. Insofern ist den »modernen Lebensordnungen«, auch des Westens, ein »totalitärer Zug« zu eigen (vgl. Freyer 1957, S. 59).

33 Den Typus, der am besten in sekundären Systemen klarkommt, beschreibt Freyer so: »Extravertierte Naturen mit kurzer Reaktionszeit und guter Umstellungsfähigkeit, anstellig, dabei mit einem gesunden Egoismus ausgerüstet, haben die beste Chance, sowohl ordentlich zu funktionieren wie glatt bedient zu werden. Daß die Innerlichkeit nicht zur Mitwirkung aufgerufen wird, darf nicht als Verzicht, nicht einmal als ernstere Einbuße empfunden werden. Dagegen wird die Haut wichtig, und sie darf um Gottes willen nicht zu dünn sein. Ein bestimmter Verkehrston, sachlich kühl, selbst im Affekt ohne volle Beteiligung, mit einer bestimmten Dosis Höflichkeit, die sich als äußerst praktisch erweist ..., bildet sich als der adäquate Stil heraus« (Freyer 1955, S. 138 f.).

Der Mensch der Gegenwartsgesellschaft, so Freyers Beobachtung, paßt sich weitgehend den vorgegebenen Einstellungen und Verhaltensweisen an, »sich fügend, wo es notwendig ist, sich anpassend, wo es nützlich ist, mitnehmend, was anfällt« (Freyer 1960, S. 308).

Damit entsteht ein Sozialcharakter, den Freyer in Anlehnung an Musil als »Mann ohne Eigenschaften« bezeichnet:

> »Seine Eigenschaften und Motivationen sind im Sozialsystem vorgenormt wie seine Arbeitsleistungen im Betriebsplan. Sie laufen auch auf Schienen und nehmen die Weichen wie sie gestellt sind. Mit den Verhaltensweisen aber objektiviert der Apparat immer auch die dazugehörigen Meinungen, Gefühle und Gesinnungen, oder er droht das wenigstens zu tun. Zu den Eigenschaften ohne Mann treten dann die Aussagen ohne Mann, sogar die Überzeugungen ohne Mann« (S. 308).

Dieser Prozeß der Erosion der Persönlichkeit läuft nicht ab nach Art eines sozialen Dramas, sondern unmerklich, sogar freiwillig, versüßt durch die Vorteile angepaßten Verhaltens und die Erleichterungen und Genüsse der industriellen Gesellschaft:

> »(D)ie Industriekultur trägt ihren Anpassungszwang in sehr neuer Weise an den Menschen heran: sie pflanzt ihn in sein Herz und seinen Sinn. Sie arbeitet nicht mit der Peitsche der Entfremdung, sondern mit dem Zuckerbrot der Entlastung und des Komforts. Sie überwältigt den Menschen dadurch, daß sie alle äußeren und inneren Nöte mit technischen Mitteln zu beheben nicht nur verspricht, sondern dieses Versprechen in ihrer Weise auch hält« (Freyer 1965, S. 331).

Unter den gegebenen gesellschaftlichen Bedingungen der Gegenwart fungiert der Konsum (für den Konsumenten) nicht nur als Bedarfsdeckung, sondern mehr und mehr auch als Surrogat für die Defizite, welche die fragmentarisierte Existenz des modernen Menschen hinterläßt:

> »Weil die moderne Arbeitswelt den Menschen funktionalisiert, setzt sie seine inneren Bezirke gerade frei, und diese suchen dann ihre Befriedigung in einer zweiten, unverbindlichen Welt, sie weichen dorthin aus: in die imaginäre Welt des Films oder in irgendwelche Sensationen, die nur die Haut streifen. Auch die dominierende Rolle, die der Lebensstandard im modernen Bewußtsein spielt, dürfte sich mit von hier aus verstehen lassen« (Freyer 1956 b, S. 217).

Fazit: Die Lebensbedingungen der industriellen Gesellschaft erodieren die menschliche Persönlichkeit und transformieren Handeln in Sich-Verhalten. Dies ist ein unmerklicher Prozeß ohne direkten Zwang, der durch die Annehmlichkeiten der industriellen Gesellschaft kompensiert wird.

VI.7. Mensch und Natur

Die industrielle Gesellschaft verändert, wie zu seiner geschichtlich gewordenen sozialen Umwelt, auch das Verhältnis des Menschen zur Natur grundlegend. In der vorindustriellen Gesellschaft lebt der Mensch relativ harmonisch eingebettet in die natürliche Umwelt, deren Früchte er sich bedient, ohne die natürlichen Gegebenheiten zu verändern. In der industriellen Gesellschaft gerät die Natur hingegen zur bloßen Ressource oder Standfläche.[34] Die industrielle Technik veredelt nicht die Natur, sondern zerlegt sie:

> »Die natürlichen Bestände werden von ihr nicht einfach genützt, auch nicht bloß veredelt, sondern in abstrakte Elemente zerlegt, in die sie sich von selbst nie zerlegen würden, und nach neuen Bauplänen konstruktiv zusammengesetzt, auch zu Materien, die in der Natur nicht vorkommen. Energien werden aufgestaut, die sich von allein an dieser Stelle nie aufgeladen hätten, und sie werden auf Wirkungsbahnen geleitet, die genauso künstlich sind. Schließlich werden in willkürlicher Setzung der Bedingungen Naturprozesse produziert, die auf freier Wildbahn nur im Glühen der Sonnen vorkommen. Auch vor den von der Natur wohlgehüteten Geheimnissen des Lebens machen Wissenschaft und Technik nicht mehr halt. Sie greifen experimentierend und manipulierend in organische Abläufe und seelische Prozesse ein« (Freyer 1966 b, S. 57).

34 Beispielhaft Freyers Äußerung über »Landschaft«: »Wo sich der industrielle Produktionsapparat mit seinen Anlagen und Zubringersystemen auf ihr festsetzt, denkt er die Landschaft in diesem Sinne um: ihre Wälder in Reserven für seinen Bedarf an Zellulose, ihre Gewässer in den verfügbaren und rational zu bewirtschaftenden Vorrat an Trink- und Nutzwasser, ihre verkehrsgünstig gelegenen Freiflächen in Standorte für neue Werksanlagen, ihre Berge und Täler in Erholungsgebiete für die Städter« (Freyer 1966 b, S. 62).

So entsteht im industriellen Produktionsprozeß »eine zweite, künstliche Natur, auch ihrer materiellen Zusammensetzung nach, eine Natur, die es in der Erd- und Weltgeschichte bisher nicht gegeben hat« (Freyer 1965, S. 236). Ihr Merkmal ist, daß sie sich nicht in der »ersten Natur« auflöst.

Indem der Mensch eine »zweite, künstliche Natur« schafft, verdrängt er zum einen die erste Natur, zum anderen stört er deren Kreislauf. In letzter Konsequenz bedroht der industriegesellschaftliche Prozeß die Lebensgrundlagen der Menschheit:

> »Am schärfsten spitzt sich das Problem zu, wenn die Fortschritte der Industriekultur an die natürlichen Grundlagen rühren, an die alles Leben, auch dasjenige im sekundären System, gebunden ist und die sich, wenn sie einmal zerstört sind, durch keine technische Kunst reparieren lassen: an den Grund und Boden der natürlichen Erde, an das Wasser der Flüsse und Quellen, an die Zusammensetzung, den Wärmehaushalt und das Strahlungsfeld der Atmosphäre« (Freyer 1965, S. 287).

Daß Natur als Ökosystem aufzufassen ist, hat Freyer klar erkannt, wie z. B. die folgende Äußerung über Flurbereinigung zeigt:

> »Schon jede Flurbereinigung bringt mit ihren kleinen Eingriffen ein altes Gleichgewicht durcheinander. Denn sie schafft die scheinbar nutzlosen Einsprengsel der Feldflur planmäßig weg: die Hecken, Gebüsche und Gehölze, den Uferbewuchs der Rinnsale, die Sumpf- und Moorstellen, die Altwasser und Weiher. Nun bläst der Wind ungehemmt über die Felder, der Taufall geht zurück, der Grundwasserspiegel sinkt. Je ausgeglichener die Landschaft wird, desto mehr lösen sich die Zellen des Kleinklimas auf, und das Großklima wird auch in den bodennahen Schichten alleinherrschend. Zudem verarmen viele Kulturpflanzen den Humus, weil sie nicht stickstoffsammelnd sind – um so mehr, je konsequenter die Monokultur und das dry farming mit radikaler Bedämpfung des Unkrauts betrieben wird« (Freyer 1955, S. 196; vgl. auch Freyer 1966 b, S. 64).

Das Verhältnis des Menschen zur Natur in der industriellen Gesellschaft stellt sich für Freyer also so dar: Der Mensch degradiert Natur zur bloßen Ressource, er schafft eine zweite, künstliche Natur (die sich in der ersten nicht auflöst), er stört und zerstört ökologische Kreisläufe. Freyer ist, wie auch sonst, nicht als lautstarker Warner vor der ökologischen Katastrophe aufgetreten.[35] Daß er die ökologischen Gefahren jedenfalls klar erkannt hat, zeigt eine Metaphorik, in der er den Menschen »als Karzinom der Erde« bezeichnet und die sekundären Systeme als »Metastasen«, die sich in die natürliche Erde einfressen (vgl. Freyer 1955, S. 246f.).

VI.8. Prognose und Programmatik

Freyers Zeitdiagnose richtet sich nicht zuletzt gegen den »Chiliasmus«, also die Vorstellung, daß die Geschichte ein zielgerichteter Prozeß ist, der in einen Heilszustand mündet, sei es in den einer technisch und sozialtechnisch perfekten Welt freier und glücklicher Menschen, sei es in den eines Kommunismus nach den Vorstellungen eines historischen Materialismus. Demgegenüber ist Freyer nachdrücklich bemüht klarzustellen, daß die Geschichte, soweit erkennbar, keineswegs in Richtung eines Endzustandes einer perfekten Gesellschaft mit freien, sich selbst entfaltenden Menschen geht. Wohl gibt es den Modus des Fortschritts. Aber Fortschritt ist eine Schwelle, und was nach ihr kommt, läßt sich nicht sagen, auf jeden Fall aber kein wie auch immer gearteter Endzustand der Geschichte.

Auf absehbare Zeit erwartet Freyer, daß die Geschichte weiterhin im Modus des Fortschritts verlaufen wird, und zwar in zunehmend beschleunigtem Tempo. Damit steigt das Risiko technischer Katastrophen, die Natur wird verdrängt, ihr Ökosystem gestört, die sekundären Systeme werden sich weiter ausbreiten.

Und das bedeutet für den einzelnen Menschen »eine Existenz in einer durchaus gemachten Welt, das Leben auf Betrieb reduziert, die Freiheit auf Freizeit, das Glück auf Komfort, die Menschlichkeit auf ein humanitäres Sozialprogramm, das die Grausamkeiten des Systems notdürftig überdeckt« (Freyer 1955, S. 247). Das ist der Fluchtpunkt, auf den die industrielle Gesellschaft, sofern sich die gegenwärtigen Trends fortsetzen, zusteuert.

35 Nur gelegentliche leise Mahnungen finden sich wie diese: »Gott sprach: Füllet die Erde und macht sie euch untertan ... Immerhin hat Gott, indem er den Menschen die Erde gab, nicht zu ihnen gesagt: Macht damit, was ihr wollt« (Freyer 1955, S. 31).

Ist es angesichts dieser Schreckensvisionen nicht angezeigt, vom Projekt der industriellen Gesellschaft überhaupt radikal Abschied zu nehmen? Freyer ist nie müde geworden, dies als unrealistische Alternative hinzustellen:

»Daß der Großteil der Menschen, nachdem er von den ursprünglichen Nahrungsquellen und von der Möglichkeit einer autarken Lebensführung abgeschnitten ist, auf den funktionierenden Markt und auf den funktionierenden Sozialapparat, ebenso auf die funktionierenden Informationsmaschinen angewiesen ist, das ist eine irreversible Entwicklung. Es wäre hirnverbrannt, daran etwas ändern zu wollen, und also sinnlos, daran zu mäkeln« (Freyer 1960, S. 309).

Alle programmatischen Überlegungen einer Alternative können also nur auf dem Boden der bestehenden industriellen Gesellschaft auflaufen. Daß diese Risiken in sich birgt – technische, ökologische, menschliche –, ist nicht in Abrede zu stellen. Sie können nicht ausgeschlossen, aber doch gemindert werden.

Was die ökologische Gefährdung anbetrifft, so hofft Freyer offenkundig auf einen ökologischen Umbau der Industriegesellschaft. Mit großem Interesse, aber auch gewisser Skepsis verfolgt er die Rekultivierungsversuche auf den durch Bodenerosion zerstörten Agrarflächen des amerikanischen Mittelwestens.[36] Im Zusammenhang mit Landschaftsschutz bemerkt er, es dürfe nicht nur darum gehen, »noch unberührte Landschaften zu konservieren, weil sie schön, lebensvoll und erholsam sind – sosehr natürlich auch das Werte sind. Sondern die Frage ist, ob und inwieweit es möglich ist, die Eigengesetzlichkeiten der älteren Schichten in die industrielle Planung einzurechnen, also gleichsam in einer doppelten und dreifachen Logik zu denken. Erst das ergäbe langfristige Planungen an Stelle kurzschlüssiger und unbesonnener« (Freyer 1966 b, S. 65).

Dies ist nichts Geringeres als die Vision einer ökologisch angepaßten Industriegesellschaft. Über ihre Realisierungschance macht sich Freyer keine Illusionen: »Hinter den Kategorien der Indu-

36 »Wo es sich um Gleichgewichte der Natur ... handelt, hat die Natur das letzte Wort«. Allerdings »bleibt nichts übrig, als solche Versuche zu unternehmen, wenn die Menschheit nicht ganze Erdteile an die Wüste verlieren will. Die Not lehrt planen, und der Rest ist Hoffnung« (Freyer 1955, S. 198).

striekultur stehen sehr handfeste Interessen, in den pluralistischen Gesellschaften Interessen des Erwerbs und der Spekulation, auch Interessen des Lebensstandards« (Freyer 1966 b, S. 65; in gleichem Sinn Freyer 1965, S. 287 f.).[37]

Das Hauptaugenmerk Freyers gilt freilich nicht der ökologischen Gefährdung, sondern der sozialpsychischen Existenz des Menschen in der industriellen Gesellschaft. Diese hat er so zusammengefaßt:

> »Die moderne Maschinenwelt erzeugt gleichsam als ihr Abbild einen Sozialapparat, der genau so unpersönlich, so abstrakt ist, wie sie selbst, hart und dürr wie Stahl. In ihnen wird der Mensch nicht als Ganzer erfaßt, sondern immer nur auf Zeit in einer ganz bestimmten Hinsicht und in einer bestimmten Funktion angesprochen, entweder als Arbeitskraft oder als Konsument oder als Staatsbürger, und zwar immer nur insoweit, als dies für den reibungslosen Ablauf des sozialen Zusammenspiels erforderlich erscheint« (Freyer 1956, S. 25).

Die Existenz des Menschen ist dadurch bestimmt, daß vom Sozialapparat bestimmte Verhaltensimperative ausgehen, an die anzupassen er sich bei Strafe des Mißerfolgs und Scheiterns im Alltag genötigt sieht. Diese Anpassung läuft letztendlich auf »Transformation von Handeln in Sich-Verhalten«, auf den Verlust autonomer Lebensführung und auf die Erosion der Persönlichkeit hinaus.

Welche Möglichkeiten sieht Freyer, diesem Szenario entgegenzuwirken? Wie kann sich in den sekundären Systemen der industriellen Gesellschaft ein Menschentum entfalten, welches dem humanistischen Ideal einer sich allseitig und frei entfaltenden Persönlichkeit nicht allzu fern liegt?

Die Beziehung zwischen den sekundären Systemen und den Individuen ist, wie wir gesehen haben (Kap. VI.6.), dadurch gekennzeichnet, daß diese von jenen nur partiell in einer bestimmten Hinsicht und Funktion angesprochen werden. Der »Sozialapparat« der industriellen Gesellschaft schafft also keine Lebensräume,

37 Zutreffend und damals nicht selbstverständlich ist auch Freyers Einsicht, daß eine Planwirtschaft unter ökologischen Gesichtspunkten keine Alternative darstellt: »Wo aber die Vier-, Fünf- oder Siebenjahrespläne eines totalitären Regimes auf die industrielle Aufrüstung eines Landes zielen, steht es damit gewiß nicht besser, eher noch schlimmer« (Freyer 1966 b, S. 65).

in denen sich der Mensch als Ganzer, als eigene individuelle Persönlichkeit entfalten kann. Das erste Ziel zur Rettung der Persönlichkeit muß folglich sein, Räume zu schaffen, in denen sich der Mensch als Ganzes entfalten kann. Freyer spricht von »Eindeichung der Pflanzstätten, in denen das Menschliche gedeiht und in denen es allein nachwachsen kann« (Freyer 1960, S. 310).

Was ist damit gemeint? Freyer erwähnt als Beispiele »Familie ..., Nachbarschaften im räumlichen und geistigen Sinn, Arbeits- und Gesinnungsgemeinschaften« (Freyer 1960, S. 310). Damit klingt der entscheidende Begriff schon an: »Gemeinschaft« im Sinne von Ferdinand Tönnies. Freyer fordert also die Erhaltung und Stärkung der Gemeinschaftsformen als Gegengewicht zu den »sekundären Systemen« der industriellen Gesellschaft. Denn Gemeinschaftsformen sind für Freyer die Orte, an denen Menschlichkeit und Charakter gedeihen.[38]

Besondere Bedeutung mißt Freyer der Familie zu – trotz der »Aushöhlung«, welche diese in der industriellen Gesellschaft durchmachen mußte. Auch Freyer weiß um diese Entwicklung: Trennung von Arbeitsstätte und Wohnung, von Betrieb und Haushalt, die Schrumpfung der Groß- zur Kleinfamilie, die Transformation von einer Arbeitsgemeinschaft zur Konsumgemeinschaft, Ausgliederung diverser Funktionen auf andere Institutionen (vgl. Freyer 1960 b, S. 1034).

Was Freyer trotz alledem hinsichtlich der Familie optimistisch stimmt, ist ihr Beharrungsvermögen und ihre Bewährung in den Wirren der Kriegs- und Nachkriegszeit, und dies trotz der Belastungen, denen sie unter diesen mißlichen Umständen ausgesetzt war (Kriegsdienst, gefallene und vermißte Angehörige, Arbeitsdienst, Gefangenschaft, Vertreibungen etc.). Es gelang ihr sogar, dort einzuspringen, wo staatliche Einrichtungen ausfielen; vor allem war sie imstande, die versagenden staatlichen Sicherungs- und Vorsorgeleistungen durch Selbsthilfe zu ersetzen (vgl. Freyer 1960 b, S. 1036).

Dies alles schildert Freyer (unter Bezug auf die familiensoziologischen Forschungen besonders Schelskys) im Aufsatz »Die Familie

38 Überhaupt ist im begrifflichen Ansatz eine weitgehende Parallelität zu Tönnies auszumachen. Freyers »Pflanzstätten des Menschlichen« als Gegengewicht zu den »sekundären Systemen« entsprechen in etwa Tönnies' Begriffspaar von »Gemeinschaft« und »Gesellschaft«.

als Sicherheit unserer Zeit« (Freyer 1960 b), der wie ein Loblied auf die Familie klingt. Aber es klingt noch mehr heraus (ohne daß es explizit formuliert wird): Eine Institution, die aus dem Chaos des verlorenen Krieges unversehrt, ja gestärkt hervorging, kann sich auch im industriegesellschaftlichen Prozeß der »schöpferischen Zerstörung« (Joseph A. Schumpeter) behaupten.[39] Die Familie ist für Freyer jedenfalls die wichtigste und zugleich resistenteste (vgl. Freyer 1963, S. 19), wenn auch keinesfalls ungefährdete (vgl. Freyer 1960, S. 310) Gemeinschaftsform der Gegenwartsgesellschaft.

Als ein anderes Beispiel, Gemeinschaft zu erhalten und zu entfalten, mögen Freyers Überlegungen zur Stadtplanung stehen. Er vertritt die Auffassung, daß »die Teilbezirke ... zu gestalthaften und übersehbaren Lebensräumen werden könnten und werden sollten«, indem »klar abgegrenzte Teilbezirke ... mit einem sinnvollen inneren Aufbau, nicht geradezu autark, doch mit eigenen kulturellen und ökonomischen Schwerpunkten« geschaffen werden (Freyer 1963, S. 18).

Erhaltung und Pflege der Gemeinschaftsformen ist für Freyer also das erste Gegenmittel gegen die fragmentierte Existenz in der Industriekultur.

Das zweite Gegenmittel bezieht sich auf organisatorische Auflokkerungen in Betrieben und Verwaltungen. Das gegenwärtig vorherrschende Organisationsprinzip ist, so Freyer, dadurch gekennzeichnet, »daß die Verantwortung an einer und nur an einer Stelle konzentriert wird, daß sie sich da zum Gesamtplan objektiviert und sich zugleich in lauter Teilaufträge auseinanderlegt, die wie Zahnräder ineinandergreifen« (Freyer 1957, S. 57): die einzelne Arbeitskraft fungiert dann als bloßer Exekutor eines vorgegebenen Plans ohne eigenen Beitrag. Die Alternative, die Freyer favorisiert, »besteht darin, daß das gemeinsame Vorhaben in lauter Verantwortungsräume aufgegliedert und daß der einzelne Mitarbeiter je in einen solchen Raum eingesetzt wird; was darin an Aufgaben anfällt, untersteht seiner Verantwortung« (Freyer 1957, S. 57). Gefordert ist also eine Organisation des Arbeitslebens, die

39 Schumpeters Charakterisierung des kapitalistischen Wirtschaftsprozesses als »schöpferische Zerstörung« bezieht Freyer (1965, S. 158) auf den industriegesellschaftlichen Prozeß als Ganzen einschließlich der kulturellen Dimension.

dem einzelnen Arbeitnehmer ein Höchstmaß an Verantwortungs- und Ermessensspielraum beläßt.

Freyer intendiert, indem er den Erhalt von Gemeinschaften propagiert, keine Nischenbildung.[40] Das Gegenteil ist der Fall: »Überall, wo Verantwortung übertragen und übernommen wird, geschieht ein Stück Wiederherstellung der Person, ein Stück Rückführung unserer Welt in den Eigenbesitz des Menschen« (Freyer 1963 a).

Letztendlich appelliert Freyer auch an den einzelnen Menschen, »für sein Menschsein kann nur jeder selbst sorgen« (Freyer 1957 a, S. 8). »Möglichkeiten, die Person als solche zu wahren, gibt es genug und unter allen Umständen: im Aufbau des eigenen Lebenskreises, in der Pflege des eigenen Stils, in der Pflege der menschlichen Beziehungen« (Freyer 1956, S. 27). Jeder ist aufgerufen zu versuchen, die Autonomie seiner Lebensführung zu erhalten bzw. wieder zurückzugewinnen. Das heißt erstens, nicht allen Verlockungen der Konsumgesellschaft nachzugeben, zweitens, sich in der Arbeit nicht anzupassen und als Rädchen im Getriebe zu fungieren, sondern zu versuchen, sich persönlich einzubringen.

Kommen wir noch einmal zum »progrès réel«. Die industrielle Gesellschaft ist in einem Fortschrittsprozeß begriffen, den Freyer (1965, S. 301) als »Katarakt« charakterisiert, also als einen reißenden Strom, der von sich gegenseitig beschleunigenden Subprozessen, insbesondere der Technisierung vorangetrieben wird.

Wie soll sich der Mensch in diesem »Katarakt« verhalten? Soll er eingreifen? Kann er unter den Bedingungen einer sich potenzierenden Fortschrittsdynamik überhaupt eingreifen? Und wenn ja, wie und mit welchem Ziel?

Es gibt laut Freyer auf absehbare Zeit keine Chance, den Fortschrittsprozeß frei und zielgerichtet zu steuern. Fortschritt hat eine Eigendynamik angenommen, die ihn »zu einer von Gesinnungen und Entschlüssen unabhängigen« Größe haben werden

40 »Es genügt nicht, sich von den harten Apparaturen des sozialen Lebens abseits zu stellen, um auf diese Weise seine Person zu wahren, sondern die Frage ist, wo in den Institutionen selbst und in ihrem Funktionieren die Eigenverantwortung des Menschen zur Geltung gebracht, wie das soziale System in den Menschen gestützt werden kann« (Freyer 1963 a).

lassen.[41] Der Fortschritt ist also nicht, wie die Aufklärung in Aussicht stellte, nach normativen Grundsätzen gestaltbar, sondern er wird seinerseits normsetzend für menschliches Handeln:

> »Auch von einem progrès réel geht eine normierende Wirkung aus, freilich kein kategorischer Wertentscheid und keine Sollensforderung wie von einem sittlichen Gebot, sondern ein Sachzwang wie von einem Bedingungszusammenhang, einem Kraftfeld, einem Koordinatensystem. Wenn der Fortschritt zum Modus des realen Geschehens wird, bewirkt er mit der normativen Kraft des Faktischen« (Freyer 1965, S. 300 f.).

In Freyers Analyse des Fortschrittsprozesses ist der Mensch also radikal entsubjektiviert, er ist auf Gedeih und Verderb einem naturhaften Prozeß ausgeliefert, den er mit seinem Handeln selbst in Gang gesetzt, der sich aber seinem Willen und seinen Steuerungskapazitäten längst entzogen hat. Die schlüssige Konsequenz, wie sich der Mensch gegenüber diesem Katarakt verhalten kann und soll, wäre somit die eines heroischen Fatalismus à la Max Weber (wobei die Attribute des Freyerschen Fortschritts wie Gentechnik, Atomtechnik oder ökologische Gefährdung viel risikoträchtiger sind als Max Webers »stahlhartes Gehäuse der Hörigkeit«). Aber diesen Weg schlägt Freyer nicht ein, sondern er bringt den Menschen mit einer anthropologischen Wendung wieder ins Spiel. Unter Berufung auf den Biologen Adolf Portmann reklamiert er

41 »(D)as neue Naturmilieu, zu dem die Industriekultur die Erde zu verändern im Zuge ist, ist kein vollendbares Schöpfungswerk ... Wohl aber sind die Veränderungen, die in dieser Richtung in Gang gesetzt worden sind, nicht zurücknehmbar, und die gigantischen Mittel, die dafür aufgeboten wurden, bilden einen Sachzusammenhang, der als solcher weiterwirkt: So wird der Fortschritt zu einer von Gesinnungen und Entschlüssen unabhängigen, diese freilich immer in sich hineinzwingenden Struktur des Aktionsfeldes. Er überkommt die Menschen von den Sachen her, die sie betreiben, von den Mitteln her, die sie einsetzen, so gewiß auch diese Sachen von ihnen selbst produziert, diese Mittel von ihnen selbst erfunden worden sind. Die Frage ist dann nicht mehr, wer den Fortschritt will und wer ihn verantwortet, da ein Wille doch wohl die Möglichkeit einer offenen Wahl voraussetzen würde, und da in die Verantwortung des Menschen nur das fallen kann, was er zu bewirken und zu verhindern vermag. Das Problem ist vielmehr, den Fortschritt, das heißt seine jeweils nächsten Schritte, deren Richtung vorgezeichnet ist, zu vollziehen oder auch nur: mit ihnen Schritt zu halten« (Freyer 1965, S. 299).

für den Menschen die »Hypertelie« (Freyer 1965, S. 325). Was ist damit gemeint?

»Hypertelie« besagt folgendes: Das organische Leben, insbesondere der Mensch, ist dadurch gekennzeichnet, daß Energie nicht nur zur Reproduktion und für das Zweckmäßige verausgabt wird, sondern auch für das Überzweckhafte: für den »Aufbau einer Innerlichkeit« und einer »sinnlichen Erscheinung«. Zeitdiagnostisch gewendet heißt das: Der Fortschrittsprozeß geht gegen die Natur des Menschen, weil er der naturgegebenen Hypertelie keinen Raum läßt, aber auch: Vielleicht ist der Fortschrittsprozeß nicht von Dauer, weil er gegen die Natur des Menschen ist. Die Hoffnung, die Freyer äußert, oder jedenfalls durchschimmern läßt, ist, daß sich auf die Dauer die Hypertelie gegen die Eigendynamik des Fortschrittsprozesses durchsetzt – eine angesichts des von ihm so eindrucksvoll beschriebenen »Kataraktes« verwegene Hoffnung.

Nun gründet sich Freyers Aussicht, daß der Fortschritt nicht das letzte Wort der Geschichte gewesen sein muß, nicht nur auf die Natur des Menschen, sondern auch auf die Beschaffenheit des Geschichtsprozesses selbst. »Geschichtlichkeit des Menschen (bedeutet) immer auch dies, daß eine überdeterminierte Vielheit von Möglichkeiten aufgesammelt in ihm bereitliegt« (Freyer 1965, S. 328), und Freyer ist nicht gegen die weitverbreitete Vorstellung einer »Vollendbarkeit der Geschichte« angetreten, um an deren Stelle eine Katastrophenteleologie zu setzen. Gewiß, der eigendynamische Fortschrittsprozeß *kann* in eine Katastrophe münden[42], *muß* es aber nicht. Geschichte ist prinzipiell offen, und möglich ist auch, daß die sich beschleunigende Dynamik irgendwann wieder nachläßt und in einen neuen Ruhestand eintritt.[43] Anzeichen

42 »Die Fortschrittsprozesse sind, soweit sie sachbedingt sind, unaufhaltsam, es ist aber unter Umständen möglich, daß sie, freigelassen, ins Sinnlose, sogar in die Katastrophe führen …« (Freyer 1965, S. 287).

43 Der »große Rhythmus« der Geschichte könnte laut Freyer so aussehen: »Zeitalter, die sich ganz auf die Gewinnung eines neuen Lebensmilieus und auf die ihm gemäße Technik konzentrieren, bis zur völligen Funktionalisierung des Menschen im Dienste dieses Zwecks – und Jahrtausende, die in dem so gewonnenen Kategoriensystem existieren …« (Freyer 1965, S. 325). Dies impliziert aber keinen Endzustand der Geschichte: »Daß eine solche Zukunft, was man auch von ihr erhoffen mag, nicht als Vollendung der Geschichte gedacht werden darf, braucht

dafür sind nicht vorhanden, aber es ist nicht auszuschließen. Es kann der Punkt kommen, an dem die Gestaltungskapazität des Menschen wieder zunimmt.
Insofern ist nicht Fatalismus angesagt, sondern »Erwarten«: Erwarten nicht als »passive Haltung«, nicht als »bloßes Ausharren und An-sich-Herankommenlassen, nicht einmal ein bloßes Gefaßtsein auf etwas, sondern ein Sich-Bereithalten, sogar ein Sich-Bereitmachen auf das Erwartete« (Freyer 1965, S. 326).
Doch auch wenn die strukturellen Bedingungen für werthaftes menschliches Gestaltungsstreben günstiger geworden sein sollten, gilt: »Eine Menschlichkeit, die sich in souveräner Freiheit von innen her selbst bestimmt und ihre Fülle in ihr Tun ausströmt, ist in allen geschichtlichen Lagen ein Fremdling; jedenfalls kann sie in die Geschichte immer nur eingebracht, sie kann nur als Gegenpol zum Sachzwang der objektiven Ordnungen behauptet, nur mit ihnen in Spannung gehalten werden« (Freyer 1965, S. 331).

VI.9. Freyers Diagnose der westlichen Nachkriegsgesellschaft – Zusammenfassung und Kritik

Freyer begreift die Gegenwart als »technisches Zeitalter« und »industrielle Gesellschaft«. Analytischer Angelpunkt der Zeitdiagnose ist Technik, die gegenüber der vorindustriellen Gesellschaft einen grundlegenden Funktionswandel erfährt: vom Mittel zum Zweck zum Erschließen von Potenzen für freiwerdende Zwecke (Kap. VI.2.1.). Diese Bestimmung der Technik induziert einen komplexen, eigendynamischen Fortschrittsprozeß, der von gleichgerichteten, sich wechselseitig potenzierenden Subprozessen vorangetrieben wird (Kap. VI.2.2.). Als charakteristische »Trends« der industriellen Gesellschaft nennt Freyer die »Machbarkeit der Sachen«, die »Organisierbarkeit der Arbeit«, die »Zivilisierbarkeit des Menschen« und die »Vollendbarkeit der Geschichte« (Kap. VI.2.3.).
Die industrielle Gesellschaft ist ursprünglich ein genuin euro-

nach dem Gesagten kaum betont zu werden. Die Geschichte landet nie im Endgültigen. Sie wird es auch nach Überwindung dieser Schwelle nicht tun« (Freyer 1965, S. 325).

päisches Phänomen, das in einem komplexen Zusammenspiel von Wissenschaft, Technik und Kapitalismus entstanden ist (Kap. VI.3.). Freyer unterscheidet die »industrielle Gesellschaft erster Ordnung« (Trennung von Staat und Gesellschaft, freier Markt, freie Konkurrenz, freier Arbeitsvertrag, rasches absolutes und relatives Anwachsen des Proletariats, Antagonismus von Bourgeoisie und Proletariat) und die »industrielle Gesellschaft zweiter Ordnung« (komplexe Organisation des Produktionsprozesses, Zusammenwachsen von Staat und Gesellschaft, Interventionsstaat, insbesondere Sozialstaat, Großverbände, Tarifvertragssystem, mittelstandsgesellschaftliche Nivellierung), die in der Nachkriegszeit einen weitgehend ausgereiften Zustand erreicht hat.

Wie funktioniert die industrielle Gegenwartsgesellschaft? Die Wirtschaft in der industriellen Gesellschaft ist ein komplexer, dynamischer Prozeß, der vier Komponenten beinhaltet: die Vervollkommnung der Produktionsmittel, die Erhöhung des Effizienzgrades der menschlichen Arbeit, die Vervielfältigung der Bedürfnisse und die Akkumulationstendenz des Kapitals. Triebkraft der Produktion ist der technische Fortschritt (der nicht stetig, sondern in »Wellen, Schüben und Stößen« verläuft); er wird von der Wissenschaft in Gang gehalten (Kap. VI.4.). Der Sozialstaat, der Pluralismus der Interessengruppen, das Tarifvertragssystem garantieren eine einigermaßen ausgeglichene Verteilung des Volkseinkommens; der Aufstieg der sich verbreiternden Facharbeiterschaft, das Beharrungsvermögen des alten sowie das Wachstum eines neuen Mittelstandes (Angestellte) führen zu einer sich nivellierenden Mittelstandsgesellschaft, welche den Klassenantagonismus des 19. und frühen 20. Jahrhunderts überwunden hat (Kap. VI.5.).

Bedingung für das Funktionieren der industriellen Gesellschaft ist aber auch die Entindividualisierung und Standardisierung menschlichen Handelns. Die Institutionen der industriellen Gesellschaft, welche Freyer als »sekundäre Systeme« qualifiziert, tragen »fertige Situationsschemata und Verhaltensmuster« an den einzelnen Menschen heran. (Die Anpassungszwänge in der industriellen Gesellschaft sind also beträchtlich). Dies führt zu einer »Transformation von Handeln in Sich-Verhalten«, zu einem passiven Menschentum mit geringer individueller Charakterausprägung (»Erosion der Persönlichkeit«,

»Mann ohne Eigenschaften«) – ein unmerklicher Prozeß ohne direkten Zwang, der durch die Annehmlichkeiten der industriellen Gesellschaft versüßt wird (Kap. VI.6.).

Die industrielle Gesellschaft verändert das Verhältnis des Menschen zur Natur grundlegend. Die Natur gerät zur bloßen Ressource oder Standfläche. Die industrielle Technik veredelt nicht die Natur, sondern zerlegt sie. Es entsteht im industriellen Produktionsprozeß »eine zweite, künstliche Natur«, welche die »erste Natur« verdrängt und ihren ökologischen Kreislauf stört (Kap. VI.7.).

Freyer erwartet für die absehbare Zukunft eine Fortsetzung der Fortschrittsdynamik, und zwar in zunehmend beschleunigtem Tempo, eine weitere Ausbreitung der sekundären Systeme, weitere Verdrängung der Natur und ein zunehmendes Risiko technischer Katastrophen. Als mögliche programmatische Alternative entwickelt Freyer bereits die Vision einer ökologisch angepaßten Industriegesellschaft, deren Realisierungschancen er angesichts ökonomischer Interessen als gering einschätzt. Gegenüber den sekundären Systemen hofft Freyer auf Erhaltung der Gemeinschaftsformen, insbesondere der Familie, aber auch eine Umorganisation des Arbeitslebens mit dem Ziel, dem einzelnen Arbeitnehmer ein Höchstmaß an Verantwortungs- und Ermessensspielraum zu belassen (Kap. VI.8.).

Freyer hat versucht, die Funktionsweise der industriellen Gesellschaft transparent zu machen und dabei zu verdeutlichen, wie die Strukturen der industriellen Gesellschaft Freiheitsraum und Sozialcharakter des Menschen verändern. Das ist ihm gelungen. Er arbeitet überzeugend heraus, daß die industrielle Gegenwartsgesellschaft nicht einfach aus technischen und ökonomischen Kategorien verstehbar ist. Die industriellen Strukturen insbesondere in der Arbeitswelt schleifen Denk- und Verhaltensmuster ein, die für das Funktionieren der industriellen Gesellschaft, gerade auch ihrer Ökonomie, unabdingbar sind. Freyer zeigt auf, daß entgegen ihrem Anspruch, Freiheit zu verkörpern, auch der westlichen Gesellschaft ein heimlicher Totalitarismus innewohnt, der gleichförmige, strukturadäquate Verhaltensweisen (insbesondere im Konsum) erzeugt (wenn nicht erzwingt), auch wenn er sie mit den Surrogaten der Konsumgesellschaft versüßt. Der Vorwurf der »Kulturkritik« ist gegenüber seiner Soziologie unbegründet. Der späte Freyer ist kein Romantiker, der vorindustriellen Zuständen nachweint. »Eine Rückkehr zum ungeteilten Handwerk könnte man sich ohne Schwindel wohl nur als Teil einer Katastrophe ausmalen, deren übrige Folgen sich auszumalen nichts weniger als tröstlich sein dürfte« (Freyer 1955, S. 45). Er verschließt nicht die Augen vor der technischen Entwicklung – im Gegenteil: Er beobachtet aufmerksam den neuesten Stand der Computer-, Atom- und Gentechnologie.[44] Daß er deren Risiken gegenüber nicht blind war, mag zum Stigma der »Kulturkritik« beigetragen haben.

Freyer will, ausgehend von den Werten der Freiheit, Menschlichkeit und Selbstentfaltung der Persönlichkeit, die menschlichen Risiken und ihren Mechanismus transparent machen. Wer sich ihrer bewußt ist, so sein Kalkül, kann ihnen auch leichter widerstehen. Seine Intention ist also nicht Kulturkritik, sondern soziologische Aufklärung.

Ist Freyers (kultursoziologische) Analyse des Freiheitsraums und Sozialcharakters des modernen Menschen in der Gegenwartsgesellschaft als gelungen zu qualifizieren, so sind auf anderen Feldern, die sein Interesse weniger auf sich ziehen, Schwächen unverkennbar:

Freyers Theorie ist strukturlastig, die Handlungsdimension kommt kaum heraus. Das ist zum Teil der Diagnose geschuldet: die Imperative der industriegesellschaftlichen Strukturen sind so übermächtig, daß dem Handelnden kein Spielraum gegeben ist; der handelnde Mensch exekutiert lediglich die Zwänge, die das System vorgibt. Insofern ist die Strukturlastigkeit bis zu einem gewissen Punkt plausibel: sind die Strukturen so dominant wie in der industriellen Gesellschaft, bedarf es der Handlungsanalyse nicht. Doch zumindest an einer Stelle wird dieses Vorgehen defizitär: dort, wo es um die neue Gestalt der industriellen Gesellschaft im 20. Jahrhundert geht, insbesondere um den Sozialstaat. Dessen Institutionen sind, wie Heimann gezeigt hat, undenkbar ohne die Arbeiterbewegung. Hier ist Heimann ungleich stärker, wenn er zeigt, wie die kapitalistischen Strukturen des 19. Jahrhunderts auf der Handlungsebene die Reaktion der sozialen Bewegung bewirken, die neue Strukturen erzwingt, welche wiederum

44 Vgl. z. B. Freyers Beschreibung des Computers (in: Freyer 1955, S. 40f.) oder seine Rezeption der Gentechnologie (in: Freyer 1965, S. 296, 320f.).

zu einem neuen System, dem System der sozialen Reform führen. Freyer betont lediglich (gewiß zu Recht) die gravierenden Unterschiede zwischen der industriellen Gesellschaft des 19. und 20. Jahrhunderts, ohne sie adäquat erklären zu können.
Ein grundlegender Widerspruch ist hinsichtlich der Werte in der industriellen Gesellschaft zu beobachten. Einerseits meint Freyer, das industrielle System funktioniere am besten, wenn sich die Individuen an die vorgegebenen Verhaltensmuster anpassen. Andererseits vertritt er die These, daß gerade die »haltenden Mächte«, also traditionelle Werte von Gemeinschaft und Kameradschaft Zusammenhalt und Funktionieren der industriellen Gesellschaft gewährleisten, und postuliert Persönlichkeitswerte für die Arbeitswelt und die industriegesellschaftlichen Institutionen, die angeblich für deren Funktionieren von Vorteil sind.
Vielleicht der bedeutendste, heute interessanteste Bestandteil der Nachkriegssoziologie Freyers ist seine Theorie des Fortschritts. Sie vermittelt zwei grundlegende Einsichten, die aus der gängigen Theorie sozialen Wandels nicht hervorgehen. Erstens: Fortschritt (als »progrès réel«) ist kein universaler Prozeß, erst recht kein teleologischer Prozeß, sondern ein zeitspezifischer Modus geschichtlicher Bewegung. Zweitens: Die strukturelle Signatur des Fortschrittsprozesses besteht darin, daß gleichgerichtete Subprozesse sich gegenseitig vorantreiben, woraus der Gesamtprozeß eine beschleunigte Eigendynamik gewinnt. Diese Strukturanalyse geschichtlicher Bewegung ist – mit den von Freyer bezeichneten Ausnahmen – nach wie vor gültig.
Kommen wir abschließend noch einmal auf unser Ausgangsthema zurück: Freyer und der Nationalsozialismus. Der Befund war, daß – zumindest in der Zeit von 1930 bis 1935 – von einem zeitdiagnostischen Versagen Freyers gegenüber dem Dritten Reich gesprochen werden muß, insofern er Wunschvorstellungen von Volksgemeinschaft und Führertum auf die braune Bewegung projizierte und deren verbrecherische Qualität nicht wahrnahm. Die Frage war, ob damit das wissenschaftliche Werk Freyers pauschal, also auch das der Nachkriegszeit, diskreditiert ist. Gegen eine derartige Auffassung machten wir geltend, daß sich die Erfahrung eines so gravierenden Irrtums auch wissenschaftlich produktiv auswirken kann, quasi als Katharsis, die Fehlerquellen korrigiert und das analytische Reflexionsvermögen schärft. Kann man für Freyers Nachkriegswerk von einem solchen Effekt sprechen?

Ja und nein. Sieht man, wie Freyer auf die Geschichte des Dritten Reiches im allgemeinen und seiner persönlichen Verstrickung im besonderen reagiert, nämlich mit Verdrängen und Verstecken (ähnlich Heidegger), dann kann von einer Katharsis keine Rede sein. Anders sieht es aus, wenn man die Diagnose der westlichen Nachkriegsgesellschaft betrachtet. Freyer nimmt sich nun, wie es sich für einen guten Soziologen gehört, der Strukturgesetzlichkeiten industrieller Gesellschaften an, viel stärker als in den 20er und frühen 30er Jahren. Die Wunschvorstellungen der 50er und 60er Jahre in Gestalt kommunistischer oder technischer/sozialtechnischer Utopien westlicher Machart (»Vollendbarkeit der Geschichte«) weist er mit einer soziologisch überzeugenden Analyse zurück. Während er die Vorzeichen einer möglichen Deformation radikalkonservativer oder völkischer Ideen durch nationalsozialistische Herrschaftspraxis mißachtete, entwickelte er in den 50er Jahren ein geschärftes Wahrnehmungsvermögen für technische, ökologische und menschliche Risiken der Gegenwartsgesellschaft, was damals alles andere als Allgemeingut war. Dies ist kein Zufall: Freyer konnte sich nach seiner nationalsozialistischen Verstrickung nicht als Moralist bewähren (wie etwa Alfred v. Martin), sondern nur als Analytiker, und so gelang ihm – trotz oder gerade wegen seiner pronationalsozialistischen Vergangenheit – ein ernstzunehmender soziologischer Beitrag zur Diagnose der 50er und 60er Jahre.

VII. Zur aktuellen Bedeutung der Weimarer historischen Soziologie[1]

Die Frage nach der aktuellen Bedeutung der Weimarer historischen Soziologie, als deren Ausläufer nach 1945 hier exemplarisch Heimann, v. Martin und Freyer vorgestellt wurden, läßt sich nicht unvermittelt beantworten, ja nicht einmal stellen. Dem steht eine weitverbreitete (wenn auch selten explizierte) Position entgegen, die sich auf folgenden Nenner bringen läßt: Soziologiegeschichte ist Soziologie*geschichte*. Sie ist durch die aktuelle Forschung überholt und kann zu aktuellen Problemlagen keinen Beitrag leisten. Soziologiegeschichte kann professionell betrieben werden in der Erschließung wissenschaftshistorischer Quellen, in der wissenssoziologischen und ideologiekritischen Bearbeitung »klassischer« Texte. Sie sollte aber strikt von der aktuellen Diskussion getrennt werden. Erst recht ist es unzulässig, an Ansätze aus vergangenen Zeiten anzuknüpfen, sie heute als methodologische Basis oder analytischen Rahmen zu verwenden. Demnach ist z. B. Max Weber gewiß ein Klassiker, ja ein sehr interessanter Klassiker, aber auch Max Weber ist Geschichte, die Wissenschaft ist über ihn hinweggeschritten, heute haben wir andere Ansätze, und die sind gültig.[2]

Wir wollen uns nun mit dieser Position auseinandersetzen, und zwar in folgenden Schritten:

– Zunächst werden wir uns um eine begriffliche Klärung dessen

1 Diesem Kapitel liegt ein Vortrag zugrunde, der im Dezember 1991 in einem Kolloquium der Gesellschaft für Soziologie an der Universität Graz gehalten wurde. Für die Einladung danke ich Prof. Dr. Karl Acham.

2 Dieser Position, welche Soziologiegeschichte (und damit auch der historischen Soziologie nach 1945) jegliche aktuelle Relevanz abspricht, dürfte methodologisch, bewußt oder unbewußt, der Poppersche Kritische Rationalismus zugrunde liegen, wonach sich Wissenschaft per Falsifikation beständig der regulativen Idee der Wahrheit nähert. Demnach sind vergangene Positionen bereits falsifizierte Positionen, je länger zurückliegend, desto stärker falsifiziert. Gemäß dieser Sichtweise kumulativen Fortschritts wäre es in der Tat ein Unding, auf frühere, falsifizierte Positionen zurückgreifen zu wollen.

bemühen, was wir als »(Weimarer) historische Soziologie« bezeichnen (I.);

– Danach sind die außerwissenschaftlichen Faktoren aufzuzeigen, die dazu führten, daß historische Soziologie von der wissenschaftlichen Bildfläche verschwand und zu Wissenschaftsgeschichte wurde (II.);

– Wir werden dann die Kritik prüfen, mit der ihre Verwerfung begründet wurde (»Geschichts- und Sozialphilosophie«, »Kulturkritik«), wobei auch der wissenschaftslogische Charakter historisch-soziologischer Zeitdiagnostik anzusprechen ist (III.);

– Danach wollen wir Überlegungen anstellen, ob die Ablösung der Weimarer historischen Soziologie durch empirische Sozialforschung, Systemtheorie und »Theorie sozialen Wandels« als »wissenschaftlicher Fortschritt« verstanden werden kann (IV.);

– Abschließend kommen wir zu unserer eigentlichen Frage: der aktuellen Bedeutung der Weimarer historischen Soziologie (V.).

I.

»Historische Soziologie« verstehen wir nicht als spezielle Soziologie (»Bindestrichsoziologie«) wie z. B. Wirtschafts-, Industrie- oder Familiensoziologie, sondern als eigenen sozialwissenschaftlichen Ansatz, (der Geschichtsforschung für spezifisch soziologische Zwecke betreibt; s.u., Abschn. IV.). In diesem Sinne ist historische Soziologie logisch vergleichbar etwa mit historischer Nationalökonomie, theoretischer Nationalökonomie, historischem Materialismus, oder, um neuere Ansätze zu nehmen, Modernisierungstheorie, interpretativer Soziologie, Systemtheorie und Gesellschaftsgeschichte.

Diese Auffassung erscheint zunächst als einigermaßen abwegig, wenn man die Differenzen innerhalb dessen betrachtet, was wir als »(Weimarer) historische Soziologie« bezeichnen. Wir haben es mit jeweils individuellen, auch thematisch unterschiedlich gelagerten Theoriekonzepten zu tun, etwa Heimanns Theorie der sozialen Reform, v. Martins Soziologie des Bürgertums oder Freyers Theorie der industriellen Gesellschaft. Es bestehen politisch erhebliche Differenzen, etwa zwischen dem Sozialisten Heimann und dem Konservativen Freyer, der sich in den 20er und 30er Jahren zudem rechtsradikal gebärdete. Sehr unterschiedliche geistige Einflüsse sind nachweisbar: Hegel, Marx, Dilthey, die Lebensphilosophie usw.. Die großen sachlichen Streitfragen, etwa um Max Webers »Protestantische Ethik« oder um Mannheims »Wissenssoziologie« zogen sich mitten durch die historische Soziologie hindurch. Sehr kontrovers wurde auch die Werturteilsfrage diskutiert. Wie kann da von einem gemeinsamen wissenschaftlichen Ansatz die Rede sein?

Derartige Bedenken werden hinfällig, wenn man die beiden folgenden analytischen Schritte vollzieht:

Erstens: Historische Soziologie ist als Theoriemodell geschichtlichen Wandels zu begreifen. Von einem »Theoriemodell« können wir dann sprechen, wenn eine Reihe von Wissenschaftlern über gemeinsame Grundkategorien, bezogen auf ein gemeinsames (formales) Erkenntnisobjekt, verfügt, die in einem logischen Gesamtzusammenhang stehen. (So weist z. B. der durchgehende Gebrauch der Kategorien »System«, »Funktion«, »Struktur« usw. bestimmte Sozialwissenschaftler als Vertreter eines gemeinsamen Theoriemodells, der Systemtheorie, aus). Ein Theoriemodell »geschichtlichen Wandels« liegt mithin dann vor, wenn eine Reihe von Wissenschaftlern gemeinsame Grundkategorien zum historischen Prozeß verwendet. Andere Gesichtspunkte wie Werturteilsfrage und politische Einstellung, die nicht jenen Aspekt »gemeinsame Grundkategorien zum historischen Prozeß« betreffen, berühren also unsere These nicht.

Zweitens: Bei dieser Theorie geschichtlichen Wandels, die uns interessiert, sind analytisch zwei Ebenen zu unterscheiden: materiale Theorie (inhaltliche Ebene) und formale Grundstruktur (theoriestrukturelle Ebene). Auf der materialen Theorieebene erscheint (Weimarer) historische Soziologie als eine undefinierbare Menge vielfältiger Theoriekonzepte und Begriffe. Abstrahiert man jedoch bei ihrer Theorie geschichtlichen Wandels vom konkreten historischen und zeitdiagnostischen Inhalt, gelangt man zur formalen Grundstruktur, d. h. zu bestimmten (formalen) Grundkategorien zur Geschichte wie »historische Individualität« und »historische Konstellation«. Vergleicht man diese Kategorien mit der in den heutigen Sozialwissenschaften geläufigen Theorie geschichtlichen Wandels, die Geschichte in der Regel evolutionistisch denkt (bis vor einigen Jahren auch oft historisch-materialistisch), so stellt man fest, daß sie sich von deren geschichtlichen Kategorien grundlegend unterscheiden. Der evolutionistischen

Auffassung liegt die Prämisse zugrunde, daß Geschichte ein gesetzesmäßiger Prozeß ist und als solcher aus einem allgemeinen Prinzip (Evolution), unabhängig vom historischen Einzelzusammenhang, erklärbar ist. Davon heben sich die Kategorien der historisch-soziologischen Geschichtsauffassung unverkennbar ab:
(1.) Historische Soziologie denkt Geschichte nicht als eine gesetzmäßige universale Abfolge von Stadien, auch nicht (wie typischerweise der Historiker) als zeitliches Kontinuum, sondern als Ensemble abgestufter, räumlich-zeitlich begrenzter Einheiten (»Kulturkreise«, »Geschichtskörper«, »Wirtschaftsstil«, »Zeitalter« etc.), die sie als *historische Individualitäten* begreift, welche jeweils von eigenen charakteristischen Gesetzen, Strukturen und Handlungsmustern bestimmt werden. Eine derartige historische Individualität ist auch die Gegenwart (»Zeitdiagnose«).
(2.) Die uns aus der Modernisierungstheorie geläufige Vorstellung, daß Geschichte einen progressiv-linearen Prozeß mit gleichgerichteten, parallelen Subprozessen darstellt, gibt es in der historischen Soziologie nicht. Vielmehr begreift sie Geschichte als Totalprozeß mit räumlich und zeitlich differenten, häufig inkompatiblen, widersprüchlich ablaufenden Subprozessen.[3]
(3.) Es gibt Gesetze *in* der Geschichte, aber keine Gesetze *der* Geschichte (»historische Gesetze« im Popperschen Sinn), die sich unabhängig vom historischen Einzelzusammenhang durchsetzen.[4]

3 Grundlegend dafür ist die Beobachtung Alfred Webers, daß »Zivilisation« und »Kultur« unterschiedliche Bewegungsformen aufweisen (jene progressiv-linear, diese in unregelmäßigen Wellenbewegungen von Kulturhöhe und Kulturkrise); eine Auffassung, die zumindest auch von Freyer explizit geteilt wurde (vgl. Kap. VI.2.2.). Auch besagt Freyers These vom Bewegungsmodus des »Fortschritts« als eines Bündels gleichgerichteter, sich gegenseitig vorantreibender Subprozesse (vgl. Kap. VI.2.2.), daß ansonsten (also vor der industriellen Revolution) Geschichte *nicht* aus gleichgerichteten Subprozessen besteht, ferner, daß sie in der industriellen Gesellschaft nicht harmonisch, sondern ungleichmäßig verlaufen. Ein anderes Beispiel ist der Widerspruch zwischen kulturellem Fortschritt im Sinne der Aufklärung und technischem Fortschritt, welcher dessen Resultate zumindest teilweise konterkariert (indem er z. B. Organisationsformen schafft, in denen für Werte wie Freiheit und Selbstgestaltung kein Raum mehr ist; so u. a. bei v. Martin und Freyer).

4 Einschlägig dafür ist Freyers unermüdliche Polemik gegen die Vorstel-

(4.) Geschichtlicher Wandel wird nicht (oder jedenfalls nicht vorwiegend) aus universalen Evolutionsprinzipien erklärt, sondern aus spezifischen *historischen Konstellationen.*[5] Die durch historische Konstellationen entbundenen Prozesse können jedoch eine quasievolutionäre Eigendynamik annehmen.[6]

(5.) Historische Prozesse, auch wenn sie wie von einem ehernen Evolutionsmechanismus getrieben erscheinen, sind jedoch nicht auf Dauer gleichgerichtet (progressiv-linear), sondern erfahren eine »Peripetie« (v. Martin), d. h. einen Punkt, an dem sie in eine andere Richtung umschlagen.[7]

(6.) Aus der Kategorie der historischen Konstellation folgt, daß Geschichte ein offener Prozeß ist. Im Gegensatz zu Evolutionismus und historischem Materialismus pflegt die historische Soziologie damit ein indeterministisches Geschichtsverständnis *(historische Kontingenz).*

(7.) Weimarer historische Soziologie begreift typischerweise (anders als Evolutionismus und historischer Materialismus) Wirt-

lung von der »Vollendbarkeit der Geschichte«, also daß Geschichte auf einen bestimmten Endzustand hinausläuft (vgl. Kap. VI.2.3.).

5 Dies gilt auch für Hans Freyer, der mit seinem Terminus der »industriellen Gesellschaft« dem Geschichtsverständnis der neueren Soziologie nahezustehen scheint. »Industrielle Gesellschaft« ist aber für Freyer keine Erscheinung, die sich aus allgemeinen evolutionären Strukturzusammenhängen ergibt, sondern ein genuin okzidentales Phänomen, das aus einer spezifisch europäischen Konstellation erwachsen ist (Wissenschaft, Technik, Kapitalismus; vgl. Kap. VI.3.) und sich dann über die ganze Erde verbreitet und erst dadurch universal wird. Auch bei Heimann wird die Nachkriegsprosperität aus einer spezifischen (gegenüber dem 19. Jahrhundert gewandelten) Strukturkonstellation abgeleitet: insbesondere den »Institutionen der sozialen Reform« (Arbeiterschutz, soziale Sicherungssysteme, Tarifvertragssystem; vgl. Kap. III.3.). Ebenso ist für v. Martin das Bürgertum eine europäische Erscheinung, die aus der Eigenart der europäischen Geschichte gedeutet wird (vgl. Kap. V.1.).

6 Beispiele sind die Prozesse der Bürokratisierung bei v. Martin (auch u. a. bekanntlich bei Max und Alfred Weber), der industriellen Gesellschaft bei Freyer oder des Wirtschaftswachstums bei Heimann.

7 Ein Beispiel ist die bürgerliche Entwicklung bei v. Martin. Sie ist zunächst durch zunehmende Individualität geprägt. Indem individuelle Ziele mit rationalen Methoden verfolgt werden, entstehen rationale Großorganisationen, welche die Individualität wieder einschränken.

schaft, Staat und Kultur als prinzipiell gleichrangige Ebenen, deren jeweilige Vorrangigkeit empirisch, d. h. im konkreten historischen Zusammenhang festzustellen ist.
(8.) Historische Soziologie ist im Unterschied zum Evolutionismus und historischen Materialismus keine Strukturtheorie, sondern versteht sich als Wissenschaft vom Menschen. Die verstehende Deutung wird dabei mit makrosoziologischer Strukturanalyse verknüpft.
Historische Soziologie konstituiert sich als eigenes Theoriemodell also auf der Ebene der Grundkategorien zum historischen Prozeß. Die einzelnen Theoriekonzepte von Heimann, v. Martin, Freyer oder auch Sombart, Max und Alfred Weber, Oppenheimer, Mannheim, Elias usw. sind, so gesehen, nichts anderes als Varianten eines eigenen einheitlichen Theoriemodells. Die Variationsbreite in der materialen Theorie ist in den geschichtlichen Grundkategorien angelegt.[8] Anders ausgedrückt: Die große inhaltliche und thematische Variationsbreite widerspricht nicht der These von der Weimarer historischen Soziologie als eigenem sozialwissenschaftlichen Theoriemodell, sondern sie stellt vielmehr das logische Spiegelbild ihrer geschichtlichen Grundkategorien auf der materialen Theorieebene dar.

II.

Historische Soziologie, deren paradigmatische Wurzel in der eben beschriebenen Geschichtsauffassung liegt, lief etwa Mitte der 60er Jahre aus (vgl. Kap. I.); heute wird sie als solche kaum noch wahrgenommen, geschweige denn wissenschaftlich anerkannt. Warum verschwand die historische Soziologie in der Versenkung? Wurde sie durch den wissenschaftlichen Fortschritt überholt? Wir wollen in diesem Abschnitt zeigen, daß bei ihrem Niedergang gewichtige außerwissenschaftliche Faktoren im Spiel waren.

8 Der Evolutionismus blendet nichtevolutionäre Gesichtspunkte der Geschichte aus. Der historische Materialismus denkt Geschichte von der ökonomischen Basis aus und vernachlässigt den kulturellen Bereich. Da die historische Soziologie nicht vergleichbaren Beschränkungen unterliegt, erscheint sie auf den ersten Blick nicht so kohärent, ist aber – und darauf kommt es an – kategorial gegenüber der geschichtlichen Wirklichkeit viel elastischer und darum analytisch leistungsfähiger.

Die Weimarer Republik war die Zeit des Aufschwungs der historischen Soziologie. Sie erweiterte ihre personelle Basis um etliche begabte Vertreter der 1880er und 1890er Jahrgänge, die von den Nachbarwissenschaften zum neuen Fach stießen, von dem sie einen stärkeren Bezug zu den Gegenwartsproblemen erwarteten (vgl. Kap. 1.). Gegen Ende der Weimarer Republik sind Anzeichen eines gemeinsamen paradigmatischen Bewußtseins erkennbar; historische Soziologie formierte sich als zweiter konzeptioneller Ansatz neben der »formalen Soziologie«. Der Punkt, an dem der Niedergang begann, läßt sich exakt ausmachen: Es ist der 30. Januar 1933. Im Gefolge der nationalsozialistischen Machtergreifung wurden gerade ihre jüngeren Vertreter ins Exil getrieben. Auch wenn sie dort historisch-soziologische Arbeiten veröffentlichten: in Deutschland war historische Soziologie als zeitdiagnostisch orientierte Disziplin während des Dritten Reichs unterbunden.

Doch darin erschöpfte sich die destruktive Wirkung des Dritten Reiches auf den Wissenschaftsprozeß der historischen Soziologie nicht. Nicht minder gewichtig waren die kulturellen Spätfolgen. Die »deutsche Katastrophe« (Friedrich Meinecke) bedeutete auch das Ende eines eigenen deutschen Kulturraums und den Beginn der kulturellen Hegemonie der USA (vgl. Plé 1990, S. 205-348). Die deutsche geistige Tradition schlechthin erschien durch den Nationalsozialismus diskreditiert. Davon waren auch die historischen Soziologen betroffen, wenngleich die meisten ihrer Vertreter politisch vollkommen unbelastet waren. In der Nachkriegszeit bis zum Vietnamkrieg war Amerika das große Vorbild, auch und gerade in der Soziologie, wo man bahnbrechende Fortschritte und Neuansätze zu verzeichnen hatte (empirische Sozialforschung, Strukturfunktionalismus). Die drängenden Nachkriegsprobleme (Vertriebene, Flüchtlinge, Jugend, Familie, Neuordnung der Wirtschaft, Arbeiterbewußtsein) erforderten empirische Sozialforschung (Kern 1982, S. 217ff.). Die Entwicklung zu einer nahezu rein empirisch ausgerichteten Wissenschaft wurde auch durch personelle Kontinuitäten zu einer Soziologie begünstigt, die seit 1935 durchweg »Sozialtechnologie« im Dienste der nationalsozialistischen Machthaber betrieben hatte (vgl. Klingemann 1981, Rammstedt 1986, Weyer 1984). Vor allem förderte die Errichtung neuer, mehr oder weniger aus den USA und von der UNESCO finanzierter Forschungsinstitute (z.B. Sozialfor-

schungsstelle Dortmund, Institut für sozialwissenschaftliche Forschung in Darmstadt, UNESCO-Institut für Sozialwissenschaften in Köln), an denen namentlich der soziologische Nachwuchs Beschäftigung fand, den Trend zur modernen amerikanischen Soziologie, im besonderen zur empirischen Sozialforschung. Dies alles wäre ohne das Dritte Reich kaum denkbar gewesen.
Wir können also sagen, daß der Abbruch der historischen Soziologie in Deutschland maßgeblich politisch bestimmt war. Die nationalsozialistische Gewaltherrschaft trieb den überwiegenden Teil ihrer Gelehrten, besonders der jüngeren Generation, ins Exil und unterband im eigenen Machtbereich historische Soziologie in ihrer bisherigen Gestalt. Als Spätfolge entstand eine spezifische politisch-geistige Lage, die eine Reaktivierung der historisch-soziologischen Tradition der Weimarer Zeit wenn nicht ausschloß, so jedenfalls objektiv erschwerte. Die Vorgaben der amerikanischen »Re-education«-Politik bestimmten maßgeblich die Entwicklung der deutschen Sozialwissenschaften der Nachkriegszeit, so daß der Übergang von »Deutscher Soziologie« zu einer »deutschsprachigen Variante der amerikanischen Soziologie« (Erwin Scheuch) nicht umstandslos als (autogener) »wissenschaftlicher Fortschritt« verstanden werden kann.

III.

Nun sind politische Einwirkungen wie die des Dritten Reiches per se noch kein Ausweis wissenschaftlicher Qualität. Es ist möglich, daß diese Soziologie zwar durch Vertreibung und Exil direkt und indirekt hart getroffen wurde, daß es aber dennoch *sachliche* Gründe gab, von ihr Abstand zu nehmen, sei es, daß sie so schwerwiegende Mängel enthielt, daß sie nicht länger haltbar war, sei es, daß es inzwischen Konzepte gab, welche diesen Ansatz obsolet werden ließen. Wir fragen nun zunächst nach den sachlichen Gründen, welche die Nachkriegssoziologie veranlaßten, von dieser Tradition Abschied zu nehmen.
Wenn man in dieser Richtung vorgeht, dann fällt folgendes auf: (a) Es gab nur in geringem Maße eine sachliche Auseinandersetzung mit der historischen Soziologie[9], erstaunlich wenig, wenn man

9 Sie wurde in erster Linie von René König geführt, und zwar unter den

bedenkt, wie traditionsreich, bedeutsam und auch international angesehen diese gewesen war. (b) Soweit eine Auseinandersetzung geführt wurde, geschah das eher in pauschal-polemischer Art (»Kulturkritik«, »Geschichts- und Sozialphilosophie«) denn in sachlicher und differenzierter Argumentation.[10] (c) Die Äußerungen der »main stream«-Soziologie über die historische Soziologie sind mit etlichen gravierenden Ungereimtheiten und Widersprüchen behaftet.[11]

Stichworten »Geschichts- und Sozialphilosophie« und »Kulturkritik« (vor allem im Fischer-Lexikon *Soziologie* und – klarer und sachlicher – in der Einleitung zum *Handbuch der empirischen Sozialforschung*, aber auch in diversen Beiträgen der *Kölner Zeitschrift für Soziologie und Sozialpsychologie* (z. B. König 1955, 1955 a, 1960). Bereits in seiner Habilitationsschrift der 30er Jahre (König 1975) kritisierte König die »historisch-existenzialistische Soziologie« (v. a. Freyer und Landshut). Wichtig für Königs Perzeption der deutschen soziologischen Tradition sind auch die Beiträge »German Sociology« (König 1958 a) und »Zur Soziologie der zwanziger Jahre« (König 1961). Eine grundsätzliche Kritik der Weimarer Soziologie (also nicht der historischen Soziologie gesondert) enthält ferner Schelskys *Ortsbestimmung der deutschen Soziologie* (1959) (vgl. zu alledem ausführlicher Kap. I., Abschn. IV.). Ansonsten wurde die Ablehnung anscheinend mehr »hinter vorgehaltener Hand« (so Wolfgang Rothe 1958 in einer Rezension von Rüstows *Ortsbestimmung der Gegenwart*) geäußert. Insoweit ist sie also quellenmäßig nicht zugänglich. Die Kritik von König und Schelsky ist zusammengefaßt in Kruse 1990, S. 8-17.

10 Bei aller Polemik gegen die deutsche soziologische Tradition sollte nicht übersehen werden, daß die Kritiker in ihren Forschungsarbeiten der Nachkriegszeit dem Paradigma einer historisch-soziologischen Zeitdiagnostik teilweise noch recht nahestehen, z. B.: René König, *Soziologie heute* (1949); Helmut Schelsky, *Die skeptische Generation* (1957); Ralf Dahrendorf, *Soziale Klassen und Klassenkonflikt in der industriellen Gesellschaft* (1957).

11 Beispiele: Noch 1956 äußerte König über das von Alfred Vierkandt herausgegebene *Handwörterbuch der Soziologie* (1931), das repräsentative Aushängeschild der Weimarer Soziologie, »daß zweifellos drei Viertel der Abhandlungen von damals heute einen Wiederabdruck verdienen würden« (König 1956, S. 6). Nur drei Jahre später setzte er sich persönlich beim Verleger gegen die Neuauflage dieses Standardwerkes ein, weil »die Übernahme der geistigen Positionen von damals nur ein schweres Handicap für die deutsche Gegenwart bedeuten« könne, denn die damalige deutsche Soziologie habe sich »zwischen Rechts

Konzentriert man sich auf das sachliche Substrat dieser Kritik, so bleiben folgende Einwände gegen die historische Soziologie. Erstens: Ihr Anliegen sei ein moralisches, kein analytisches – so Ralf Dahrendorf (1972, S. 83) im »Homo Sociologicus« über Alfred Weber; zweitens: Es finde eine unreflektierte Vermengung von Wertungen und Analyse statt (vgl. König 1962, S. 10-12; Schelsky 1959, S. 42 f.); drittens: Historische Soziologie sei spekulativ, nicht empirisch; viertens: historische Soziologie sei weltfremd und habe an der Wirklichkeit vorbeigedacht (vgl. v. a. Schelsky 1959, König 1961).

Die ersten drei Einwände basieren auf Mißverständnissen über den historisch-soziologischen Erkenntnisprozeß. Historische Soziologen als Erkenntnissubjekte kann man als »Mandarine« im Sinne Fritz Ringers (1983) charakterisieren, d. h. als Intelligenzler, die ein eigenes Gruppenbewußtsein bildeten (auch gegenüber dem Wirtschaftsbürgertum) mit einem elitären Selbstverständnis, das sich aus ihrem Status als »Gebildete« speiste, und mit einem Anspruch auf geistige Führung. Dies bedeutete zum einen das Eintreten für das christliche, aufklärerische, humanistische Kulturerbe, namentlich für die Werte der Freiheit, der Menschlichkeit und der Selbstentfaltung der Persönlichkeit im allgemeinen und bei konkreten Mißständen im besonderen. Es bedeutete aber auch soziologische Zeitdiagnose als wissenschaftliche Orientierungs-

und Links, zwischen Hegel und Marx aufgerieben« (König 1960, S. 142 und 141). – Umgekehrt befürwortete Schelsky den Wiederabdruck dieses Kompendiums, deren Soziologie er an anderer Stelle gleichzeitig als »am Ende« verwarf, zu dessen Geleit er schrieb: »In der Rückschau treten heute die 20er Jahre mehr und mehr als ein Höhepunkt des geistigen Lebens Deutschlands in diesem Jahrhundert hervor; das gilt nicht nur für die Soziologie, aber gerade für sie doch im hohen Maße ... Für unsere eigene wissenschaftliche Disziplin aber vermag dieses Buch zu helfen, eine wichtige und heute allzu vernachlässigte Aufgabe zu erfüllen: die geistige Kontinuität unseres Denkens zu wahren. Die deutsche Sozialwissenschaft hat seit dem Ende des Krieges sehr starke Impulse vom Ausland empfangen; dies ist zweifellos ein Gewinn, aber er wäre noch größer, wenn er sich mit einer geistigen Beherrschung der Probleme und Ergebnisse der eigenen Tradition verbände. Leider verbreitet sich deren Unkenntnis recht schnell, was zweifellos einen Verlust an Niveau und Einsicht auch für die sozialwissenschaftliche Erkenntnis unserer eigenen Wirklichkeit bedeutet« (Schelsky 1959 a, S. III f.).

hilfe in einer komplexen, schwer durchschaubaren Gegenwart, denn, so Mannheim (1932, S. 41), »diese Gesellschaft kann auf die Dauer nicht bestehen, wenn die an ihr beteiligten Individuen nicht rationale Voraussicht üben können, wenn sie es nicht lernen, auf Grund sachhaltiger Diagnosen verantwortlich zu handeln«. Die zeitdiagnostische Dimension stellte dabei den zentralen Bestandteil im wissenschaftlichen Denken und Schaffen der historischen Soziologen dar. Sie selbst beschrieben ihr Erkenntnisinteresse als zeitdiagnostisches[12], was durch etliche großangelegte zeitdiagnostische bzw. zeitdiagnostisch ausgerichtete Werke bestätigt wird. Von Heimann, v. Martin und Freyer liegen jedenfalls umfassende Zeitdiagnosen vor, die klar rekonstruierbar sind, so klar, daß der Ausdruck »Rekonstruktion« eigentlich zu hoch gegriffen ist. Lediglich in v. Martins Schriften zum Thema Nationalsozialismus überwiegt eindeutig ein moralisches Anliegen; eine Zeitdiagnose tritt nur partial und schemenhaft hervor.
Nun gibt es gewiß auch zahlreiche moralisch gerichtete, sozialphilosophische Arbeiten und Partien. Die relativ hohe Quantität ist entscheidend bestimmt durch die Erfahrung des Nationalsozialismus, der – begreiflicherweise – auch als moralisches Problem aufgefaßt wurde. Im übrigen ist, wie wir in Kap. IV. feststellten, moralische Kritik auch von König erwünscht (wo die Menschenwürde verletzt ist) und von Popper praktiziert (*Die offene Gesellschaft und ihre Feinde*), so daß die sozialphilosophischen Beiträge kaum geeignet sind, die wissenschaftliche Existenzberechtigung historischer Soziologie in Frage zu stellen.
Wie verhalten sich Zeitdiagnostik und Sozialphilosophie im Werk der historischen Soziologen? Beide Dimensionen sind voneinander geschieden, in jeweils separaten Schriften oder Kapiteln. (Fe-

12 So bemerkt v. Martin: »Nach dem gesellschaftlichen ›Sein‹ fragt die Soziologie noch in einem anderen Sinne als dem generellen und entsprechend abstrakten (systematisch-klassifikatorischen), indem sie nämlich ferner die spezielle Seinslage der Gegenwart anvisiert« (»Gegenwartsdiagnostik«) (vgl. v. Martin 1956 Einl, S. 14). In Freyers ungedruckter *Einführung in die Soziologie* (S. 57 f.) ist zu lesen: »In der Mitte des soziologischen Denkens steht immer die Frage: Welche soziologischen Strukturen haben Gegenwartswert? Welche Bewegungstendenzen sind in der gegenwärtigen Gesellschaft wirksam? Vor welche sozialen Entscheidungen sind wir, die wir gegenwärtig leben, gestellt?«

dor Stepun spricht deshalb bezeichnenderweise von einer »Schizophrenie« im Werk Alfred v. Martins; vgl. Stepun 1962, S. 411). Sofern es doch gelegentlich zu einer unzulässigen Vermengung von Wertungen und Analyse kommt, ist daraus der Abbruch der historischen Soziologie kaum zu begründen. Wer würde, um ein analoges Beispiel zu bringen, unter Verweis auf methodische Fehler in einzelnen empirischen Arbeiten ernsthaft die wissenschaftliche Existenzberechtigung empirischer Sozialforschung in Frage stellen?

Die Funktion der Sozialphilosophie bzw. der Werte im historisch-soziologischen Erkenntnisprozeß ist vielmehr die, daß sie bestimmen, welche Ausschnitte der unendlichen Wirklichkeit mit »Bedeutung« belegt werden (also eine »Wertbeziehung« im Sinne Rickerts und Max Webers). Da sich die historischen Soziologen den Werten der Freiheit, Menschlichkeit und Selbstentfaltung der Persönlichkeit verpflichtet fühlten, was sie deutlich explizierten, interessierten sie sich zeitdiagnostisch besonders für den Freiheitsraum und Sozialcharakter des Menschen in der modernen Gesellschaft.

Auch der Vorwurf, historische Soziologie sei spekulativ und empiriefern, geht an der Sache vorbei. Selbst der vielgescholtene Freyer hat klipp und klar erklärt: »Die Soziologie ist eine Erfahrungswissenschaft, alle ihre Erkenntnisse stammen aus der Erfahrung, und alle ihre Methoden dienen dazu, Erfahrungen zu sammeln, zu ordnen, auszuwerten und denkerisch zu verarbeiten« (*Einführung in die Soziologie*, S. 31). Die historischen Soziologen warnten allerdings davor, die Erkenntnismöglichkeiten von quantitativer Sozialforschung zu überschätzen.[13] Vor allem liegt ihrem Werk die Auffassung zugrunde, daß die Daten empirischer Sozialforschung nicht genügen, sondern Geschichte als Erfahrungsbasis unverzichtbar bleibt. Auch historische Soziologie nach 1945 ist

13 So warnt v. Martin in der Manier eines qualitativen Sozialforschers: »Aber größte Vorsicht und Reserve ist geboten besonders gegenüber allen rein quantifizierenden ... Methoden (der Statistik und der sogen. Soziometrie). Zwar hat ihre (äußere) Exaktheit etwas Bestechendes; aber »verstehen« kann man das soziale Leben – angefangen von den zwischenmenschlichen Verhaltensweisen – nicht ohne die Gefühle, Meinungen, ›Wünsche‹, Glaubensvorstellungen und Illusionen, die sich (als ›Imponderabilien‹) der Messung entziehen« (v. Martin 1956 Einl, S. 12).

Erfahrungswissenschaft, die sich allerdings vorwiegend bis ausschließlich auf Geschichte stützt, nicht oder weniger auf das, was die empirische Sozialforschung hervorbringt.[14]

Analysiert man historisch-soziologische Zeitdiagnostik in methodisch-methodologischer Hinsicht, ergibt sich (entgegen den Mißverständnissen der »main stream«-Soziologie) folgender Befund:

(1.) Gegenstand historisch-soziologischer Zeitdiagnostik ist die Gegenwart, und zwar die Gegenwart als Ganzes, in ihrer Eigenart, in ihrem »So-und-nicht-anders-Gewordensein« (Max Weber) und in ihrem »Möglichkeitshorizont« (Karl Mannheim).

(2.) Der Soziologe als Kulturmensch greift wertgeleitet aus der unendlichen Gegenwartswirklichkeit einen Ausschnitt heraus, den er mit »Bedeutung« belegt. (Bei v. Martin und Freyer, auch bei Heimann, ist das z. B. die Frage nach dem Freiheitsraum und Sozialcharakter des Gegenwartsmenschen.) Dieser Wirklichkeitsausschnitt wird zum Explanandum, der Rest zum potentiellen Explanans.[15]

(3.) Explanandum wie Explanans werden mittels der idealtypischen Methode gedanklich geordnet und reduziert, also durch Abstraktion der einen und Übersteigerung der anderen Gesichtspunkte (etwa bei v. Martin: bürgerlicher und nachbürgerlicher Mensch; bei A. Weber: »dritter« oder »vierter Mensch«; bei Freyer die »Trends« der industriellen Gesellschaft). »Zwischentöne«, die ja die lebendige geschichtliche Wirklichkeit ausmachen, treten dabei zurück oder fallen weg. Die Idealtypen, die verbleiben, werden in eine bestimmte kausale Beziehung gebracht.

14 Daß historischer Soziologie ein erfahrungswissenschaftliches Selbstverständnis zu eigen war, zeigt auch folgendes Beispiel: Heimann wollte in seiner *Sozialen Theorie der Wirtschaftssysteme* auch ein Kapitel über die Volksrepublik China schreiben, nahm aber davon Abstand, weil seines Erachtens keine solide wissenschaftliche Literatur über dieses Land vorlag (vgl. Heimann 1963, S. IX).

15 Diese Unterscheidung darf nicht absolut aufgefaßt werden. Auch im Explanandum kann ein Explanans liegen. So ist z. B. für Freyer die industrielle Gesellschaft zum einen Explanans für den Sozialcharakter und Freiheitsraum des modernen Menschen, zugleich ist sie als Strukturzusammenhang aber auch (sekundäres) Explanandum. Aber auch im primären Explanandum, dem Menschen, kann ein Explanans stekken, nämlich insoweit anthropologisch erklärt wird.

(4.) Die Gegenwart *in ihrer Eigenart* wird mittels der vergleichenden Methode herausgearbeitet (bei Heimann: das moderne »Wirtschaftssystem« im Vergleich mit dem traditionalen »Gesellschaftssystem«, die »Gesellschaft der sozialen Reform« im Vergleich mit dem Frühkapitalismus; bei v. Martin: die nachbürgerliche Gesellschaft im Vergleich zur bürgerlichen Gesellschaft; entsprechend bei Freyer: industrielle Gesellschaft/vorindustrielle Gesellschaft, industrielle Gesellschaft zweiter Prägung/industrielle Gesellschaft erster Prägung usw.).

(5.) Die Gegenwart in ihrem »*So-und-nicht-anders-Gewordensein*« wird mittels der genetischen Methode erschlossen. Die Gegenwartslage wird also immer von ihren Ursprüngen her entwikkelt: bei Heimann das Wirtschaftssystem seit der frühen Neuzeit, bei v. Martin die Bürgerlichkeit seit dem Mittelalter, bei Freyer die industrielle Gesellschaft ebenfalls von der frühen Neuzeit her.

(6.) Historische Soziologie bedient sich aber auch nomologischen Wissens (insbesondere im wirtschaftlichen Bereich, so auch Heimann). Sie befragt Geschichte *auch* nach Regelhaftigkeiten.[16] Historisches und systematisches Erkenntnisinteresse gehen Hand in Hand, nur *letztendlich* geht es um historische Individualität, um die Gegenwart in ihrer Eigenart.

(7.) Historisch-soziologische Zeitdiagnostik als Wissensform vermittelt »Bildungswissen«, nicht »Fachwissen«[17], aber auch nicht »Heils-« oder »Erlösungswissen« (Max Scheler).

16 Freyer und v. Martin gehen sogar so weit, daß sie – entgegen ihrer zeitdiagnostischen Forschungspraxis – Soziologie als *systematische* Wissenschaft bestimmen. »Die Soziologie ist keine historische, sondern eine systematische Disziplin« (Hans Freyer, *Einführung in die Soziologie*, S. 51). »Die spezifisch soziologische Erkenntnis ist befriedigt, wenn sie typische Regelhaftigkeiten – d. h. eine Wiederkehr des Ähnlichen in analoger Form (nicht eine Wiederkehr des ›Gleichen‹, die es im menschlichen, im sozialen Leben nicht gibt) – eruieren und verständlich machen kann« (v. Martin 1956 Einl., S. 16).

17 Wir beziehen uns dabei auf diese Klassifikation von Karl Mannheim (1932, S. 46): »Wir wollen unter Fachwissen alle jenen Wissensarten und -gehalte verstehen, die zur Lösung einer wissenschaftlich-technischen oder organisatorischen Aufgabe nötig sind. Ein Wissen, dessen Vorzug in seiner reinen Handhabbarkeit und in der Ablösbarkeit vom rein Personalen besteht, ist wesensmäßig immer partikularistisch und spezialistisch auf bestimmte differenzierte Aufgaben im Gesellschaftsprozeß ausgerichtet. Unter Bildungswissen wollen wir demgegenüber

(8.) Vom logischen Charakter her ist historisch-soziologische Zeitdiagnostik als »Wirklichkeitswissenschaft« im Sinne Max Webers zu qualifizieren (nicht: »Geschichts- und Sozialphilosophie« oder »Kulturkritik«).

Bleibt noch der Vorwurf der »häufig offensichtlichen Weltfremdheit«. Hier genügt es, sich den Beitrag der historischen Soziologen über die ökologische Gefährdung aus den 50er und 60er Jahren vor Augen zu führen, also aus einer Zeit, als im Zeichen eines vorherrschenden Fortschrittsoptimismus nur wenige sich dieser Gefahr bewußt waren.

Alfred Weber warnte bereits 1950 vor einer ökologischen Katastrophe: »Geht der Mensch nicht zu einem Gesamtverhalten über, welches überall auf der Erde die vorhandene Naturgegebenheit in ein gewiß durch die heutigen großen internationalen Austauschmöglichkeiten mit starker Elastizität versehenes, aber doch auch natürlich ausgewogenes Verhältnis zu seiner Zahl und seinem Verwertungsverhalten bringt, indem er einerseits seine Vermehrung reguliert und andererseits die Naturgegebenheiten schont und konserviert, so scheint er Katastrophen zuzutreiben, welche die eben abgelaufene, noch nicht einmal voll beendigte noch übersteigen« (Alfred Weber 1950, S. 462). Die ökologische Gefährdung müsse, so der greise Kultursoziologe, »als Ausgangspunkt in die geschichtlichen Gegenwarts- und Zukunftsbetrachtungen einbezogen werden« (Alfred Weber 1952, S. 567).

Heimann erkannte, daß der Expansionismus des »Wirtschaftssystems« samt der neuen Verteilungsmechanismen vermöge der »Institutionen der sozialen Reform« alte Probleme löse (»soziale Frage«), aber neue schaffe, u. a. eben auch solche ökologischer Art. Er forderte daher zu einer Verwendung des wirtschaftlichen Überschusses zugunsten sozialer, kultureller und ökologischer Aufgaben auf (vgl. Kap. III.6.).

Ähnlich die Sichtweise Müller-Armacks in Aufsätzen von 1959/60: Die soziale Marktwirtschaft habe das Problem der Produktion und Distribution gelöst oder sei jedenfalls auf gutem Wege dazu. Dabei habe man »in den letzten Jahrzehnten einer großartigen Industrie- und Verkehrsentwicklung zwei gleichsam

die Tendenz zu einer zusammenhängenden Lebensorientierung verstehen, die sowohl Bezug zu der Gesamtpersönlichkeit als zu der jeweils übersehbaren Ganzheit einer objektiven Lebenssituation hat«.

nur von der Logik ihrer eigenen Leistungssteigerung bestimmte Bewegungen freigegeben, durch die die natürliche Form des Lebens schwer beeinträchtigt wurde« (Müller-Armack 1976 b, S. 281). Nun stehe man vor einer zweiten Phase in der Konzeption der sozialen Marktwirtschaft: »Es kommt eine neue Schicht von Fragen, die der Lösung erheischen, in Sicht. Nicht die materielle Güterversorgung als vielmehr die sinnvolle und lebensgemäße Gestaltung der gesellschaftlichen und natürlichen Umwelt, die noch nicht ihren neuen Stil erhalten hat, dürfte dabei im Vordergrund stehen« (Müller-Armack 1976 a, S. 265).
Auch Freyer registrierte, wie wir gesehen haben, die Gefährdung des Ökosystems Natur durch die »sekundären Systeme« der industriellen Gesellschaft und gelangte zur Vision einer ökologisch angepaßten Industriegesellschaft (vgl. Kap. VI.7. und VI.8.).
Es ergibt sich der paradoxe Befund, daß nicht die »main stream«-Wissenschaftler, sondern als unwissenschaftlich ausgegrenzte Außenseiter zuerst in der Soziologie die heraufziehende ökologische Gefährdung erkannten – Grund genug, historische Soziologie nach 1945 nicht voreilig als »weltfremd« abzuqualifizieren.

IV.

Daß das Dritte Reich direkt und indirekt massiv den Abbruch der historischen Soziologie beeinflußte, ist eine Tatsache. Daß die Argumentation, mit welcher der Abbruch der historischen Soziologie begründet wurde, so nicht haltbar ist, kann wohl auch kaum in Abrede gestellt werden. Damit allein freilich ist eine Aktualisierung des historisch-soziologischen Ansatzes noch nicht legitimiert. Die Frage bleibt, ob nicht die anderen Ansätze, welche mittlerweile auf die Bildfläche traten und heute bestimmend sind, die historische Soziologie überholt haben, so daß sie zwar als eine wissenschaftsgeschichtlich interessante Erscheinung gelten mag, ihr eine aktuelle Bedeutung jedoch nicht zuzubilligen ist.
Die historische Soziologie wurde abgelöst von der empirischen Sozialforschung, der Systemtheorie und der Theorie sozialen Wandels (Modernisierungstheorie). Stellt empirische Sozialforschung einen »wissenschaftlichen Fortschritt« gegenüber der historischen Soziologie dar?
Empirische Sozialforschung brachte ein gegenüber der histori-

schen Soziologie neues Forschungsprogramm ins Spiel: die kontrollierte Erhebung sozialwissenschaftlicher Daten der unmittelbaren Gegenwart mit Hilfe standardisierter Methoden und ihre Verarbeitung mittels statistischer Verfahren. Aber reichte dies aus, um die historische Soziologie »ad acta« zu legen? Weil man glaubte, auf ihr Arsenal verzichten zu können, stand dem Gewinn an empirischer Kompetenz ein gewaltiger historischer Kompetenzverlust gegenüber, der bis heute nicht voll kompensiert werden konnte.

Empirische Sozialforschung wollte mehr sein als die bloße Erhebung, Sammlung und Verarbeitung von Daten; sie wollte, so jedenfalls das Programm Königs, sukzessive zu einer »großen Theorie« vorstoßen (von der »Beobachtung empirischer Regelmäßigkeiten« über »ad hoc-Theorien« und »Theorien mittlerer Reichweite« zu »Theorien höherer Komplexität«; vgl. König 1962, S. 5). Dies erwies sich als Illusion. Stattdessen bestimmt eine tiefe Kluft zwischen empirischer Forschung und »großer Theorie« das Bild der Soziologie (vgl. Wiswede 1985, S. 32; Mikl-Horke 1989, S. 324). Inzwischen läßt sich wohl definitiv sagen, daß sich auf dem Wege der Kumulation empirischen Wissens keine »große Theorie« und auch keine Zeitdiagnose erreichen läßt. Bei allem Respekt vor ihren Forschungsleistungen, etwa in der Industriesoziologie: Empirische Sozialforschung hat historische Soziologie nicht ersetzt und kann sie nicht ersetzen.

Und die *Systemtheorie*? Was die allgemeine Theorie des Sozialen betrifft, hat sie unbestreitbar Bahnbrechendes geleistet und auch alles in den Schatten gestellt, was historische Soziologen auf diesem Gebiet geboten hatten. Auf diesem Feld ist die Systemtheorie über die historische Soziologie hinweggeschritten. Nun ist eine allgemeine Theorie des Sozialen für die historische Soziologie nur von propädeutischer Bedeutung; ihr eigentliches Erkenntnisprogramm ist die Erklärung/Deutung *individueller* Wirklichkeit in ihrem »So-und-nicht-anders-Gewordensein« (Max Weber), insbesondere der Gegenwart, also Zeitdiagnostik.

Was Zeitdiagnostik anbetrifft, so darf man wohl sagen, daß der diesbezügliche Beitrag der Systemtheorie, jedenfalls verglichen mit ihren Leistungen als allgemeiner Theorie des Sozialen, relativ bescheiden geblieben ist. Das ist kein Zufall, sondern systematisch in ihren methodologischen Prämissen angelegt. Systemtheorie ist Gesetzeswissenschaft und strebt nach allgemeinen Aussagen, während Zeitdiagnostik eine eminent wirklichkeitswissenschaftliche Kategorie darstellt, welche die Gegenwart in ihrer individuellen Eigenart und in ihrem »So-und-nicht-anders-Gewordensein« erfaßt. Als solche kann sie jedoch gesetzeswissenschaftlich bzw. systemtheoretisch allein nicht erklärt werden, sondern bedarf auch eines historisch-konstellativen Zugriffs.[18] Systemtheorie hat also das Erkenntnisprogramm der historischen Soziologie nicht eingelöst und ist dazu von ihren erkenntnisleitenden Kategorien her grundsätzlich nicht in der Lage.[19]

Als dritte mögliche wissenschaftliche Überwindung der historischen Soziologie ist die *Theorie sozialen Wandels* zu nennen, namentlich die *Modernisierungstheorie*, die sich seit Ende der 50er Jahre etablierte. Über sie urteilt Lepsius (1990, S. 213): »Bei der Modernität der Modernisierungsforschung ist nicht zu verkennen, daß sie in einer intellektuellen Tradition steht, die um die Wende des 18. zum 19. Jahrhundert begründet wurde und bis heute die grundlegenden Erklärungsprogramme und Analysekategorien prägt«. Diese begreift Geschichte als »Prozeß der Entfaltung immanenter Kräfte der Gesellschaft, der sich stufenweise entwickelt und einen Sinnzusammenhang und eine Zielrichtung hat« (ebenda).[20] Differenzierter nimmt sich dagegen das Geschichtsverständnis der historischen Soziologen aus. Von Alfred Weber (1920) erfahren wir, daß die Kategorien Fortschritt und Evolution – heute nicht selten in der Soziologie mit Geschichte gleichgesetzt – nur für den »Zivilisationsprozeß« anwendbar sind, also für die allgemeine Bewußtseinsentwicklung, für Wissenschaft und Technik, nicht dagegen für Kultur (Philosophie, Religion, Kunst, Werte), wo unregelmäßige wellenartige Bewegungen von

18 Instruktiv für diese Problematik immer noch Heinrich Rickerts *Die Grenzen der naturwissenschaftlichen Begriffsbildung* (Tübingen/Leipzig 1902), worin Rickert zeigt, daß die naturwissenschaftliche Begriffsbildung (unter diese Kategorie fällt auch Systemtheorie) im Zuge ihrer Perfektionierung immer abstraktere Höhen erreicht und eben dadurch Raum gibt für historische Begriffsbildung, d. h. auch für historische Soziologie.

19 Dies schließt nicht aus, daß systemtheoretische Kategorien für historische Soziologie analytisch von großem Nutzen sein können, aber als Idealtypen und zwecks Erkenntnis historischer Individualität.

20 Vgl. dazu ausführlich Löwith 1990; Nisbet 1969, bes. S. 7-11, 160-188, 222-239; Nisbet 1980.

Kulturhöhe und Kulturkrise vorliegen. Außerdem stellte Weber klar, daß »Geschichtskörper« (z. B. Europa, Indien, China) ihre eigenen kulturellen Traditionen haben, die nicht ohne weiteres universalisierbar sind. Freyer zeigte, daß »Fortschritt«, für die Modernisierungstheorie seiner Zeit ein universaler Prozeß, ein spezifischer Modus geschichtlicher Bewegung des Industriezeitalters ist, dessen Inhalt sich gegenseitig beschleunigende Subprozesse sind (vgl. Kap. VI.2.2.). Heimann und besonders v. Martin erkannten, daß historische Prozesse nicht dauerhaft in eine Richtung laufen, sondern an einem bestimmten Punkt ihre Peripetie erfahren, so z. B. die bürgerliche Entwicklung (vgl. Kap. V.2.) oder der Verelendungsprozeß des Proletariats im 19. Jahrhundert (vgl. Kap. III.2.). Und historische Soziologie ist nicht einseitig strukturlastig, sondern ist Handlungs-Struktur-Theorie, in der soziale Akteure handelnd Strukturen hervorbringen, die wiederum auf sie zurückwirken und ihren Handlungsraum und Sozialcharakter verändern. Von den geschichtstheoretischen Kategorien her gesehen kann man die moderne Theorie sozialen Wandels gewiß nicht als wissenschaftlichen Fortschritt gegenüber der historischen Soziologie qualifizieren.

Historische Soziologie wurde von nachfolgenden Ansätzen aufgrund anderer Objektbereiche oder geschichtstheoretischer Regression (im Fall der »Theorie sozialen Wandels«) also nicht ersetzt, sondern hinterließ eine Lücke, die sich bis heute in relativ geringer zeitdiagnostischer, historischer und geschichtstheoretischer Kompetenz niederschlägt.

Bleibt noch zu fragen, ob die Lücke, welche historische Soziologie innerhalb des Fachs Soziologie hinterlassen hat, nicht von anderen Fächern aus geschlossen wurde. In diesem Zusammenhang kommt vor allem die moderne Sozialgeschichte in Betracht. Mit den Kategorien »historische Konstellation« und »historische Individualität«, die den historisch-soziologischen Ansatz so unverwechselbar vom Evolutionismus abheben, arbeitet auch der Sozialhistoriker – ja, es handelt sich dabei um genuin geschichtswissenschaftliche Kategorien aus dem Arsenal des Historismus. Wenn man sich zudem das Paradigma der Gesellschaftsgeschichte als einer Variante der Sozialgeschichte etwa in Gestalt von Hans Ulrich Wehlers *Deutsche Gesellschaftsgeschichte* (München 1987) vor Augen führt, dann liegt der Eindruck nahe, die Geschichtswissenschaft, die sich in Gestalt der modernen Sozialgeschichte im Gegensatz zu ihren Vorgängern der ersten Jahrhunderthälfte inzwischen soziologisiert hat, habe inzwischen das Erbe der historischen Soziologie angetreten, so daß diese vom Nachbarfach aus überholt worden ist. Eine solche Sichtweise ist insofern unzutreffend, als neben Verwandtschaften gravierende Unterschiede unübersehbar sind. Einige Beispiele: Geschichtswissenschaftliche Untersuchungen beziehen sich räumlich typischerweise auf Nationalstaaten, historisch-soziologische Arbeiten hingegen auf größere Einheiten wie Kulturkreise. Geschichtswissenschaft versteht »Zeit« als historisches Kontinuum (auch wenn sie selbstverständlich forschungspragmatische Zäsuren setzt), historische Soziologie dagegen sieht »Zeit« idealtypisch abgestuft in Epochen mit eigenen Bewegungsprinzipien. Entsprechend ist für den historischen Soziologen »Gegenwart« eine (unterschiedlich periodisierte) Epoche mit eigenen Prinzipien und Regelhaftigkeiten (für Heimann: »System der sozialen Reform«, für v. Martin: »nachbürgerliche Gesellschaft«, für Freyer: »industrielle Gesellschaft zweiter Ordnung«). Hingegen »(gibt es) für den Historiker nur Vergangenheit und Zukunft – die ›Gegenwart‹ hat allenfalls die Breite eines Rasiermessers, dessen Klinge unaufhörlich Teilstücke der Zukunft abschneidet und der Vergangenheit zuweist. Statt einer undefinierten ›Gegenwart‹ erkennt die Geschichtswissenschaft, streng genommen, nur Vergangenheiten an ...« (Wehler 1976, S. 15). Insofern ist Geschichtswissenschaft Vergangenheitswissenschaft, historische Soziologie jedoch Gegenwartswissenschaft. Für den Historiker ist Geschichte Erkenntniszweck, für den historischen Soziologen dient hingegen Geschichte als heuristisches Hilfsmittel zur Erkenntnis der Gegenwart, zur Zeitdiagnose.[21] Er arbeitet sekundärempirisch mit den vom Historiker aufbereiteten Daten, während dieser sich in aller Regel zumindest teilweise auf Quellenstudien, u. a. auch mit selbst archivalisch erschlossenem Quellenmaterial, stützt.

Sozialgeschichte/Gesellschaftsgeschichte und historische Soziologie sind also als kategorial verwandte, aber selbständige Paradigmata mit eigener Existenzberechtigung anzusehen, wobei das spe-

21 In den Worten Freyers ausgedrückt: »Alle Erkenntnis vergangener Wirklichkeiten wird zur historischen Unterbauung der Selbsterkenntnis der Gegenwart, die mit ihrer Zukunft schwanger geht« (Freyer 1930, S. 206).

zifisch soziologische Erkenntnisinteresse sich zum einen auf Zeitdiagnostik, zum anderen auf (historisch-vergleichend erschlossenes) systematisches Wissen richtet, das dann wieder auf die zeitdiagnostische Analyse rückbezogen werden kann.[22]
Für unsere These, daß der historisch-soziologische Ansatz durch den wissenschaftlichen Fortschritt nicht überholt wurde, sprechen schließlich zwei neuere Tendenzen in der Soziologie. Zum einen sieht sich die evolutionistische Geschichtsauffassung seit den 80er Jahren zunehmender Kritik ausgesetzt.[23] Zum anderen ist, wie bereits erwähnt (Kap. I., Abschn. IV), eine Renaissance historischer Soziologie im angelsächsischen Raum zu verzeichnen, die auch nach Deutschland ausstrahlt. Als Frucht der Max Weber-Rezeption, durch Vermittlung von Emigranten wie Reinhard Bendix und Guenther Roth, steht sie in Zusammenhang mit der Weimarer historischen Soziologie.[24] Daß die ihr immanente Geschichtsauffassung der deutschen historisch-soziologischen Tradition weitaus näher steht als dem Evolutionismus, kann hier nicht ausgeführt werden.

22 Dies alles ist natürlich eine typologische Unterscheidung. Doch selbst wenn sich der Historiker auf (in unserem Sinne) historisch-soziologischem Felde bewegt, also z. B. Zeitdiagnostik betreibt, so tut er das mit anderen Qualifikationen und Kompetenzen als der Soziologe.

23 Vgl. Burkart Lutz, *Der kurze Traum immerwährender Prosperität. Eine Neuinterpretation der industriell-kapitalistischen Entwicklung im Europa des 20. Jahrhunderts*, Ffm/New York 1984; Raymond Boudon, *Theories of Social Change. A Critical Appraisal*, Berkeley 1986 (zuerst franz. 1984); Michael Mann, *The Sources of Social Power*, Bd. 1, Cambridge 1986; E. L. Jones, *Growth Recurring. Economic Change in World History*, Oxford 1988; Friedrich Tenbruck, »Gesellschaftsgeschichte oder Weltgeschichte?«, in: *Kölner Zeitschrift für Soziologie und Sozialpsychologie* 38 (1989), S. 3-12; Walter L. Bühl, *Sozialer Wandel im Ungleichgewicht. Zyklen, Fluktuationen, Katastrophen*, Stuttgart 1990.

24 Roth selbst hat treffend bemerkt, daß Reinhard Bendix »auch als letzter Vertreter einer in die Emigration gezwungenen Generation deutscher historischer Soziologie verstanden werden« kann (Roth 1987, S. 241).

V.

Als Fazit unserer Überlegungen läßt sich festhalten: Der Untergang einer bestimmten Wissenschaftstradition muß nicht unbedingt wissenschaftsimmanent verursacht sein; es können auch maßgeblich außerwissenschaftliche, etwa politische Ursachen im Spiel sein. Eine untergegangene Wissenschaftstradition wird nicht zwangsläufig durch bessere, leistungsfähigere Modelle abgelöst. Vielmehr kann sie eine Lücke hinterlassen, weil nachfolgende Ansätze ihren Objektbereich nicht oder nicht voll erfassen oder sogar ein (partieller) Regreß stattfindet. Unter diesen Umständen ist es legitim, eine Wissenschaftstradition zu aktualisieren und nach ihrer heutigen Bedeutung zu fragen.

Eine solche Aktualisierung darf jedoch nicht ad hoc erfolgen, vielmehr muß die Wissenschaftstradition in ihrer Zeitbedingtheit mit aktuellen Forschungslagen und -standards vermittelt werden. M. a. W.: Es ist zu klären, was heute an ihr noch anknüpfungswürdig ist. Wie steht es in dieser Hinsicht mit Weimarer historischer Soziologie?

Zunächst ist festzustellen, daß die Weimarer historische Soziologie, insbesondere die historische Soziologie nach 1945, nicht durchgehend, aber häufig erhebliche Mängel in formaler und methodischer Hinsicht aufweist. Die Literaturbelege sind oft unzureichend, Begriffe werden nicht selten unzulänglich definiert, die methodische Transparenz läßt zu wünschen übrig (der Lesbarkeit zuliebe), die historisch-empirische Beweisführung ist oft nicht stringent genug und Quantifizierungsmöglichkeiten werden zu wenig genutzt. Aber das sind Schwächen, die vermeidbar sind und insofern die Aktualität des historisch-soziologischen Ansatzes nicht berühren.

Viel wichtiger ist ein anderer, schon mehrfach erwähnter Gesichtspunkt: Die heutige Soziologie bringt eine kaum überschaubare Menge an Daten hervor, doch nur selten gelingt eine zeitdiagnostische Synthese.[25] Dagegen hebt sich die zeitdiagnostische Produktivität der Weimarer historischen Soziologie einschließlich ihrer Ausläufer nach 1945 eindrucksvoll ab. Nun liegt es in der Natur von Zeitdiagnosen, daß sie durch die Zeit überholt werden.

25 Als Ausnahmen sind insbesondere Lutz 1984, Beck 1986, Daheim 1992 und Schulze 1992 zu erwähnen.

Z. B. sind aus heutiger Sicht Alfred Webers Einsichten von 1950 zur ökologischen Gefährdung erstaunlich, aber sie sagen uns in der Sache nichts Neues mehr. Doch man kann versuchen, die Methodologie und logische Struktur einer Soziologie, die zu zeitdiagnostisch interessanten Einsichten gelangt ist, zu rekonstruieren und anzuwenden. Dabei gelangt man dann zu zwei wesentlichen Anknüpfungspunkten: (a) zu »Wirklichkeitswissenschaft« als methodologischem Orientierungsrahmen, welcher der historischen Soziologie zugrunde liegt. Das Konzept der Wirklichkeitswissenschaft[26] kontrastiert mit dem vorherrschenden gesetzeswissenschaftlichen Selbstverständnis[27] und ist potentiell für jeden soziologischen Wissenschaftsbereich anwendbar, also nicht exklusiv historisch-soziologisch; (b) zu historischer Soziologie als eigenem sozialwissenschaftlichem Theorieansatz, dessen Kern in einer eigenen Geschichtsauffassung liegt. Die Kategorien zum historischen Prozeß sind auch und gerade heute als Alternative zum Evolutionismus aktuell, der das Geschichtsdenken der Soziologie bis heute prägt. Darüber hinaus kann das reichhaltige begriffliche und gedankliche Arsenal der historischen Soziologen für die Konstruktion von Theorierahmen in der geschichtswissenschaftlichen und historisch-soziologischen Forschung anregend sein.

Der heutige Stand der Sozialgeschichte und der empirischen Sozialforschung eröffnet für historisch-soziologische Zeitdiagnostik neue Chancen: Sie kann auf einen viel größeren Datenfundus zurückgreifen als noch Heimann, v. Martin und Freyer in den 50er Jahren und sich zu heuristischen und analytischen Zwecken des theoretischen Instrumentariums der modernen allgemeinen Soziologie bedienen. So gesehen, steht historische Soziologie zu den gegenwärtigen Ansätzen im Fach also nicht in einem gegensätzlichen, eher in einem komplementären Verhältnis: Sie baut auf deren empirischen und theoretischen Forschungsleistungen auf und bringt sie in eine wissenschaftliche Form, die gleichermaßen (im

26 Max Webers Programm einer »Wirklichkeitswissenschaft« ist v. a. enthalten im Aufsatz «Zur ›Objektivität‹ sozialwissenschaftlicher und sozialpolitischer Erkenntnis«, Teil II (1904) (Max Weber 1973, S. 161-214).

27 Zur wechselhaften Methodendiskussion in den Sozialwissenschaften um »Gesetzeswissenschaft« und »Wirklichkeitswissenschaft« seit dem 19. Jahrhundert vgl. Harald Homann, *Gesetz und Wirklichkeit in den Sozialwissenschaften. Vom Methodenstreit zum Positivismusstreit*, Diss. Tübingen 1989.

kantianischen Sinn) die Anschauung der lebendigen Wirklichkeit mit der begrifflichen Kraft des Verstandes verbindet.

Eine dauerhafte Renaissance historischer Soziologie könnte das Fach in mancher Hinsicht bereichern. Die zeitdiagnostische Produktivität und Kompetenz würde gefördert werden. Eine extensivere und intensivere Nutzung geschichtlicher Erfahrung im sozialwissenschaftlichen Erkenntnisprozeß wäre zu erwarten. Historische Soziologie als zugleich theoretisch und empirisch ausgerichteter Ansatz könnte dazu beitragen, die Kluft zwischen »großer Theorie« und empirischem Alltagsgeschäft zu schließen. Die historisch-soziologischen Kategorien können der geschichtstheoretischen Reflexion neue Impulse vermitteln. Die kategoriale Nähe zur Geschichtswissenschaft würde eine Kooperation zwischen beiden Disziplinen erleichtern.

Ob sich historische Soziologie als eigener sozialwissenschaftlicher Ansatz wirklich etablieren kann, wird vor allem davon abhängen, ob es gelingt, ihre erkenntnisleitenden Kategorien und Methoden zu klären, diese in eine einheitliche, forschungsmäßig praktikable Gesamtform zu bringen und das spezifisch soziologische Erkenntnisinteresse an Geschichte zu bestimmen.

Literaturverzeichnis

Adorno, Theodor W. (1972), »Zur gegenwärtigen Stellung der empirischen Sozialforschung in Deutschland« (1951/52), in: *Gesammelte Schriften*, Bd. 8, *Soziologische Schriften I*, Frankfurt: Suhrkamp, S. 478-493.

Aron, Raymond (1953), *Die deutsche Soziologie der Gegenwart* (franz. 1936), Stuttgart: Kröner.

Beck, Ulrich (1986), *Risikogesellschaft*, Frankfurt am Main: Suhrkamp.

Beck, Ulrich/Bonß, Wolfgang (1989), »Verwissenschaftlichung ohne Aufklärung? Zum Strukturwandel von Sozialwissenschaft und Praxis«, in: dies. (Hg.), *Weder Sozialtechnologie noch Aufklärung? Zur Verwendung sozialwissenschaftlichen Wissens*, Frankfurt: Suhrkamp, S. 7-45.

Bock, Michael (1984), *Kriminologie als Wirklichkeitswissenschaft*, Berlin: Duncker & Humblot.

Boudon, Raymond (1986), *Theories of Social Change. A Critical Appraisal* (franz. 1984), Berkeley: University of California Press.

Daheim, Hansjürgen (1989), »Weimarer historische Soziologie – Zeitdiagnosen nach 1945«, Bielefeld (Ms.), veröffentlicht in koreanischer Sprache, in: Jae-Hyeon Choe (Hg.), *Die Strömungen der gegenwärtigen deutschen Soziologie*, Seoul 1991, S. 99-130.

– (1992), »Strukturwandel der Arbeitsgesellschaft. Eine historisch-soziologische Skizze«, in: Hansjürgen Daheim/Helmut Heid/Karl Krahn (Hg.), *Soziale Chancen. Forschungen zum Wandel der Arbeitsgesellschaft*, Frankfurt am Main/New York: Campus, S. 13-33.

Dahrendorf, Ralf (1957), *Soziale Klassen und Klassenkonflikt in der industriellen Gesellschaft*, Stuttgart: Enke.

– (1972), *Homo Sociologicus. Ein Versuch zur Geschichte, Bedeutung und Kritik der Kategorie der sozialen Rolle* (1958), Opladen: Westdeutscher Verlag.

Demm, Eberhard (1986), »Ergänzungsbibliographie der Schriften Alfred Webers«, in: ders. (Hg.), *Alfred Weber als Politiker und Gelehrter*, Stuttgart: Steiner, S. 205-218.

Dunkmann, Karl (1931), *Lehrbuch der Soziologie und Sozialphilosophie*. Unter Mitarbeit von Gerhard Lehmann und Heinz Sauermann, Berlin: Junker und Dünnhaupt.

Eckert, Roland (1970), *Kultur, Zivilisation und Gesellschaft. Die Geschichtstheorie Alfred Webers*, Tübingen: J. C. B. Mohr (Paul Siebeck).

Elias, Norbert (1980), *Über den Prozeß der Zivilisation*, 2 Bände (1939), Frankfurt am Main: Suhrkamp.

– (1989), *Studien über die Deutschen. Machtkämpfe und Habitusentwicklung im 19. und 20. Jahrhundert*, hrsg. von Michael Schröter, Frankfurt am Main: Suhrkamp.

Fischer, Helmut (1959), »Biographische Daten und Bibliographie Eduard Heimanns«, in: *Hamburger Jahrbuch für Wirtschafts- und Gesellschaftspolitik* 4, S. 342-348.
Freyer, Hans (1925), *Der Staat*, Leipzig: Rechfelden.
– (1929), »Die Aufgabe der Soziologie«, in: *Die Volksschule* 25, S. 625-633.
– (1930), *Soziologie als Wirklichkeitswissenschaft*, Leipzig/Berlin: Teubner.
– (1931), *Revolution von rechts*, Jena: Eugen Diederich.
– (1935), *Pallas Athene. Ethik des politischen Volkes*, Jena: Eugen Diederich.
– (1948), *Weltgeschichte Europas*, 2 Bände, Wiesbaden: Dieterichsche Verlagsbuchhandlung.
– (1954), »Der Mensch und die gesellschaftliche Ordnung der Gegenwart«, in: *Zeitschrift für die gesamte Staatswissenschaft* 110, S. 1-12.
– (1955), *Theorie des gegenwärtigen Zeitalters*, Stuttgart: Deutsche Verlags-Anstalt.
– (1956), »Die Dynamik der technischen Entwicklung und die geistige Situation des Menschen«, in: *Die 8. Niederrheinische Universitätswoche. Schriftenreihe der Duisburger Universitäts-Gesellschaft*, Duisburg, S. 20-30.
– (1956 a), »Die Struktur des technischen Zeitalters«, in: Wilhelm Kersten-Thiele (Hg.), *Die Mission im technischen Zeitalter*, Düsseldorf: C. Schaffnit Nachf., S. 12-23.
– (1956 b), »Der Mensch unserer Zeit«, in: *Der öffentliche Gesundheitsdienst* 18, S. 210-220.
– (1957), »Die Persönlichkeit unter den Bedingungen der gegenwärtigen Gesellschaft«, in: *Jahresring* 1957/58, S. 55-68.
– (1957 a), »Automation – historisch und soziologisch gesehen«, in: *Fördern und Heben* 7 (Sonderheft), S. 6-8.
– (1959), »Der Geist im technischen Zeitalter. Gedanken zur geistigen Lage im gegenwärtigen Deutschland«, in: Stadt Flensburg (Hg.), *Flensburger Tage 1958*, Flensburg: o. Verlag, S. 31-44.
– (1960), »Soziologische Aspekte zur Situation der Menschen in der Gegenwart«, in: *Die Therapiewoche* 10, S. 306-311.
– (1960 a), »Die Probleme der Gesellschaftsordnung«, in: Walter Felix Mueller (Hg.), *Die Struktur der europäischen Wirklichkeit. Die Problematik der europäischen Lebensordnung seit dem ersten Weltkrieg*, Stuttgart: Kohlhammer, S. 81-101.
– (1960 b), »Die Familie als Sicherheit in unserer Zeit«, in: *Universitas* 15, S. 1033-1041.
– (1961), »Gesellschaft und Kultur«, in: Golo Mann (Hg.), *Propyläen Weltgeschichte. Eine Universalgeschichte*, Bd. 10, Berlin/Frankfurt/Wien: Propyläen-Verlag, S. 501-591.
– (1963), »Die deutsche Stadt. Geschichte und Gegenwart«, in: Landes-

gruppe Nordrhein-Westfalen der deutschen Akademie für Städtebau und Landesplanung (Hg.), *Entwicklungsgesetze der Stadt. Vorträge und Berichte*, Köln/Opladen: Westdeutscher Verlag, S. 9-21.
– (1963 a), »Das Vermögen von heute ist der Arbeitsplatz«, in: *Contact* 3, Heft 3, S. 24.
– (1965), *Schwelle der Zeiten*, Stuttgart: Deutsche Verlagsanstalt.
– (1965 a), »Der Ernst des Fortschritts«, in: Hans Freyer/Johannes Chr. Papalekas/Georg Weippert (Hg.), *Technik im technischen Zeitalter. Stellungnahmen zur geschichtlichen Situation*, Düsseldorf: Schilling, S. 80-100.
– (1966), »Entwicklungstendenzen und Probleme der modernen Industriegesellschaft«, in: Hans Freyer/Jindrich Filipec/Lothar Bossle (Hg.), *Die Industriegesellschaft in Ost und West. Konvergenzen und Divergenzen*, Mainz: o. Verlag, S. 9-32.
– (1966 a), »Strukturwandlungen der industriellen Gesellschaft im 20. Jahrhundert«, in: *Recht der Arbeit* 19, S. 161-163.
– (1966 b), »Landschaft und Geschichte«, in: Bayerische Akademie der schönen Künste (Hg.), *Mensch und Landschaft im technischen Zeitalter*, München: Oldenbourg, S. 39-70.
– (1987), *Herrschaft, Planung und Technik. Aufsätze zur politischen Soziologie*, hrsg. und kommentiert von Elfriede Üner, Weinheim: VCH, Acta Humaniora.
– (1987 a), »Der Fortschritt und die haltenden Mächte« (1951/52), in: Freyer 1987, S. 73-83.
– (1987 b), »Das soziale Ganze und die Freiheit des Einzelnen unter den Bedingungen des industriellen Zeitalters« (1956/57), in: Freyer 1987, S. 99-116.
– (1987 c), »Über das Dominantwerden technischer Kategorien in der Lebenswelt der industriellen Gesellschaft« (1959/60), in: Freyer 1987, S. 117-129.
– (o. J.), *Einführung in die Soziologie* (Manuskript im Nachlaß Hans Freyer, Universitätsbibliothek Münster, veröffentlicht in japanischer Übersetzung 1955 und in türkischer Übersetzung 1957).
Galbraith, John Kenneth (1952), *American Capitalism. The Concept of Countervailing Power*, Boston: Houghton Mifflin.
Geiger, Theodor (1931), »Soziologie. Hauptrichtungen, Aufgaben, Verfahren«, in: Alfred Vierkandt (Hg.), *Handwörterbuch der Soziologie*, Stuttgart: Enke, S. 568-578.
– (1949), *Die Klassengesellschaft im Schmelztiegel*, Köln: Kiepenheuer.
Gielke, Roland (1981), »Hans Freyer – vom präfaschistischen Soziologen zum Theoretiker der ›Industriegesellschaft‹«, in: *Zeitschrift für Geschichtswissenschaft* 20, S. 597-603.
– (1983), »Faschistische Ideologie im Werk Hans Freyers«, in: *Jahrbuch für Geschichte* 27, S. 41-61.

Giere, Walter (1967), *Das politische Denken Hans Freyers in den Jahren der Zwischenkriegszeit (1918-1939)*, Freiburg (Phil. Diss.).

Giordano, Ralph (1990), *Die zweite Schuld, oder: Von der Last, Deutscher zu sein* (1987), München: Knaur.

Gladen, Albin (1974), *Geschichte der Sozialpolitik in Deutschland. Eine Analyse ihrer Bedingungen, Formen, Zielsetzungen und Auswirkungen*, Wiesbaden: Steiner.

Greffrath, Matthias (1981), »Der analytische Geist der deutschen Wissenschaft, nicht der spekulative, hat mich beeindruckt. Ein Gespräch mit Ernst Manheim«, in: M. Rainer Lepsius (Hg.), *Soziologie in Deutschland und Österreich 1918-1945*, Opladen: Westdeutscher Verlag, S. 308-323.

Goudsblom, Johan (1982), »Aufnahme und Kritik der Arbeiten von Norbert Elias in England, Deutschland, den Niederlanden und Frankreich«, in: Peter Gleichmann/Johan Goudsblom/Hermann Korte (Hg.), *Materialien zu Norbert Elias' Zivilisationstheorie* (1977), Frankfurt am Main: Suhrkamp, S. 17-100.

Habermas, Jürgen (1987), *Strukturwandel der Öffentlichkeit* (1962), Darmstadt/Neuwied: Luchterhand.

Häuser, Karl (1990), »Gründe des Niedergangs. Überlebendes und Überlebenswertes«, in: Michael Bock/Harald Homann/Pierangelo Schiera (Hg.), *Gustav Schmoller heute. Die Entwicklung der Sozialwissenschaften in Deutschland und Italien*, Berlin: Duncker & Humblot, S. 31-61.

Heimann, Eduard (1913), *Zur Kritik der Sozial-Methode*, Diss. Heidelberg, Tübingen: H. Laupp jr.

– (1922), *Mehrwert und Gemeinwirtschaft. Kritische und positive Beiträge zur Theorie des Sozialismus*, Berlin: Engelmann.

– (1929), *Soziale Theorie des Kapitalismus. Theorie der Sozialpolitik*, Tübingen: J. C. B. Mohr (Paul Siebeck).

– (1930), *Grundlagen und Grenzen der Sozialpolitik (zusammen mit Adolf Weber): Reden, gehalten auf der Königsberger Generalversammlung des Vereins für Sozialpolitik*, München/Leipzig: Duncker & Humblot.

– (1931), »Was will der Nationalsozialismus?«, in: *Neue Blätter für den Sozialismus* 2, S. 145-148.

– (1932), *Sozialwissenschaft und Wirklichkeit. Zwei soziologische Vorträge*, Tübingen: J. C. B. Mohr (Paul Siebeck).

– (1934), »Planning and the Market System«, in: *Social Research* 1, S. 486-504.

– (1934 a), »Socialism and Democracy«, in: *Social Research* 1, S. 301-318.

– (1938), *Communism, Fascism or Democracy?* New York: W. W. Norton & Company.

– (1940), »The Great Gulf Between Germany and the West«, in: *Christendom*, Sommer 1940, S. 332-344.

– (1945), »Industrial Society and Democracy«, in: *Social Research* 12, S. 43-59.
– (1946), »Recent Literature on Economic Systems«, in: *Social Research* 13, S. 103-116.
– (1948), *Sozialistische Wirtschafts- und Arbeitsordnung* (1932), Offenbach: Bollwerk-Verlag Karl Drott.
– (1948 a), »Zwei Vaterländer«, in: *Göttinger Universitätszeitung* 3, Nr. 10, S. 3-4.
– (1949), »Marxistische Dialektik und Weltpolitik«, in: *Frankfurter Hefte* 4, S. 561-568.
– (1949 a), »The West and the East«, in: *Social Research* 16, S. 45-69.
– (1950), *Freiheit und Ordnung – Lehren aus dem Kriege* (1947), Berlin: Arani.
– (1950 a), »Der Magier, der alles wußte (Zu Max Webers 30. Todestag)«, in: *Hamburger Echo*, 14. 6. 1950.
– (1954), *Wirtschaftssysteme und Gesellschaftssysteme*, Tübingen: J. C. B. Mohr (Paul Siebeck).
– (1954 a), »Die Bedeutung von Ordnung und Gerechtigkeit im kommunistischen Denken«, in: *Gewerkschaftliche Monatshefte* 5, S. 449-456.
– (1955), *Vernunftglaube und Religion in der modernen Gesellschaft. Liberalismus, Marxismus und Demokratie*, Tübingen: J. B. C. Mohr.
– (1955 a), »Die Selbstwiderlegung des Individualismus«, in: *Gewerkschaftliche Monatshefte* 6, S. 108-114.
– (1957), »Tendencies and Forces at Work in a Changing World. Überarbeitung eines Vortrages, gesendet über den Sender Rias Berlin am 10. 7. 1956«, in: *Kyklos* 10, S. 56-69.
– (1957 a), »Was Amerika aus dem Sozialismus gemacht hat«, in: *Hamburger Jahrbuch für Wirtschafts- und Gesellschaftspolitik* 2, S. 27-44.
– (1958), »Christliche Grundlagen der Sozialwissenschaften«, in: *Monatsschrift für Pastoraltheologie* 47, S. 153-167.
– (1958 a), »Die Wirtschaft des Überflusses – ein ethisches Problem«, in: *Dokumente* 14, S. 289-294.
– (1959), »Après le Succès du Capitalisme – ou Allons-Nous?«, in: *Economie Appliquée*, S. 253-274.
– (1959 a), »The Affluent Society«, in: *Kyklos* 12, S. 186-195.
– (1963), *Soziale Theorie der Wirtschaftssysteme*, Tübingen: J. C. B. Mohr (Paul Siebeck).
– (1963 a), »Wissen und Glauben in den Sozialwissenschaften«, in: *Radius* 1, S. 37-42.
– (1963 b), »Marxismus und Wiedervereinigung«, in: *Hamburger Universitätsreden. Zum Tag der Deutschen Einheit 1963*, Hamburg, S. 8-23.
– (1964), »Der entfremdete Sozialismus und die Konsumgesellschaft«, in: *Hamburger Jahrbuch für Wirtschafts- und Gesellschaftspolitik* 9, S. 160-174.

– (1965), »Gedanken zu unserer Zeit«, in: *Gewerkschaftliche Monatshefte* 16, S. 513-518.
– (1966), *Theologie der Geschichte. Ein Versuch*, Stuttgart: Kreuz-Verlag.
– (1975), *Sozialismus im Wandel der modernen Gesellschaft. Aufsätze zur Theorie und Praxis des Sozialismus. Ein Erinnerungsband*, hrsg. und eingeleitet von Heinz-Dietrich Ortlieb, Berlin/Bonn/Bad Godesberg: J. H. W. Dietz Nachf. GmbH.
– (1975 a), »Sozialismus und Mittelstand« (1932), in: Heimann 1975, S. 75-90.
– (1975 b), »Die Ursprünge des Nazismus als zeitgeschichtliche Lehre« (1941), in: Heimann 1975, S. 91-106.
Heyder, Ulrich (1977), *Der sozialwissenschaftliche Systemversuch Eduard Heimanns. Darstellung und Kritik der Möglichkeit einer einheitlichen Theorie der modernen Wirtschafts- und Sozialsysteme*, Frankfurt/Bern/Las Vegas: Peter Lang.
Hölscher, Lucien (1991), »Wie begrenzt ist die Sozialgeschichte? Diskutiert am Beispiel des Industrialisierungsdiskurses«, in: Manfred Hettling/Claudia Huerkamp/Paul Nolte/Hans-Walter Schmuhl (Hg.), *Was ist Gesellschaftsgeschichte? Positionen, Themen, Analysen*, München: Beck, S. 312-322.
Homann, Harald (1989), *Gesetz und Wirklichkeit in den Sozialwissenschaften. Vom Methodenstreit zum Positivismusstreit*, Tübingen (Diss.).
Hoyer, Siegfried (1990), »Hans Freyer als Direktor des Institutes für Kultur- und Universalgeschichte (1933-1938)«, in: *Geschichte und Gegenwart* 9, S. 61-74.
Jacoby, Henry (1984), *Die Bürokratisierung der Welt* (1969), Frankfurt/New York: Campus.
Jones, E. L. (1988), *Growth Recurring. Economic Change in World History*, Oxford: Clarendon Press.
Käsler, Dirk (1985), *Soziologische Abenteuer. Earle Edward Eubank besucht europäische Soziologen im Sommer 1934*, Opladen: Westdeutscher Verlag.
Kepeszczuk, Josef (1956), *Alfred Weber. Schriften und Aufsätze 1897-1955, Bibliographie,* München: Piper.
Kern, Horst (1982), *Empirische Sozialforschung. Ursprünge, Ansätze, Entwicklungslinien*, München: Beck.
Kiss, Gabor (1974), *Einführung in die soziologischen Theorien* (1972), Bd. 2, Opladen: Westdeutscher Verlag.
Klingemann, Carsten (1981), »Heimatsoziologie oder Ordnungsinstrument? Fachgeschichtliche Aspekte der Soziologie in Deutschland zwischen 1933 und 1945«, in: M. Rainer Lepsius (Hg.), *Soziologie in Deutschland und Österreich 1918-1945*, Opladen: Westdeutscher Verlag, S. 273-307.
König, René (1949), *Soziologie heute*, Zürich: Regio-Verlag.

– (1955), »Vorbemerkung des Herausgebers zum Jahrgang VII«, in: *Kölner Zeitschrift für Soziologie und Sozialpsychologie* 7, S. 1-5.
– (1955 a), »Die Begriffe Gemeinschaft und Gesellschaft bei Ferdinand Tönnies«, in: *Kölner Zeitschrift für Soziologie und Sozialpsychologie* 7, S. 348-419.
– (1956), »Rezension zu: Alfred Weber et al.: Einführung in die Soziologie«, in: *Kölner Zeitschrift für Soziologie und Sozialpsychologie* 8, S. 1951-1956.
– (1957), »Alfred v. Martin zum 75. Geburtstag«, in: *Kölner Zeitschrift für Soziologie und Sozialpsychologie* 9, S. 354-355.
– (1958) (Hg.), *Soziologie (Fischer-Lexikon)*, Frankfurt am Main: Fischer.
– (1958 a), »German Sociology«, in: Joseph Slabey Roucek (Hg.), *Contemporary Sociology*, New York: Philosophical Library, S. 779-806.
– (1960), »Neue deutsche Lehr- und Handbücher der Soziologie und ein Neudruck«, in: *Kölner Zeitschrift für Soziologie und Sozialpsychologie* 12, S. 134-143.
– (1961), »Zur Soziologie der zwanziger Jahre«, in: Leonhard Reinisch (Hg.), *Die Zeit ohne Eigenschaften. Eine Bilanz der zwanziger Jahre*, Stuttgart: Kohlhammer, S. 82-118.
– (1962), *Handbuch der empirischen Sozialforschung*, Bd. 1, Einleitung, Stuttgart: Enke, S. 3-17.
– (1969), »Hans Freyer 31. 7. 1887 - 18. 1. 1969«, in: *Kölner Zeitschrift für Soziologie und Sozialpsychologie* 21, S. 438-441.
– (1975), *Kritik der historisch-existenzialistischen Soziologie. Ein Beitrag zur Begründung einer objektiven Soziologie* (verfaßt um 1937), München: Piper.
– (1979), »Gesellschaftliches Bewußtsein und Soziologie. Eine spekulative Überlegung«, in: Günter Lüschen (Hg.), *Deutsche Soziologie nach 1945*, Opladen: Westdeutscher Verlag, S. 358-370.
Krohn, Claus Dieter (1987), *Wissenschaft im Exil. Deutsche Sozial- und Wirtschaftswissenschaftler in den USA und die New School for Social Research*, Frankfurt: Campus.
Kruse, Volker (1990), *Soziologie und »Gegenwartskrise«. Die Zeitdiagnosen Franz Oppenheimers und Alfred Webers*, Wiesbaden: Deutscher Universitäts-Verlag.
– (1990 a), »Von der historischen Nationalökonomie zur historischen Soziologie – Ein Paradigmenwechsel in den deutschen Sozialwissenschaften um 1900«, in: *Zeitschrift für Soziologie* 19, S. 149-165.
– (1992), »Zwischen ›Kapitalismus‹ und ›liberalem Sozialismus‹. Die westliche Nachkriegsgesellschaft in den Kategorien Franz Oppenheimers. Ein theoretisches Experiment«, in: *Geschichte und Gegenwart* 11, S. 19-43.
Landshut, Siegfried (1929), *Kritik der Soziologie. Freiheit und Gleichheit als Ursprungsproblem der Soziologie*, München: Duncker & Humblot.

Lederer, Emil (1967), *State of the Masses. The Threat of the Classless Society* (1940), New York: Fertig.
Lepsius, M. Rainer (1979), »Die Entwicklung der Soziologie nach dem Zweiten Weltkrieg 1945 bis 1967«, in: G. Lüschen (Hg.), *Deutsche Soziologie seit 1945*, Opladen: Westdeutscher Verlag, S. 25-70.
– (1979 a), »Alfred v. Martin (24. 7. 1882 - 11. 6. 1979)«, in: *Kölner Zeitschrift für Soziologie und Sozialpsychologie* 31, S. 826-828.
– (1979 b), »Zum Gedenken an Alfred von Martin«, in: *Soziologie* 4, Heft 2, S. 109 f.
– (1990), »Soziologische Theoreme über die Sozialstruktur der ›Moderne‹ und die ›Modernisierung‹« (1977), in: ders, *Interessen, Ideen und Institutionen*, Opladen: Westdeutscher Verlag, S. 211-231.
Linde, Hans (1981), »Soziologie in Leipzig 1925-1945«, in: M. Rainer Lepsius (Hg.), *Soziologie in Deutschland und Österreich 1918-1945*, Opladen: Westdeutscher Verlag, S. 102-130.
Löwenthal, Richard (1979), *Gesellschaftswandel und Kulturkrise*, Frankfurt am Main: Fischer.
Löwith, Karl (1990), *Weltgeschichte und Heilsgeschehen. Die theologischen Voraussetzungen der Geschichtsphilosophie* (1949), Stuttgart/Berlin/Köln: Kohlhammer.
Lowe, Adolph (1988), *Has Freedom a Future?* New York: Praeger.
Luhmann, Niklas (1984), *Soziale Systeme*, Frankfurt: Suhrkamp.
Lutz, Burkart (1984), *Der kurze Traum immerwährender Prosperität. Eine Neuinterpretation der industriell-kapitalistischen Entwicklung im Europa des 20. Jahrhunderts*, Frankfurt/New York: Campus.
Manheim, Ernest (1948), »The Sociological Theories of Hans Freyer. Sociology as a Nationalistic Program of Social Action«, in: H. E. Barnes (Hg.), *An Introduction to the History of Sociology*, Chicago: University Press, S. 362-373.
Mann, Michael (1986), *The Sources of Social Power*, Bd. 1, Cambridge: Cambridge University Press.
Mannheim, Karl (1932), *Die Gegenwartsaufgaben der Soziologie. Ihre Lehrgestalt*, Tübingen: J. C. B. Mohr (Paul Siebeck).
– (1958), *Mensch und Gesellschaft im Zeitalter des Umbaus* (1935/1940), Darmstadt: Wissenschaftliche Buchgesellschaft.
Martin, Alfred von (1930), »Soziologie als Resignation und Mission«, in: *Neue schweizerische Rundschau* 23, S. 20-25.
– (1932), *Soziologie der Renaissance. Zur Physiognomik und Rhythmik bürgerlicher Kultur*, Stuttgart: Enke.
– (1941), *Nietzsche und Burckhardt*, München: Verlag Ernst Reinhardt.
– (1946), »Geistige Wegbereiter des deutschen Zusammenbruchs: Hegel«, in: *Hochland* 39, S. 117-134.
– (1946 a), »Geistige Wegbereiter des deutschen Zusammenbruchs: Nietzsche und Spengler«, in: *Hochland* 39, S. 230-244.

– (1947), *Die Religion Jacob Burckhardts. Eine Studie zum Thema Humanismus und Christentum* (1942), München: Erasmus-Verlag.
– (1947 a), »Wann begann die deutsche Katastrophe?«, in: *Deutsche Beiträge* 1, S. 469-478.
– (1948), *Geist und Gesellschaft*, Frankfurt am Main: Knecht.
– (1948 a), *Der heroische Nihilismus und seine Überwindung. Ernst Jüngers Weg durch die Krise*, Krefeld: Scherpe.
– (1951), »Die bürgerlich-kapitalistische Dynamik der Neuzeit seit Renaissance und Reformation«, in: *Historische Zeitschrift* 172, S. 37-64.
– (1953), »Thomas Mann und Nietzsche«, in: *Hochland* 46, S. 135-152.
– (1956), *Ordnung und Freiheit. Materialien und Reflexionen zu Grundfragen des Soziallebens*, Frankfurt: Knecht.
– (1956 a), »Prolegomena«, in: v. Martin 1956, S. 11-28.
– (1956 b), »Ordnung und Freiheit in ihren grundlegenden Beziehungen«, in: v. Martin 1956, S. 29-50.
– (1956 c), »Zur Soziologie der Moral«, in: v. Martin 1956, S. 51-69.
– (1956 d), »Moral in der Krisensituation«, in: v. Martin 1956, S. 70-92.
– (1956 e), »Der Mensch und die Technik« (1946), in: v. Martin 1956, S. 93-121.
– (1956 f), »Die Revolution als soziologisches Phänomen« (1953), in: v. Martin 1956, S. 158-165.
– (1956 g), »Die Problematik von Ordnung und Freiheit bei Rousseau und im genuinen Marxismus« (1953), in: v. Martin 1956, S. 166-185.
– (1956 h), »Zum Verhältnis von Mensch und Gesellschaft (Karl Marx – Karl Schmitt – Max Weber)« (1953), in: v. Martin 1956, S. 186-248.
– (1956 i), »Abriß einer Soziologie der Intelligenzschicht« (1955), in: v. Martin 1956, S. 249-263.
– (1956 k), »Die Geistigen und die Gesellschaft (Zur Krise der Intelligenz)« (1951), in: v. Martin 1956, S. 264-291.
– (1956 l), »Zur Kultursoziologie Alfred Webers« (1954), in: v. Martin 1956, S. 292-296.
– (1956 Einl.), »Gesellschaft und Gesellschaftslehre«, in: ders., *Soziologie. Die Hauptgebiete im Überblick* (Einleitung), Berlin: Duncker & Humblot.
– (1956 A), »Gesellschaft und Staat«, in: ders., *Soziologie. Die Hauptgebiete im Überblick*, Teil A, Berlin: Duncker & Humblot.
– (1956 B), »Gesellschaft und Wirtschaft«, in: ders., *Soziologie. Die Hauptgebiete im Überblick*, Teil B, Berlin: Duncker & Humblot.
– (1956 C), »Gesellschaft und Kultur«, in: ders., *Soziologie. Die Hauptgebiete im Überblick*, Teil C, Berlin: Duncker & Humblot.
– (1960), »Rezension über: Vance Packard, The status seekers. An exploration of class behavior in America«, in: *Hochland* 52, S. 591-594.
– (1961), »Der bürgerliche Mensch und die Antinomien der gegenwärtigen Wirtschaft und Gesellschaft«, in: *Universitas* 16, S. 647-660.

– (1962), »Die Krisis des bürgerlichen Menschen«, in: *Kölner Zeitschrift für Soziologie und Sozialpsychologie* 14, S. 417-448.
– (1965), *Mensch und Gesellschaft heute*, Frankfurt am Main: Josef Knecht.
– (1965 a), »Gesellschaft und Freiheit heute« (1962/63), in: v. Martin 1965, S. 15-40.
– (1965 b), »Wille zur Freiheit?« (1958), in: v. Martin 1965, S. 41-46.
– (1965 c), »Der gegenwärtige Stand der Klassensituation und des Klassenbewußtseins« (1959), in: v. Martin 1965, S. 47-89.
– (1965 d), »Der Prozeß der Rationalisierung und die Organisation der Massen« (1961), in: v. Martin 1965, S. 90-124.
– (1965 e), »Antinomien im Kapitalismus« (1961), in: v. Martin 1965, S. 166-183.
– (1965 f), »Die Intellektuellen als sozialer Faktor« (1962), in: v. Martin 1965, S. 184-239.
– (1965 g), »Zwischen Heilswissen und Herrschaftswissen« (1954), in: v. Martin 1965, S. 240-255.
– (1965 h), »Rationalisierung im Recht« (1963), in: v. Martin 1965, S. 256-264.
– (1965 i), »Kunst und Gesellschaft« (1963), in: v. Martin 1965, S. 265-275.
– (1965 k), »Deutsche Soziologie gestern und heute« (1961), in: v. Martin 1965, S. 276-281.
– (1969 a), Art. »Bürgertum«, in: Wilhelm Bernsdorf (Hg.), *Wörterbuch der Soziologie*, zweite, neubearbeitete und erweiterte Ausgabe, Stuttgart: Enke, S. 138-145.
– (1969 b), Art. »Intelligenzschicht«, in: Wilhelm Bernsdorf (Hg.), *Wörterbuch der Soziologie*, zweite, neubearbeitete und erweiterte Ausgabe, Stuttgart: Enke, S. 475-478.
– (1974), *Im Zeichen der Humanität. Soziologische Streifzüge*, Frankfurt am Main: Knecht.
– (1974 a), »Humanität als Problem der Gegenwart« (1967), in: v. Martin 1974, S. 11-52.
– (1974 b), »Geschichte vom Standpunkt der Humanität« (1946), in: v. Martin 1974, S. 53-91.
– (1974 c), »Sola voluntate? Auch ein Rechtfertigungsglaube« (1948), in: v. Martin 1974, S. 92-157.
– (1974 d), »Widerstandspflicht und Kollektivschuld« (1960), in: v. Martin 1974, S. 158-170.
– (1974 e), »Die Dialektik der Aufklärung und die Situation heute – Soziologische Perspektiven«, in: v. Martin 1974, S. 171-189.
– (1976), *Macht als Problem. Hegel und seine politische Wirkung*, Wiesbaden: Steiner.
Meinecke, Friedrich (1946), *Die deutsche Katastrophe. Betrachtungen und Erinnerungen*, Wiesbaden: Brockhaus.

Menger, Carl (1884), *Die Irrthümer des Historismus in der deutschen Nationalökonomie*, Wien.
Mikl-Horke, Gertraude (1989), *Soziologie. Historischer Kontext und soziologische Theorieentwürfe*, München/Wien: Oldenbourg.
Mohler, Armin (1989), *Die konservative Revolution in Deutschland 1918-1932*. Ergänzungsband, Darmstadt: Wissenschaftliche Buchgesellschaft.
Mooser, Josef (1984), *Arbeiterleben in Deutschland 1900-1970. Klassenlagen, Kultur und Politik*, Frankfurt am Main: Suhrkamp.
– (1991), Art. »Wirtschafts- und Sozialgeschichte, Historische Sozialwissenschaft, Gesellschaftsgeschichte«, in: Richard van Dülmen (Hg.), *Geschichte (Fischer-Lexikon)*, Frankfurt am Main: Fischer, S. 86-101.
Müller, Severin (1981), »Paradigmenwechsel und Epochenwandel. Zur Struktur wissenschaftshistorischer und geschichtlicher Mobilität bei Thomas S. Kuhn, Hans Blumenberg und Hans Freyer«, in: *Saeculum* 32, S. 1-30.
Müller-Armack, Alfred (1932), *Entwicklungsgesetze des Kapitalismus*, Berlin: Junker & Dünnhaupt.
– (1976), *Wirtschaftsordnung und Wirtschaftspolitik. Studien und Konzepte zur Sozialen Marktwirtschaft und zur Europäischen Integration* (1966), Bern/Stuttgart: Haupt.
– (1976 a), »Die soziale Marktwirtschaft nach einem Jahrzehnt ihrer Erprobung« (1959), in: Müller-Armack 1976, S. 251-265.
– (1976 b), »Die zweite Phase der sozialen Marktwirtschaft. Ihre Ergänzung durch das Leitbild einer neuen Gesellschaftspolitik« (1960), in: Müller-Armack 1976, S. 267-291.
– (1981), *Religion und Wirtschaft. Geistesgeschichtliche Hintergründe unserer europäischen Lebensform* (1959), Bern/Stuttgart: Haupt.
Muller, Jerry Z. (1986), »Enttäuschung und Zweideutigkeit. Zur Geschichte rechter Sozialwissenschaftler im ›Dritten Reich‹«, in: *Geschichte und Gesellschaft* 12, S. 289-316.
– (1987), *The Other God That Failed. Hans Freyer and the Deradicalization of German Conservatism*, Princeton/New Jersey: Princeton University Press.
Nisbet, Robert A. (1969), *Social Change and History. Aspects of the Western Theory of Development*, London/Oxford/New York: Oxford University Press.
– (1980), *History of the Idea of Progress*, New York: Basic Books.
Oppenheimer, Franz (1922), *Großgrundeigentum und soziale Frage. Versuch einer neuen Grundlegung der Gesellschaftswissenschaft* (1898), Jena: G. Fischer.
– (1964, I, 1), *System der Soziologie*, Bd. I, 1: *Allgemeine Soziologie*, 1. Teil. *Grundlegung* (1922), Stuttgart: Gustav Fischer.
Ortlieb, Heinz-Dietrich (1975), »Biographische Daten und Bibliographie Eduard Heimanns«, in: Heimann 1975, S. 182-186.

Osterroth, Franz (1964), »Der Hofgeismarkreis der Jungsozialisten«, in: *Archiv für Sozialgeschichte* 4, S. 525-569.
Papalekas, Johannes C. (1980), Art. »Freyer, Hans«, in: Wilhelm Bernsdorf/Horst Knospe (Hg.), *Internationales Soziologenlexikon*, 2., neubearbeitete Auflage, Bd. 1, Stuttgart: Enke, S. 131-133.
Pankoke, Eckart (1970), »Technischer Fortschritt und kulturelles Erbe. Hans Freyers Gegenwartsdiagnosen in historischer Perspektive«, in: *Geschichte in Wissenschaft und Unterricht* 21, S. 142-151.
Papcke, Sven (1991), *Gesellschaftsdiagnosen. Klassische Texte der deutschen Soziologie im 20. Jahrhundert*, Frankfurt am Main: Campus.
Pauck, Wilhelm/Pauck, Marion (1978), *Paul Tillich. Sein Leben und Denken*, Bd. 1, Frankfurt am Main: Lembeck.
Plé, Bernhard (1990), *Wissenschaft und säkulare Mission. »Amerikanische Sozialwissenschaft« im politischen Sendungsbewußtsein der USA und im geistigen Aufbau der Bundesrepublik Deutschland*, Stuttgart: Klett-Cotta.
Popper, Karl R. (1980), *Die offene Gesellschaft und ihre Feinde* (1944), 2 Bände, München: UTB.
Preller, Ludwig (1965), »Rezension zu: Eduard Heimann, Soziale Theorie der Wirtschaftssysteme«, in: *Die neue Gesellschaft* 12, S. 758-759.
Rammstedt, Otthein (1986), *Deutsche Soziologie 1933-1945. Die Normalität einer Anpassung*, Frankfurt am Main: Suhrkamp.
Rehberg, Karl Siegbert (1992), »Auch keine Stunde Null. Westdeutsche Soziologie nach 1945«, in: Walter H. Pehle/Peter Sillem (Hg.), *Wissenschaft im geteilten Deutschland. Restauration oder Neubeginn nach 1945?* Frankfurt am Main: Fischer, S. 26-44.
Ringer, Fritz K. (1983), *Die Gelehrten. Der Niedergang der deutschen Mandarine 1890-1933* (engl. 1969), Stuttgart: Klett-Cotta.
Rosenberg, Hans (1976), *Große Depression und Bismarckzeit. Wirtschaftsablauf, Gesellschaft und Politik in Mitteleuropa* (1967), Frankfurt/Berlin/Wien: Ullstein.
Roth, Günther (1987), *Politische Herrschaft und persönliche Freiheit. Heidelberger Max Weber-Vorlesungen 1983*, Frankfurt am Main: Suhrkamp.
Rothe, Wolfgang (1958), »Profile und Tendenzen (I). Alexander Rüstow«, in: *Neue politische Literatur* 3, S. 673-688.
Rüstow, Alexander (1957), *Ortsbestimmung der Gegenwart. Eine universalgeschichtliche Kulturkritik*, Bd. 3., *Herrschaft oder Freiheit?* Erlenbach-Zürich/Stuttgart: Eugen Rentsch.
– (1963), »Verzeichnis der Veröffentlichungen von Professor Dr. Dr. h. c. Dr. h. c. Alexander Rüstow«, in: ders., *Rede und Antwort. 21 Reden und viele Diskussionsbeiträge aus den Jahren 1932 bis 1962*, Ludwigsburg: Eugen Rentsch, S. 351-365.
Sahner, Heinz (1982), *Theorie und Forschung. Zur paradigmatischen*

Struktur der westdeutschen Soziologie und zu ihrem Einfluß auf die Forschung, Opladen: Westdeutscher Verlag.
Schäfer, Gerhard (1990), »Wider die Inszenierung des Vergessens. Hans Freyer und die Soziologie in Leipzig 1925-1945«, in: *Jahrbuch für Soziologiegeschichte 1990*, Opladen: Leske und Budrich, S. 121-175.
Schefold, Bertram (1989), »Schmoller als Theoretiker«, in: Jürgen Backhaus (Hg.), *Schmollers Grundriß, ein aktueller Klassiker*, Düsseldorf: Verlag Wirtschaft und Finanzen, S. 77-103.
Schelsky, Helmut (1953), *Wandlungen der deutschen Familie in der Gegenwart*, Dortmund: Ardey-Verlag.
– (1959), *Ortsbestimmung der deutschen Soziologie*, Düsseldorf: Diederichs.
– (1959 a), »Geleitwort« zu: Alfred Vierkandt (Hg.), *Handwörterbuch der Soziologie* (1931), unveränderter Neudruck, Stuttgart: Enke, S. III-IV.
– (1965), *Auf der Suche nach Wirklichkeit. Gesammelte Aufsätze*, Düsseldorf: Diederichs.
– (1980), »Zur Entstehungsgeschichte der bundesdeutschen Soziologie. Ein Brief an Rainer Lepsius«, in: *Kölner Zeitschrift für Soziologie und Sozialpsychologie* 32, S. 417-436.
– (1981), *Rückblicke eines »Anti-Soziologen«*, Opladen: Westdeutscher Verlag.
Scheuch, Erwin (1990), »Von der deutschen Soziologie zur Soziologie in der Bundesrepublik Deutschland«, in: *Österreichische Zeitschrift für Soziologie* 15, S. 30-50.
Schluchter, Wolfgang (1991), *Religion und Lebensführung*, Bd. 1, *Studien zu Max Webers Kultur- und Werttheorie* (1988), Frankfurt am Main: Suhrkamp.
Schmalenbach, Hermann (1922), »Die soziologische Kategorie des Bundes«, in: *Die Dioskuren. Jahrbuch für Geisteswissenschaften*, Bd. 1, S. 35-105.
Schmoller, Gustav (1883), »Zur Methodologie der Staats- und Sozialwissenschaften«, in: *Schmollers Jahrbuch* 7, S. 239-258.
Scholtz, Gunter (1991), *Zwischen Wissenschaftsanspruch und Orientierungsbedürfnis. Zu Grundlage und Wandel der Geisteswissenschaften*, Frankfurt am Main: Suhrkamp.
Schulze, Gerhard (1992), *Erlebnisgesellschaft*, Frankfurt: Campus.
Schumpeter, Joseph A. (1980), *Kapitalismus, Sozialismus und Demokratie* (1942), München: UTB.
Sombart, Werner (1902), *Der moderne Kapitalismus*, Bd. 1 (1. Aufl.), Leipzig: Duncker & Humblot.
– (1913), *Der Bourgeois. Zur Geistesgeschichte des modernen Wirtschaftsmenschen*, Leipzig: Duncker & Humblot.

– (1987 I, 1), *Der moderne Kapitalismus. Die vorkapitalistische Wirtschaft* (erster Halbband, 1916), München: dtv.
– (1987 III, 2), *Der moderne Kapitalismus. Das Wirtschaftsleben im Zeitalter des Hochkapitalismus* (zweiter Halbband, 1928), München: dtv.
Speier, Hans (1979), »Emil Lederer: Leben und Werk«, in: Jürgen Kocka (Hg.), *Emil Lederer; Kapitalismus, Klassenstruktur und Probleme der Demokratie in Deutschland 1910-1940*, Göttingen: Vandenhoeck & Ruprecht, S. 253-272.
Stemler, Hildegard/Wiegand, Erich (1982), »Zur Entwicklung der Arbeitszeitgesetzgebung und der Arbeitszeit in Deutschland seit der Industrialisierung«, in: Erich Wiegand/Wolfgang Zapf (Hg.), *Wandel der Lebensbedingungen in Deutschland. Wohlfahrtsentwicklung seit der Industrialisierung*, Frankfurt/New York: Campus, S. 17-63.
Stepun, Fedor (1962), »Alfred v. Martin: Soziologe und Intellektueller«, in: *Kölner Zeitschrift für Soziologie und Sozialpsychologie* 14, S. 409-416.
Stölting, Erhard (1986), *Akademische Soziologie in der Weimarer Republik*, Berlin (West): Duncker & Humblot.
Tenbruck, Friedrich (1979), »Deutsche Soziologie im internationalen Kontext. Ihre Ideengeschichte und ihr Gesellschaftsbezug«, in: Günter Lüschen (Hg.), *Deutsche Soziologie seit 1945*, Opladen: Westdeutscher Verlag, S. 70-107.
Tillich, Paul (1959), »Ein Brief zu Eduard Heimanns siebzigstem Geburtstag. Kairos – Theonomie – Das Dämonische«, in: *Hamburger Jahrbuch für Wirtschafts- und Gesellschaftspolitik* 4, S. 11-15.
Troeltsch, Ernst (1916), »Zum Begriff und zur Methode der Soziologie«, in: *Weltwirtschaftliches Archiv* 8, S. 259-276.
Üner, Elfriede (1981), »Jugendbewegung und Soziologie. Wissenschaftssoziologische Skizzen zu Hans Freyers Werk und Wissenschaftsgemeinschaft bis 1933«, in: M. Rainer Lepsius (Hg.), *Soziologie in Deutschland und Österreich 1918-1945*, Opladen: Westdeutscher Verlag, S. 131-159.
– (1987), »Herrschaft, Planung und Technik: Hans Freyers Versuch einer Rettung des Politischen«, in: Freyer 1987, S. 133-168.
– (1987 a), »Hans Freyer-Bibliographie. Primärliteratur«, in: Freyer 1987, S. 175-197.
– (1992), *Soziologie als »geistige Bewegung«. Hans Freyers System der Soziologie und die »Leipziger Schule«*, Weinheim: VCH, Acta Humaniora.
Vierkandt, Alfred (1921), »Programm einer formalen Gesellschaftslehre«, in: *Kölner Vierteljahreshefte für Sozialwissenschaften* 1, S. 56-66.
– (1923), *Gesellschaftslehre. Hauptprobleme der philosophischen Soziologie*, Stuttgart: Enke.
Weber, Alfred (1910), »Der Beamte«, in: *Die neue Rundschau* 21, S. 1321-1339.

– (1913), »Der soziologische Kulturbegriff. Vortrag auf dem Zweiten Deutschen Soziologentag«, in: *Verhandlungen des Zweiten Deutschen Soziologentages vom 20.-22. Oktober 1912 in Berlin*, Tübingen: Mohr, S. 1-20.
– (1920), »Prinzipielles zur Kultursoziologie. (Gesellschaftsprozeß, Zivilisationsprozeß und Kulturbewegung)«, in: *Archiv für Sozialwissenschaft und Sozialpolitik* 47, S. 1-49.
– (1927), *Ideen zur Staats- und Kultursoziologie*, Karlsruhe: Verlag G. Braun.
– (1931), Art. »Kultursoziologie«, in: Alfred Vierkandt (Hg.), *Handwörterbuch der Soziologie*, Stuttgart: Enke, S. 285-294.
– (1931 a), »Wirtschaftsfreiheit und Kapitalpolitik«, in: B. Harms (Hg.), *Kapital und Kapitalismus. Vorlesungen, gehalten in der Deutschen Vereinigung für Staatswissenschaftliche Fortbildung*, Bd. 2, Berlin: Hobbing, S. 423-434.
– (1950), *Kulturgeschichte als Kultursoziologie*, 2. Auflage, München: Piper.
– (1952), »Mensch und Erde in der Geschichte«, in: *Der Monat* 4, S. 563-572.
Weber, Max (1973), *Gesammelte Aufsätze zur Wissenschaftslehre* (1922), hrsg. von J. Winckelmann, Tübingen: J. C. B. Mohr (Paul Siebeck).
Wehler, Hans-Ulrich (1975), *Modernisierungstheorie und Geschichte*, Göttingen: Vandenhoeck & Ruprecht.
– (1976), »Einleitung« zu: ders. (Hg.), *Geschichte und Soziologie*, Köln: Kiepenheuer & Witsch, S. 11-31.
Weyer, Johannes (1984), *Westdeutsche Soziologie 1945-1960. Deutsche Kontinuitäten und nordamerikanischer Einfluß*, Berlin (West): Duncker & Humblot.
Wiese, Leopold von (1921), »Zur Methodologie der Beziehungslehre«, in: *Kölner Vierteljahreshefte für Sozialwissenschaft* 1, S. 47-55.
– (1924), *Allgemeine Soziologie als Lehre von den Beziehungen und Beziehungsgebilden unter den Menschen*, Bd. 1, München: Duncker & Humblot.
– (1926), *Soziologie. Geschichte und Hauptprobleme*, Berlin/Leipzig: Walter de Gruyter & Co.
– (1948), »Erster Vortrag: Die gegenwärtige Situation, soziologisch betrachtet«, in: *Verhandlungen des Achten Deutschen Soziologentages vom 19. bis 21. September 1946 in Frankfurt a. M.*, Tübingen: Mohr, S. 20-41.
– (1948 a), »Nach abermals zwölf Jahren«, in: *Kölner Zeitschrift für Soziologie* 1, S. 1-4.
Wiswede, Günter (1985), *Soziologie. Ein Lehrbuch für den wirtschafts- und sozialwissenschaftlichen Bereich*, Landsberg: Verlag Moderne Industrie.

Wittebur, Klemens (1991), *Die deutsche Soziologie im Exil 1933-1945. Eine biographische Kartographie*, Münster/Hamburg: Lit-Verlag.
Wunder, Bernd (1986), *Geschichte der Bürokratie in Deutschland*, Frankfurt am Main: Suhrkamp.
Zapf, Wolfgang (1983), »Entwicklungsdilemmas und Innovationspotentiale in modernen Gesellschaften«, in: Joachim Matthes (Hg.), *Krise der Arbeitsgesellschaft? Verhandlungen des 21. Deutschen Soziologentages in Bamberg 1982*, Frankfurt am Main/New York: Campus, S. 293-308.

Personenregister

Sachregister

suhrkamp taschenbücher wissenschaft
Geschichte, Sozialgeschichte, Zeitgeschichte, Dokumentation

Assmann/Hölscher (Hg.): Kultur und Gedächtnis. stw 724
Baumgartner/Rüsen (Hg.): Seminar: Geschichte und Theorie. stw 98
Becher/Rüsen (Hg.): Weiblichkeit in geschichtlicher Perspektive. stw 725
Broué/Témime: Revolution und Krieg in Spanien. 2 Bde. stw 118
Bude: Bilanz der Nachfolge. stw 1020
Claessens: Kapitalismus und demokratische Kultur. stw 1041
Danker: Räuberbanden im Alten Reich um 1700. stw 707
Dreier/Sellert (Hg.): Recht und Justiz im »Dritten Reich«. stw 761
Duby: Die drei Ordnungen. stw 596
– Ritter, Frau und Priester. stw 735
– Die Zeit der Kathedralen. stw 1011
Duby/Lardreau: Geschichte und Geschichtswissenschaft. stw 409
Eder: Geschichte als Lernprozeß? stw 941
Ehlich (Hg.): Sprache im Faschismus. stw 760
Elias: Studien über die Deutschen. stw 1008
Fend: Sozialgeschichte des Aufwachsens. stw 693
Foucault: Überwachen und Strafen. stw 184
Giesen (Hg.): Nationale und kulturelle Identität. stw 940
Groh, D.: Anthropologische Dimensionen der Geschichte. stw 992
Groh, R./Groh, D.: Weltbild und Naturaneignung. stw 939
Hahn/Kapp (Hg.): Selbstthematisierung und Selbstzeugnis: Bekenntnis und Geständnis. stw 643
Haupert/Schäfer: Jugend zwischen Kreuz und Hakenkreuz. stw 952
Haussmann: Erklären und Verstehen: Zur Theorie und Pragmatik der Geschichtswissenschaft. stw 918
Hinrichs: Ancien Régime und Revolution. stw 758
Hinrichs (Hg.): Absolutismus. stw 535
Jäger: Verbrechen unter totalitärer Herrschaft. stw 388
Koselleck: Kritik und Krise. stw 36
– Vergangene Zukunft. stw 757
Löwenthal: Schriften 1-5. stw 901-905
Lüdtke (Hg.): »Sicherheit« und »Wohlfahrt«. stw 991
de Mause (Hg.): Hört ihr die Kinder weinen. stw 339
Meier, Chr.: Die Entstehung des Politischen bei den Griechen. stw 427
Métral: Die Ehe. stw 357

206/1/8.92

206/2/8.92

suhrkamp taschenbücher wissenschaft
Politische Ökonomie, Staats- und Politiktheorie

207/1/8.92